湖南省山地丘陵地区"空心村"生态修复与景观再造研究

赵挺雄◎著

线装书局

图书在版编目（ＣＩＰ）数据

湖南省山地丘陵地区"空心村"生态修复与景观再造
研究 / 赵挺雄著. -- 北京：线装书局，2023.8
ISBN 978-7-5120-5643-5

I.①湖… II.①赵… III.①山地－农村－土地整理
－研究－湖南②丘陵地－农村－土地整理－研究－湖南
IV.①F321.1

中国国家版本馆CIP数据核字(2023)第163640号

湖南省山地丘陵地区"空心村"生态修复与景观再造研究

HUNANSHENG SHANDI QIULING DIQU "KONGXINCUN"SHENGTAI XIUFU YU JINGGUAN ZAIZAO YANJIU

作　　者：赵挺雄
责任编辑：白　晨
出版发行：线装書局
　　　　　地　　址：北京市丰台区方庄日月天地大厦 B 座 17 层（100078）
　　　　　电　　话：010-58077126（发行部）010-58076938（总编室）
　　　　　网　　址：www.zgxzsj.com
经　　销：新华书店
印　　制：三河市腾飞印务有限公司
开　　本：787mm×1092mm　　　　1/16
印　　张：15
字　　数：330 千字
印　　次：2024 年 7 月第 1 版第 1 次印刷

定　　价：68.00 元

线装书局官方微信

前　言

　　空心村是农村现代化过程中出现的一种聚落空间形态的异化现象，不仅浪费了土地资源，影响了农村居住环境，也制约了农村经济发展和社会稳定。治理空心村可以有效缓解城镇建设用地与农村经济发展用地指标不足问题，推动土地适度规模经营，促进节约和集约用地，构建和谐、文明、美丽新村。空心村治理也是乡村振兴战略的重要内容之一，是实现乡村产业繁荣、生态宜居、乡风文明、治理有效、生活富裕的必要条件。空心村治理可以盘活农村闲置土地资源，推动城乡融合发展，增加农民收入和福利，提升农村人居环境的宜居性。

　　湖南属于云贵高原向江南丘陵的过渡地带，以山地和丘陵地貌为主，两者合占省域总面积的 66.62%。山地丘陵地区村庄规模小、分布散、生态环境脆弱，有着不同于平原农区和城市近郊区空心村的地域特殊性，空心村相对更易产生。

　　本书以湖南省山地丘陵地区为研究对象，分析了空心村现状的形成原因、影响和特征，提出了基于生态修复与景观再造的空心村治理运行机制和整治技术体系，并通过效果评价，展示了空心村生态修复与景观再造的可行性和意义。

　　本书从背景分析、理论研究、运行机制、技术体系、效果评价等方面，全面系统地阐述了空心村生态修复与景观再造的相关内容。本书不仅对空心村现象进行了深入剖析，还对空心村治理提出了创新性的思路和方法，为解决空心村问题提供了科学依据和实践指导，为促进山地丘陵地区的可持续发展和乡村振兴贡献力量。

　　本书旨在为空心村问题的解决提供理论指导和实践参考，为促进湖南省山地丘陵地区的可持续发展和乡村振兴贡献力量。本书适合从事乡村规划、生态建设、景观设计等相关领域的专业人员、学者和学生阅读。

　　本书为 2021 年湖南省自然科学基金科教联合基金项目"湖南省山地丘陵地区"空心村"生态修复与景观再造研究"（2021JJ60016）资助项目成果。

目 录

第一章　湖南省山地丘陵地区空心村现状

1　湖南省山地丘陵地区的概况

1.1　地理位置和区划

　　湖南省，简称"湘"，地处东经108°47′～114°15′、北纬24°38′～30°08′，东与江西省相邻，西毗重庆市、贵州省，南连广东省、广西壮族自治区，北靠湖北省。湖南占地21.18万平方公里，占全国国土面积的2.2%，在全国各省区市中排名第10位、中部第1位。湖南位于云贵高原向江南丘陵和南岭山脉向江汉平原过渡的地带，地形呈现三面环山、朝北开口的马蹄形状，由平原（占全省总面积的13.12%）、盆地（占13.87%）、丘陵地（占15.40%）、山地（占51.22%）、河湖（占6.39%）组成，地跨长江、珠江两大水系，属亚热带季风气候。湖南在东部沿海地区和中西部地区的过渡带、长江开放经济带和沿海开放经济带的结合部，具有承东启西、连南接北的枢纽地位。湖南省下辖13个地级市、1个自治州，省会长沙市[1]。

　　全省山地和丘陵占了大部分面积，其中山地面积1084.9万公顷，占全省总面积的51.22%（其中山原面积1.66%）；丘陵面积326.27万公顷，占15.40%；岗地面积293.8万公顷，占13.87%；平原面积277.9万公顷，占13.12%；水面135.33万公顷，占6.39%。全省大致分为6个地貌区，分别是湘东侵蚀构造山丘区，湘南侵蚀溶蚀构造山丘区，湘西侵蚀构造山地，湘西北侵蚀构造山区、湘北冲积平原区和湘中侵蚀剥蚀丘陵区[1]。

　　湘东侵蚀构造山丘区：在湖南省东部，包括株洲、攸县、茶陵、炎陵、醴陵、衡阳、衡东、衡山、衡南、衡阳县、祁东、耒阳、常宁等市县。该区是由罗霄山脉和武功山脉等多条北东向或北东东向的断裂构造山脉构成，海拔 500～1500 米。该区的土壤主要是紫色土，适合种植茶叶、油菜等经济作物。该区也是湖南省重要的工业基地之一，有冶金、机械、化工等产业。

湘南侵蚀溶蚀构造山丘区：在湖南省南部，包括郴州、永州、怀化等市及其下辖县市。该区是由五岭山脉的大庾岭和骑田岭等多条北东向或北东东向的断裂构造山脉构成，海拔 500～1500 米。该区属于喀斯特地貌区，有许多溶洞、峰林、石林等奇特景观。该区的土壤主要是石灰土，适合种植油桐、乌桕等经济林木。该区还有许多自然风光，如崀山、莽山等。

湘西侵蚀构造山地：在湖南省西部，包括湘西土家族苗族自治州和常德市的汉寿、石门、澧县等县市。该区是由武陵山脉和雪峰山脉等多条北东向或北东东向的断裂构造山脉构成，海拔 500～2000 米。该区的土壤主要是黄壤，适合种植玉米、小麦等粮食作物。该区也是湖南省重要的水电基地之一，有张家界、凤凰古城等风景名胜。

湘西北侵蚀构造山区：在湖南省西北部，包括常德市的安乡、桃源、临澧等县市和岳阳市的平江、华容等县市。该区是由武陵山脉和雪峰山脉等多条北东向或北东东向的断裂构造山脉构成，海拔 500～1500 米。该区的土壤主要是黄壤，适合种植水稻、油菜等农作物。

湘中侵蚀剥蚀丘陵区：在湖南省中部，包括长沙市、株洲市、衡阳市、邵阳市、娄底市及其下辖县市。该区是由罗霄山脉和武功山脉等多条断裂构造山脉围合的盆地和丘陵构成，海拔 100～500 米。该区的土壤主要是红壤，适合种植茶叶、柑橘等经济作物。该区也是湖南省的经济文化中心之一，有长沙国家高新技术产业开发区、株洲国家高新技术产业开发区、衡阳国家高新技术产业开发区等高新技术产业园区，有岳麓书院、韶山毛泽东故居等历史文化名胜。

1.2　自然环境和气候特点

湖南省水系以洞庭湖为中心，湘、资、沅、澧四水为骨架，主要属长江流域洞庭湖水系。全省土地资源总量丰富，类型齐全，适宜发展农业、林业、牧业、渔业等生产。全省已发现矿种 147 种，探明资源储量矿种 113 种。湖南省的自然环境和气候特点造就了其丰富多样的生物资源和旅游资源。全省有森林覆盖率为59.3%，森林面积为 1240 万公顷。全省有国家级自然保护区 10 个，省级自然保护区 35 个。全省有国家级风景名胜区 8 个，国家级森林公园 17 个 [1]。

湖南省山地丘陵地区属于东亚季风气候区的西侧，受到季风和高原两大因素的影响。季风是由于海洋和大陆在冬夏两季热力状况不同而产生的一种规律性风向变化的气流。高原是指青藏高原，它位于湖南省的上风方，对湖南省气候有着热力和动力两方面的影响。季风和高原共同作用，使得湖南省气候呈现出以下特点：

湖南省山地丘陵地区年平均降雨量在1200～1700毫米之间，但时空分布很不均匀。一年中降雨量明显地集中于一段时间内，这段时间称为雨季，雨季一般只有3个月，却集中了全年降雨量的50%～60%。各地雨季起止时间不一，湘南为3月下旬（或4月初）至6月底，湘中及洞庭湖区为3月底（或4月上旬）至7月初，湘西为4月上中旬至7月上旬，湘西北为4月中旬至7月底，这都是由于各地夏季风相继转换的结果。但季风转换时间并不固定，常在年际之间出现异常，导致雨季提早或推迟、延长或缩短，形成洪涝或干旱[1]。

湖南省山地丘陵地区年平均气温一般为16～19℃，冬季最冷月（1月）平均温度都在4℃以上，日平均气温在0℃以下的天数平均每年不到10天。春、秋两季平均气温大多在16～19℃之间，秋温略高于春温。夏季平均气温大多在26～29℃之间，衡阳一带可高达30℃左右。关于四季的划分，气候学通常以候（每旬分为两候，一般五天为一候）平均气温低于10℃为冬季，10～22℃为春、秋季，高于22℃为夏季。据此可划分出明显的四季，且各季之间气候差异较大。湘南一般3月初入春，湘西北可迟至3月20日左右，春季可维持65～75天，入春后气温逐渐回升，但常有阴雨连绵，低温寡照天气；5月中旬起自南至北先后入夏，夏季一般4个月左右（湘南夏季较长，可达4个半月，湘西北较短，约3个半月），夏季是四季中最长的季节，温高暑热，常连晴数日，骄阳似火，蒸发强盛，而降雨集中易发生洪涝灾害；九月底前后湖南各地相继进入秋季（湘西常在九月中旬入秋），秋季最短，一般只有2个月左右，经常是前一个月左右秋高气爽，后一个月左右秋风秋雨；冬季一般自11月下旬或12月初开始（湘南及个别山间盆地可推迟20天），通常达3个多月，湖南冬季气温虽不很低，但比较湿冷，降雪较少，有时会发生雨凇冰冻天气。按此标准湖南各地大多数年份没有严寒期，只有少数年份有5～10天严寒期，且多出现在1月中下旬，即"三九"期间。若以候平均气温≤5℃作为冬冷期，则阳明山以南地区（江华、江永、宁远、道县、蓝山等地）基本无冬冷期，永州、郴州一带仅有几天，湘东、湘西南一般10～20天，长沙以北及湘西北地区30～40天。有些年隆冬期间虽有几天或十几天可见冰雪雨凇，但一般年份降雪只有2天左右即会消失。降雪日数湘北一般10天左右，湘南仅5天上下。地表水面发生结冰的日数，湘北有20～25天，其他各地不足20天[1]。

1.3　经济结构和发展水平

2022年，湖南省地区生产总值达到48670.4亿元，同比增长4.5%，高于全国平均水平。其中，战略性新兴产业增加值增长7.5%，占地区生产总值的比重为

10.5%；高新技术产业增加值增长 12.7%，占地区生产总值的比重为 24.4%。农业方面，湖南省农林牧渔业总产值达到 8160.1 亿元，同比增长 3.8%。尽管粮食种植面积增长 0.2%，但粮食产量减产 1.8%。而猪、牛、羊、禽肉类总产量增长 3.1%。在工业方面，规模以上工业增加值增长 7.2%，民营企业增加值增长 7.5%，占比达到 69.8%。装备制造业增加值增长 9.9%，占规模以上工业比重为 31.7%。规模以上工业企业实现利润总额 2060.0 亿元，同比增长 10.7%。建筑业方面，湖南省建筑业完成施工总产值 10461.6 亿元，下降 0.6%。其中，房屋建筑施工总产值 7716.4 亿元，下降 1.3%；土木工程施工总产值 2745.2 亿元，增长 1.3%。可以看出，湖南省在经济发展方面取得了可喜的成果，战略性新兴产业和高新技术产业的增加值占比不断提高，工业企业利润也同比增长 10.7%。但农业方面粮食产量下降 1.8%，建筑业完成施工总产值也略有下降 [2]。

在湖南省山地丘陵地区，农业是当地经济的支柱产业。但是，由于地形地貌的限制，农业发展受到了很大的影响。首先，该地区的土地资源十分有限，大部分土地为丘陵、山地和岩石地带，其中山地占全省总面积的 51.2%，丘陵及岗地占 29.3%，平原占 13.1%，水面占 6.4%，大体上是"七山二水一分田"的格局，导致耕地面积相对较少，农业生产受到一定限制，因此不利于农业生产的发展。此外，山地丘陵地区的水土流失严重，湖南省水土流失面积达到 29479.36 平方公里，占全省总面积的 13.9%，而山地和丘陵地占水土流失面积的绝大部分，对农业生产造成了很大的影响。

其次，山地丘陵地区的交通不便，市场不发达，农产品的营销渠道相对较少。由于交通状况不佳，运输成本高，农产品流通渠道窄，造成了农产品价格偏低的现象。例如，湖南省农业农村厅发布的数据显示，2020 年湖南省农产品平均价格为每公斤 3.2 元，比全国平均水平低 0.4 元。这导致了湖南省农民人均纯收入为每年 1.6 万元，低于全国平均水平 1.8 万元。此类问题在山地丘陵地区更加明显，这对当地的农村经济带来了很大的冲击。

山地丘陵地区的畜牧业和林业也是当地的重要产业。其中，畜牧业是当地农村经济的重要组成部分，由于地形地貌的限制，该地区的畜牧业主要以草食性家畜为主，养殖规模较小，养殖管理也相对较为困难。而林业则以山地林果种植为主，由于当地的自然条件较为适宜，种植业发展势头良好。

湖南省山地丘陵地区，地形复杂多样，山多地少，土地资源有限。加之交通不便，这些因素都制约了当地农业的发展。相比平原地区，山地丘陵地区气候条件更为恶劣，水资源也更为紧缺。由于地理条件的限制，农村经济发展水平低下，农民的收入水平也较为低下。此外，由于区域经济落后，当地的产业结构相对单一，以传统农业为主导，缺乏新兴产业的支撑。因此，山地丘陵地区的农村经济发展面临着巨大的压力和挑战。

2　湖南省山地丘陵地区空心村的现状特征

2.1　人口流失严重

湖南省统计局数据，截至 2022 年末湖南省常住人口为 6604.0 万人，比上年减少了 18 万人，下降了 0.27%。对比 2021 年数据，湖南省城镇人口增加 28.99 万人，城镇化率提高 0.6 个百分点，而与之相对的乡村人口减少了 46.99 万人。根据《湖南省第七次全国人口普查公报（第六号）》，湖南省 2020 年 11 月 1 日零时的常住人口为 6644.49 万人，其中居住在农村的人口为 2739.87 万人，占 41.24%；居住在城镇的人口为 3904.62 万人，占 58.76%。与 2010 年第六次全国人口普查相比，农村人口减少 984.90 万人，下降 26.4%。在湖南省农村常驻人口数量持续下降的背景下，湖南省山地丘陵地区农村的常住人口下降趋势相对于全省平均水平更为明显。基于对第六次全国人口普查公报和第七次全国人口普查公报数据的对比，我们分析了湖南省几个典型的山地丘陵地貌的地级市下辖县市的人口变化情况。

邵阳市位于湖南省中部偏南，南岭山脉和雪峰山脉的交汇处，属于亚热带湿润季风气候区；形地势呈现中间低四周高的形态，大体是"七分山地两分田，一分水、路和庄园"，东南、西南、西北三面环山，中、东部为衡邵丘陵盆地，顺势向中、东部倾斜，呈向东北敞口的箕箕形，以丘陵、山地为主，山地和丘陵约占全市面积的三分之二。总之，邵阳市是湖南省典型的山地丘陵地区。

基于对第六次全国人口普查公报和第七次全国人口普查公报数据的对比，邵阳市农村人口在 2010 年至 2020 年间总体呈现下降趋势，减少了 70.86 万人，减少比例为 2.98%。邵阳市农村人口的下降的原因，一方面是由于城镇化进程的加快，农村人口向城镇转移，如双清区、大祥区、北塔区几个市辖区的人口是由于城市扩张和城镇化速度快，出现了农村人口的大量减少；另一方面根据第七次全国人口普查数据，邵阳市常住人口减少了 50.82 万人，减少比例为 7.19%，这个情况说明邵阳市下辖其他县市区域，减少的农村人口多以外流为主，并没有就地城镇化，反映出在城镇化进程中，特别是农村人口的减少。

表 1-1　邵阳市第六次和第七次全国人口普查中城乡人口变化表

地区	2020年城镇人口（万人）	2020年农村人口（万人）	城镇人口变化量（万人）	城镇人口变化比例（%）	农村人口变化量（万人）	农村人口变化比例（%）
双清区	137.29	18.00	24.01	21.20	-22.15	-55.16

地区	2020年城镇人口（万人）	2020年农村人口（万人）	城镇人口变化量（万人）	城镇人口变化比例（%）	农村人口变化量（万人）	农村人口变化比例（%）
大祥区	156.13	20.62	26.74	20.67	-8.66	-29.57
北塔区	52.23	7.04	8.47	19.36	-1.84	-20.72
新邵县	104.12	508.83	17.93	20.80	-17.92	-3.40
邵阳县	161.22	590.90	28.98	21.92	-28.91	-4.67
隆回县	171	829	31	22	-31	-3
洞口县	144	531	25	21	-25	-4
绥宁县	62	228	11	21	-11	-4
新宁县	109	404	19	21	-19	-4
城步苗族自治县	48.91	179.02	8.76	21.82	-8.74	-4.66
武冈市	137.29	502.92	24.01	21.20	-23.83	-4.52
邵东市	279.16	724.84	48.73	21.14	-54.73	-7.02

郴州市位于湖南南部，毗邻广东省，是南岭山脉和罗霄山脉的交汇地，山地丘陵占全市面积的75%左右。

根据第七次全国人口普查公报，2020年郴州市常住人口为466.71万人，其中城镇人口为271.54万人，乡村人口为195.18万人。与2010年第六次全国人口普查相比，郴州市常住人口增加了8.36万人，增长率为1.82%，低于全国5.38%和湖南3.87%的水平；城镇人口增加了80.39万人，增长率为42.07%，高于全国14.21%和湖南19.81%的水平；乡村人口减少了72.03万人，下降率为26.97%，高于全国10.35%和湖南13.75%的水平。这表明郴州市农村人口流失较为严重。

郴州市有很多农民长期外出打工，根据郴州市国民经济和社会发展统计公报，2016年至2020年，郴州市农村劳动力外出就业人数都在94万到163.88万人之间，占全市农村劳动力的比例都在40%以上。郴州市农村劳动力外出就业是农村人口流失的主要原因之一。

根据过去几年《郴州市国民经济和社会发展统计公报》，2016年到2020年郴州市农村劳动力外出就业人数都在94万到163.88万人之间123，农村居民人均可支配收入从2016年的10464元增长为2020年的19804元，增长率为89.3%。由此可见郴州市农村劳动力大量外流，且外出打工能显著提高农村居民收入，这进一步促使农村居民外出，造成了农村人口的"空心化"的现象。同时，还有一些农村居民因为城乡教育、医疗、公共服务、基础设施等方面的差距选择离开农村到城镇生活，也导致了农村人口的减少。有些村庄因为自然条件恶劣、生态环境脆弱、地形地貌复杂、自然灾害频发、土壤肥力差、农作物产量低、水源环境被污染、交通不便利、"一方水土养不起一方人"等原因不宜居住，村民选择迁移或异地建房，原有的老房屋被闲置或弃置，形成了空心村。随着农村居民可支配收入的增加，农村居民人均住房面积从2016年的46平方米增加到2020年的67平方米，增长率为45.7%[3]，这可以推断出随着收入水平和经济状况的提升，农村居民会选择建房以改善居住环境，但是在建新房过程中可能会因为各种原因导致空心村的产生或空心村状况的恶化。

2.2　分布形态多样化

2.2.1　空间形态多样化

空心村是指村庄内部居民大量外出，导致村庄内部空心化的现象。空心村在空间分布上有不同的形态，如零星散点分布、小片间续分布、大片集中分布等。湖南省山地丘陵地区的空心村就呈现出这样的空间分布形态。

（1）零星散点分布

零星散点分布是指空心村在区域内分布较为稀疏，没有明显的集聚特征。湖南省山地丘陵地区的地形地貌复杂多变，山峰、河流、溪涧等自然要素对村庄的选址和布局有着重要的制约作用。村庄一般依山而建，沿河而居，利用山水资源进行农业生产和生活。农业生产以种植业为主，一般采用梯田、坡耕等方式利用有限的土地资源。村民为了方便管理和耕作土地，往往选择在离田地较近的地方建造房屋，形成了散落在田间或山坡上的村庄。

山地丘陵地区能用于耕作的土地有限，难以承载大量人口，一定区域内的人口密度相对较低，村庄内部以分散居住为主，村民之间缺乏有效的沟通和协调，同时难以形成以血缘、姓氏或祖籍为纽带的乡土情结和宗族意识。同时，这一类地区往往属于区位相对偏远，交通不便的区域。随着社会的发展，这类区域不利于基础设施和公共服务的建设和提供；分散居住的村庄之间的距离较远，交通不便，给基础设施的建设和维护带来了困难。同时，分散居住的村庄人口密度较低，公共服务的需求和供给不平衡，导致教育、医疗、文化等方面的资源匮乏。因此，人口的逃离意向更加明显，部分村民会随着自身条件的改善或生活需要，遗弃原有房屋到新地方生活；另一部分村民在经济条件改善后新建住房的时候，会选择搬迁建新，改善居住的交通和基础设施、公共服务设施条件，也造成了原有住宅的废弃。这一类地区往往出现在湘西武陵山脉-雪峰山脉以及湘东罗霄山脉区域。

（2）小片间续分布

小片间续分布是指空心村在区域内呈现出一定的集聚趋势，但不连成片。这种形态的空心村一般是出现在湖南省山地丘陵区域中的河谷和平坝、小平原。这类区域在湖南省山地丘陵地区的农业条件相对较好,地势平缓,土地肥沃,水资源丰富。但这类地区人均耕地面积普遍减少,耕地格外珍贵,村民建房往往采用背山面田的形式,多聚居在田边山脚。在传统农业社会中这类地区对人口有较强的吸引力,形成了多姓氏杂居的村庄聚落,且没有较强的宗族结构。随着建国以后这类地区的人口快速增长,原有土地不能养活众多人口,这些区域的人口出现外流谋生,逐步迁移出去的现象,在原有聚居村落中出现了一些废弃房屋;同时随着工业化发展,村民对土地的依赖度下降,出于改善居住和出行交通条件的需要,占用公路两边耕地进行建房,从而废弃原有住宅,出现大量空心房。这一类的空心村主要分布在湘中、湘东等经济发展较快的小丘陵地区,如长沙市、株洲市、岳阳市、衡阳等地。

(3)大片集中分布

大片集中分布是指空心村在区域内呈现出明显的集聚特征,连成片或带状。这种形态的空心村出现往往和传统居住空间形态和农村产业有关。湖南省近代至现代以来,众多地方形成了外出经商和打工的生活习惯,如邵东县,新化县,大量农村人口在外从事各种贸易和经商、打工,由于人口的外流,造成本地农业经济发展缓慢,缺乏对人口的吸纳能力,进而进一步加深了农村人口外流谋生的趋向。湖南另一些山地丘陵地区,主要是永州、郴州方向,这些地方的农村在历史上形成了以姓氏、宗族为纽带的聚居村落,在村落内部大家居住紧密,围绕宗祠或公屋不断建房。随着改革开放,这些地方临近本身临近广东省,农村人口大量流向广东,人口的减少必然造成原有村落的空心化。同时,这些地方的农村随着社会经济发展,原有聚居村落内的村民在改善住房条件时不得不面临一个问题:原有村庄内部,由于建筑连片或建筑间距不足无法拆除原有住宅进行原址重建,只能在村落外围择址新建,或迁移交通沿线新建。由此,原来老村内出现了大量的空心房,随着时间流失,这类村庄内各类基础设施得不到改善,居住条件进一步恶化,在里面居住的人口进一步减少,空心面积进一步扩大,形成了大片集中的空心村。

2.2.2 空心化程度差异大

农村空心化的衡量标准是指用来评价农村空心化程度的一系列指标。不同的研究者可能会采用不同的指标体系,但一般来说,农村空心化的衡量标准可以分为两大类:土地空心化和人口空心化[4]。土地空心化是指农村建设用地和耕地的闲置、废弃和低效利用的现象。土地空心化的常用指标有:村庄建设用地废弃率、宅基地废弃率、人均村庄土地面积等[5]。人口空心化是指农村青壮年劳动力大量外出，导致农村人口数量下降和结构失衡的现象。人口空心化的常用指标有：流出人口比重、人口年龄结构比、人口定居率、人口密度、人口非农比等[6]。不同的指标反映了农村空心化的不同方面，可以综合使用来评价农村空心化的程度和影响。在具体测算操作中有学者从农村人口空心化的本质属性出发，结合数据可获得性，构建在外居住乡村户籍人口占比、外出从业劳动力占比和非农从业劳动力占比3个新的测量指标，并利用相关数据对全国和各省农村人口空心化进行了测算。根据测算结果，按照样本分布，可以将农村空心化程度大致划分为：轻度空心化、中度空心化和重度空心化[7]。

在湖南的山地丘陵地区，由于社会经济、交通区位等因素影响，三种不同程度的空心化均存在，表明在湖南山地丘陵地区的不同地方农村的空心化程度存在差异性。同时，由于湖南省各地农村社会经济发展的差异性和不同区域存在交通区位的差异性，不同程度空心化的村庄在湖南省南山地丘陵地区的分布往往又有区域性分布集中的特点。

（1）轻度空心化的村庄区域：这类村庄往往分布在村庄城镇近郊区或者交通便利的地区，与城市有较强的联系和互动，农民可以方便地进出城镇，从事非农就业或者经营农产品市场。这类区域自然条件一般较好，土地资源相对充足，耕地流转率较低，农业生产水平较高。但由于人口外流和新住宅扩建，耕地面积逐渐减少，耕地质量下降，农业结构不合理。这类区域村庄的农民收入水平较高，多元化程度较高，非农收入占比较大。农民对于新住宅的需求和建设意愿较强，但受到土地制度和政策法规的限制，不能有效地利用闲置的宅基地。在湖南各地的城镇周边的中低丘陵地区往往属于这类区域。

（2）中度空心化的村庄区域：这类村庄通常位于离主要城市较远的地区，交通相对不便利。这类村庄通常位于偏远山区、边远乡村或交通不发达的地区，距离城市中心较远，交通条件一般。这类村庄往往由于自然环境限制，地形地貌的复杂性对村庄的发展和交通条件造成一定的影响，限制了其规模和发展潜力，同时湖南省有些地方的村庄面临土地贫瘠、水资源缺乏或环境恶劣等挑战，对农业和其他生产活动的发展有一定的制约。湖南省这类村庄的分布往往是离省内主要城镇较远的一些山地或连片丘陵地区。

（3）重度空心化的村庄区域：在湖南省内这类村庄出现的区域和中度空心化的村庄区域往往是重叠的，这类村庄相对中度空心化村庄的自然环境限制更为突出，不仅土地贫瘠，耕地面积小，更有农业产业发展滞后且土地无法养活众多人口的问题。这类村庄区域是湖南省人口流出的主要区域，大部分年轻人和劳动力流向外省或省会，导致村庄人口急剧减少。同时，由于人口老龄化现象严重，社会资源和服务设施匮乏，社会发展面临更大挑战。

2.3 产业发展空心化

2.3.1 农业生产空心化

由于经济发展和就业机会的不平衡,湖南省许多农村劳动力选择外出打工或迁往城市,导致农村地区农业生产缺乏人力和技术支持,耕地大面积撂荒,有地方为解决抛荒问题,甚至不得不由政府出面进行春耕播种和夏收工作。农业生产规模和效益下降,农业从事人员素质也逐渐下降,给国家的粮食安全带来了一定的威胁。由于农村经济发展滞后,农民难以在家乡找到满意的就业机会,许多年轻人选择到城市打工或迁往发达地区谋求更好的生活。这导致农村地区劳动力大量流失,农田缺乏足够的人力投入,农业从事人员素质下降,年龄普遍偏大,形成了"老人农业"的现象。耕地得不到及时和有效的耕作,田间管理不善,农作物的生长和产量受到严重影响,湖南省丘陵地区的农村有的农户由于缺乏劳动力,甚至出现了将耕地改种茶树等便于管理的经济作物的现象。随着农村劳动力的外出,许多农村地区的留守农民,由于自身缺乏现代农业生产技术的应用和培训,他们的农业生产知识和技能水平相对较低,无法适应现代农业的发展需求。缺乏先进的农业技术和管理方法,农业生产效率低下,农产品质量无法得到保证,也难以满足市场需求。由于农业投资相对不足,缺乏资金和技术支持,许多农民无法购买先进的农业设备和工具,无法改善农田的灌溉、排水和施肥条件。同时,由于市场渠道不畅,农产品销售面临困难,农民的产销对接问题严重,缺乏稳定的销售渠道和合理的价格保障。

2.3.2 农村产业空心化

在湖南省山地丘陵地区,农村产业空心化是一个严峻的问题。这一现象主要由人口流失和缺乏资金、技术和资源两方面因素共同引起。

人口流失是导致农村产业空心化的主要原因之一。由于经济发展不平衡和农村资源禀赋的局限性,许多年轻人选择离开农村,到城市寻求更好的就业机会和生活条件。这导致了农村地区劳动力的大量外流,年轻人对农业生产缺乏兴趣和经验,农村产业失去了持续发展的动力。同时,人口流失也导致了农村社会资本的流失,社会组织和合作机制受到破坏,农业产业链的衔接断裂,进一步加剧了农村产业空心化现象[8]。

缺乏资金、技术和资源是山地丘陵地区农村产业空心化的另一个重要原因。相对于平原地区,山地丘陵地区的区位交通和农业潜力存在一定的不足。交通不便使得该地区的农产品难以快速、有效地流通到市场,限制了农业产业的发展。另外,由于农业发展滞后,农村地区缺乏资金、技术和资源的支持。农业产业结构单一，发展滞后的现状长期得不到改善，缺乏吸引力，无法吸引外来投资和技术引进。这进一步限制了农民发展农业产业的兴趣和意向，导致农村产业空心化现象的加剧。

2.4　基础设施和公共服务发展滞后

湖南省山地丘陵地区的空心村基础设施和公共服务发展滞后主要表现在建设难度大、设施的维护和运营困难，以及设施配置与需求错位等方面。这些问题对空心村的发展和居民的生活质量造成了严重的影响。主要有以下几个方面：

2.4.1　建设难度大

首先，空心村内部的空心房和建筑密集使得道路建设困难重重。空心村内的建筑大多没有经过规划和合理布局，导致道路狭窄、曲折，并且道路之间的通行难度大。修建或改善道路需要解决土地占用、拆迁、产权纠纷等问题，增加了建设的复杂性和难度。同时，由于建筑密集，很难为道路留出足够的空间，给道路建设带来了很大的限制。其次，空心村的水电设施建设也面临着很多挑战。由于空心村的建筑数量庞大，水电管线的铺设需要穿越许多建筑和复杂的地形，增加了工程的难度和成本。此外，许多空心村位于山区或丘陵地区，地形复杂，水电资源有限，给水电设施的建设带来了很大的困难。缺乏稳定的供水和电力供应对居民的生活和生产造成了影响，限制了空心村的发展。另外，空心村外围的无度扩张和乱建现象也给基础设施建设带来了很大的困扰。为了满足人口增长和经济发展的需求，一些村庄开始无节制地扩张，随意建造新的房屋和建筑物。这种乱建现象不仅破坏了环境，还使得原有的基础设施无法满足日益增长的人口需求。在进行基础设施建设时，需要考虑到村庄的规划和整体发展，但由于乱建现象的存在，很难实现统一的规划和合理的布局，导致建设成本高、推进困难。

空心村内部的空心房和建筑密集，以及村庄外围的无度扩张和乱建现象，给基础设施建设带来了巨大的挑战。因此，空心村缺乏良好的道路、水电供应等基础设施，制约了其发展潜力和居民的生活品质。尽管村民对于改善基础设施的需求日益增长，但由于建设难度的限制，这些问题一直得不到有效解决，导致空心村发展滞后于村民的实际需求，形成了恶性循环。

2.4.2　设施的维护和运营困难

在空心村中，由于人口大量外流，剩余的居民数量有限，这导致公共服务设施和基础设施缺乏足够的人口规模来支撑其正常运营和维护。同时，缺乏充足的资金和技术支持，也使得这些设施在建成后难以得到有效的维护和管理，往往出现建成即荒废的现象。由于人口流失，空心村的居民数量大幅减少，这使得原本设计用于满足较多人口需求的公共设施和基础设施，面临着使用率的下降。例如，学校、医疗机构、文化活动中心等社会公共设施，原本应该为村民提供教育、医疗和文化娱乐等服务，但由于人口流失，这些设施往往无法充分发挥作用，甚至面临废弃的风险。缺乏足够的人口支撑，这些设施难以维持运营，进而影响到村民的基本生活需求。由于经济欠发达和人口外流等因素，空心村往往缺乏充足的资金来源。村民自身的经济实力也不足以支撑设施的运营和维护。在缺乏资金的情况下，设施维护和管理的费用难以得到保障，从而导致设施状况逐渐恶化。同时，空心村在技术方面也面临困境。由于技术水平的滞后，村民缺乏必要的知识和技能来维护和管理设施，这进一步加剧了设施的荒废情况。最后，缺乏组织和管理机制也是设施维护和运营困难的因素之一。在空心村中，由于人口减少和社会组织的削弱，缺乏有效的组织和管理机制来协调和推动设施的维护工作。村民之间的合作意愿和能力不足，导致设施的维护责任无法得到有效分执行，导致设施长期得不到维护和改善，给村民的生活和发展带来影响。

2.4.3　设施配置与需求错位

空心村主要居住着农村留守人员，其中包括大量的儿童、妇女和老人，这些人群对生活设施的需求与一般城市或农村社区有所不同。例如，儿童需要安全、有益的游乐场所和教育资源；妇女需要便捷的家政服务和妇女活动中心；老人需要关爱和养老服务设施。然而，在空心村的建设过程中，常常套用统一的标准和规划，忽视了这些特殊需求，导致设施配置与实际需求不匹配。由于设施配置与实际需求的错位，造成动场地以晾晒功能为主，文化室、活动室没有麻将室有吸引力的现象。

这种设施配置与需求错位的问题不仅严重影响了农村留守人员的生活质量，而且对空心村的整体发展造成了限制。由于缺乏与其需求相匹配的设施，农村留守人员的生活变得乏味单调，无法吸引更多人留在村庄中，造成人口的进一步流失。

3　湖南省山地丘陵地区空心村的成因

3.1　工业化和城镇化快速推进

在工业化和城镇化的过程中，农村人口普遍呈现减少的趋势，这是由于工业化和城镇化的发展导致农村劳动力流失和农业就业机会减少的结果。随着农业技术的进步和农业生产方式的改变，农业劳动力需求减少，大规模农机化和现代化农业生产使得农业劳动力的数量相对减少，农村人口在农业生产中的就业机会减少，出现劳动力剩余，从而促使农民纷纷选择向城镇迁徙，寻找更多的就业和发展机会。与此同时，城市的经济活动和产业发展更加多元化和繁荣，提供了更多的就业机会和岗位。这吸引了农村人口主动迁往城市，寻求更好的生活和发展机会，另外，城市提供了更完善的基础设施、教育、医疗和文化资源，吸引了农村居民向城市聚集。

在全世界工业化进程开始后，这一过程就已经存在，而且是一个长期存在现象。如美国农村人口在过去十年中持续下降，从2010年的19.3%降至2020年的17.5%[9]，虽然这一变化可能与美国人口普查局的新标准有关，但扔表明美国农村人口持续减少的状态；又如日本是一个高度城市化和老龄化的国家，其农村人口在过去几十年中持续下降，从2010年的1，264万降至2020年的1，038万，占总人口的比例从9.9%降至8.4%[10]，这些现象也在这些国家产生了农村空心化现象，如"铁锈地带"和废弃村庄。

我国在本世纪工业化和城镇化的进程加快，在2000年至2022年中，城镇化率由36%增长到65.22%，农村人口由8.1亿减少到4.91亿[14]，据相关统计我国平均每天消失200到300个村庄，这一趋势是工业化和城镇化进程中必然会出现的现象。

同时，处于不同地貌特征的村庄消失速度也不一样，相关研究表明"实心村"的数量，山地和丘陵地区要明显少于平原地区，因此山地丘陵地区的村庄出现空心化的现象要多于平原地区。

3.2 城乡差异大

城乡差异是指城市和农村在各个方面存在的不平衡和不协调的现象，是我国社会经济发展中的一个突出问题。城乡差异主要表现在经济发展、教育水平、社会保障、医疗卫生等方面。城市作为经济增长的引擎，拥有较强的产业集聚和创新能力，吸纳了大量的资金、技术、人才等资源，形成了较高的经济效益和社会效益，而农村由于自然条件、地理位置、制度安排等因素的制约，经济发展相对滞后，产业结构单一，农业生产效率低下，农民收入水平远低于城镇居民[11]。城市和农村在教育水平上也存在明显的差距。城市拥有较完善的教育体系和教育资源，提供了较高质量的教育服务，培养了大量的高素质人才，而农村由于教育投入不足、教师队伍不强、教育设施不完善等原因，教育质量和水平较低，农村学生受教育机会和程度受到限制。城市和农村在社会保障方面也存在较大的差距，城市建立了较为完善的社会保障制度和网络，为城镇居民提供了养老、医疗、失业、住房等方面的保障，保障了城镇居民的基本生活和权益。而农村由于社会保障体系不健全、社会保障覆盖面不广、社会保障水平不高等原因,农民在养老、医疗、失业等方面缺乏有效的保障,农民的生活安全感和幸福感较低。城市和农村在医疗卫生方面也存在较大的差距,城市拥有较先进的医疗技术和设备,配备了较多的医疗人员和机构,提供了较优质的医疗服务,满足了城镇居民的多样化和个性化的医疗需求,而农村由于医疗投入不足、医疗人才不足、医疗条件不良等原因,医疗服务质量和水平较低,农民在看病就医方面遇到诸多困难。这种城乡差异导致了农村居民对城市生活有强烈的向往和追求。城市作为现代化进程中的重要载体,展现了更多的发展机遇和生活可能性,吸引了大量的农村劳动力外出打工或定居。

由于地理环境的限制和特殊的地形条件,山地丘陵地区的农村发展面临着诸多挑战,这导致了城乡差异的进一步加大。山地丘陵地区由于地形复杂,道路修建和维护成本高,交通条件差,物资运输困难。这就导致了山区与平原之间的信息沟通和经济往来受到限制,影响了山区的开放度和发展机遇。同时,山区的基础设施建设也受到地形的制约,如水利、电力、通讯、教育、卫生等公共服务设施不足或落后,影响了山区居民的生活质量和幸福感,造成了这些地方的人口更易迁移和流出[12]。

3.3 区位和交通条件限制

传统的农村居民的生活生产和土地之间有着密切的联系,农民的收入和生计主要依赖于土地的耕种和收获,因此农民的居住选择往往受到耕作半径的限制,即农民的居住地点要尽可能靠近自己的耕地,以便于日常的农业劳动。这样的居住方式使得农村形成了以村庄为中心,以田野为背景的空间格局,村庄之间的交通和联系相对不便。然而,随着社会经济发展,农村的生活生产和土地之间联系逐渐弱化,一方面农民的主要收入来源不再完全依靠土地,而是随着非农产业的发展和城乡劳动力流动的增加,农民从事非农工作或外出打工的比例不断提高,农民的收入结构和消费结构发生了变化;另一方面,农民对交通出行和生活娱乐的需求有更高要求,而是随着现代生活方式的进步,农民对教育、医疗、文化、娱乐等公共服务和设施有更多的需求和期待,因此在选择居住条件是更加注重区位和交通便利性,而传统的耕作半径已经不再重要。这样的居住方式使得农村形成了以城镇为中心,以道路为纽带的空间格局,村庄之间的交通和联系相对便利[13]。

湖南山地丘陵地区农村由于地形地貌限制,道路密度小于平原地区,同时出行距离要大于平原地区;另一方面这类地区的交通线路和居民点之间的联系差,往往是通过通组道路和入户路连接。这些限制因素进一步更容易使农民在建房时重新选址新建。

3.4　村庄建设规划滞后

在湖南省农村，农村建房高潮期主要出现在20世纪80年代到90年代的改革开放后。在这一时期，湖南农村的大部分住宅经历了由传统土胚房、木房向红砖房、砖混房的转变。同一时期，城市规划在逐步完善的阶段，对农村地区的规划建设几乎处于真空状态。这导致了湖南农村在这一时期的建房活动呈现出自然自发、缺乏规划、基础设施不配套的状态，村庄建设无序、低效、浪费，人居环境极为不理想。

在湖南的山地丘陵地区，由于地形、交通、区位和用地权属等方面的限制，农村建房没有考虑选址、功能使用和基础设施配套等重要问题。农民在建房过程中凭借自身的认知和经验进行，缺乏规范和专业指导。因此，这类房屋建成后仅仅相当于传统的土胚房或木房在结构上进行了更新，没有真正改善居住环境和生活品质。这些房屋的布局、设计和功能使用往往不合理，缺乏统一的规划，导致村庄内部的道路布局混乱、排水设施不完善等问题。

此外，由于建设规划的引导和支持，湖南农村建房活动也存在浪费现象。农民在建房过程中缺乏对土地资源的科学利用和规划，导致土地的过度开发和浪费。一些农村住宅的选址没有考虑到环境保护、生态平衡和土地利用的合理性，造成了自然资源的浪费和环境的破坏。这些问题的存在导致了湖南农村在这一建房高潮期内的村庄建设相对无序、低效和浪费，人居环境的质量非常低下。随着时代的发展和城市化进程的推进，这些建造不合理、功能单一的农村房屋必然会被淘汰或遗弃。

3.5　宅基地和建房管理不到位

在湖南山地丘陵地区农村由于宅基地和建房管理的不到位，造成了村庄内部出现房屋闲置或遗弃，从而造成村庄内部空心化。具体表现在一下几个方面：

一户多宅、建新不拆旧。在一些村庄，由于管理薄弱、监管不力，部分农户未按规定拆除旧房或合理利用原有房屋，而是另行选址宅基地建造新的住房。这导致了一户多宅的现象，使得村庄内部的房屋数量过多，空置率增加，资源浪费严重。同时，这也导致了村庄布局混乱，道路交通不畅，基础设施难以满足居民需求，影响了整体的人居环境。

娄底市位于湘中腹地属于典型的山地丘陵区，该地区的农户中，有相当一部分拥有多个宅基地，造成了资源的浪费。相关学者的调查表明，超过53.7%的受访者表示家中有宅基地长期闲置。根据相关研究数据，娄底市及其涟源市、冷水江市、双峰县、新化县的集体建设用地共 99 万亩，其中农村宅基地就占了 89 万亩，占比达到 90%[15]。近年来，娄底市每年审批的宅基地约 1.7 万宗，其中 70% 是在原址翻新扩建，30% 是另选新址重建。但实际调研中的数据分析发现，在 635 份问卷样本中，有 310 户有两处以上的宅基地，一户多宅率达到了 48.8%。只有一半多的农户愿意在原来的旧址上重建房屋，愿意在旧址附近重建的占 11%，愿意沿着公路交通线路重建的占 9%[15]。另外，在贫困县的贫困户则是按照国家脱贫攻坚政策全覆盖式实施易地扶贫搬迁和危房改造的政策。其中娄底市和冷水江两地的一户多宅率超过了 50%[15]。这些空置房屋加剧了当地村庄空心化的现象。

肆意扩大建房面积，侵占耕地建房。在一些村庄，农民建房不断扩大住房面积或满足其他用途的需求，私自侵占农田或耕地建房。他们没有按照规定履行报建手续，缺乏土地利用的合法性和合规性。这种行为导致了农田资源的减少，对农业生产造成了不可逆转的影响，同时也加剧了土地资源的浪费和不合理利用。

在湖南山地丘陵地区农村农民建房时依然保留着自主、自序的习惯，普遍有早占、多占宅基地建房的心理，攀比建房之风盛行，加上早先宅基地的管理制度不完善，农民建房主要围绕村边、路边进行但是随之占用了大量的基本农田，造成了耕地面积的减少，村庄摊煎饼式向外扩张，人均、户均农村宅基地面积超标显著，在湘潭、株洲、娄底、邵阳等地山地丘陵地区很多农村的人均居住用地面积超过 150 平方米，严重偏离实际使用需求。

超面积、超层数建房问题较为突出。一些农民为了追求更高的住房品质或满足家庭扩张的需求，超越了宅基地规定的面积和层数限制，擅自增加房屋的建筑面积或楼层数。这导致了宅基地上房屋过大、过高的现象，不仅超过了原有规划和设计的标准，也破坏了村庄整体的风貌和环境。超面积和超层数的建房不仅影响了宅基地的合理利用和社会资源的分配，造成了土地资源浪费[18]。

第二章　相关理论研究

1　空心村现状的背景和特征

1.1　空心村的定义和特征

1.1.1　空心村的定义

空心村从表征上看，是指那些大量房屋空置、长期无人居住的村落，是农村城市化和工业化进程中的一个副产品，也是农村发展面临的一个严峻问题。不同学科和角度对空心村的定义有所不同。

从地理学的角度来看，空心村是一种特殊类型的聚落，其特点是聚落的"空心化"[16]。这种"空心化"表现为相对成新、功能转换、绝对抛弃和人口锐减等条件集合而成。首先，相对成新是指农村聚落在历史上的发展过程中，一些老旧建筑物逐渐被新的建筑物所代替，而一些老旧建筑物则被废弃，从而形成了聚落中新旧建筑物的错落有致，形成了空心村的特殊景观。其次，功能转换是指农村聚落在经济结构和社会发展的变化下，一些传统的农业功能和服务功能逐渐被现代化的功能所取代，如传统的农业种植、畜牧和手工业等功能被工业、商业、服务业等现代化的功能所取代，从而导致聚落中的许多建筑物和场所成为了废弃的状态。再次，绝对抛弃是指一些农村聚落由于种种原因被彻底地遗弃，如自然环境的恶劣、交通不便、资源枯竭等原因导致居民逐渐迁离聚落，最终导致聚落中的所有建筑物和设施均被遗弃。最后，人口锐减是指农村聚落在经济社会发展的变化下，由于人口外流、老龄化等因素，导致聚落的人口急剧减少，从而导致聚落中的建筑物和设施逐渐被废弃。总之，从地理学的角度来看，空心村是一种特殊类型的聚落,它的形成与农村聚落的历史发展、经济结构和社会发展密切相关。它的"空心化"表现为相对成新、功能转换、绝对抛弃和人口锐减等条件集合而成。

从社会学角度看,空心村是一个综合性的概念,包括人口、产业、社会服务、空间和文化生活等方面的"空心化"[19]。人口的空心是指随着农村劳动力的外流,空心村的人口数量逐渐减少,老龄化问题逐渐凸显,青壮年人口减少、儿童和老人人口比例增加,导致人口结构失衡。同时,由于村庄生活条件相对落后,年轻人和高学历人才更倾向于外出寻求更好的工作和生活条件,导致人口质量下降;产业发展和社会服务的空心是由于村庄产业结构单一,经济发展缓慢,公共服务设施相对落后,导致人们生产、生活、文化等各方面需求无法得到满足,甚至产生"服务业空心化"现象。另外,由于空心村的地理位置偏远,交通不便,市场较小,也难以吸引外来投资,导致经济发展乏力;空间的空心是由于村庄规模小、聚落分散,土地资源相对有限,导致空心村空间布局不合理,资源利用效率低下。另外,由于人口减少,有些村庄已经形成了"断头村",即只有几户人家生活,导致村庄的空间利用效率更低;文化生活的空心是由于村庄经济发展缓慢,文化生活水平相对较低,导致年轻人缺乏文化氛围和生活乐趣,文化设施也比较匮乏,同时由于人口外流,一些重要的社区文化活动也逐渐减少,导致文化生活的空心化。

从经济学角度看,空心村是指随着城市化和工业化进程,大量的农村青壮年都涌入城市打工,致使农业生产缺乏劳动力,农民收入水平低下,农村经济发展滞后,从而造成了产业和社会服务的空心化[21]。由于农民外出打工,农村地区的劳动力大量流失,农村产业发展停滞,导致农村经济滞后。农村缺乏新型产业,只能依赖传统的农业和手工业,难以吸引更多的人才和资本进入,也难以与城市化和工业化进程保持同步发展;社会服务空心化导致农村人口流失随着城市化和工业化进程,农村的社会服务水平无法满足居民的需求,导致农民不愿意在农村居住。同时,城市的各种社会服务设施和机会,比如教育、医疗、文化等,也吸引了大量的农村人口流入城市,加剧了农村空心化现象。

1.1.2 空心村的特征

(1)人口外流

农村人口外流是空心村现象的主要特征之一。首先,农村青壮年劳动力流失是由于农村地区经济发展缓慢,收入水平低,许多年轻人离开家乡到城市打工谋求更好的生活和收入。其次,由于青壮年流失,留在农村的主要是老人、妇女和儿童,这导致农村地区老龄化问题日益突出;再次,由于人口外流,农村地区人口数量不断减少，限制了农村地区经济和社会发展，也给村庄基础设施建设和社会服务提供带来了困难。最后由于农村青壮年流失，留在农村地区的多为老人和妇女，这导致农村地区的劳动力结构失衡。

（2）建筑闲置

随着农村人口的外流，很多村庄里的住宅被遗弃，变成了废墟。这些闲置住宅在长时间内无人居住，墙体渐渐老化，屋顶逐渐坍塌，使得整个村庄的景象变得破败不堪。同时很多农村村庄的商业设施已经失去了活力，商铺空置、超市关门，成为无人问津的"僵尸商铺"，同时也造成了经济资源的浪费。很多农村村庄里的公共设施，如学校、卫生院等，因为人口流失、生活条件不好等原因，逐渐无人问津。在这些公共设施内部，人们能够看到断壁残垣、野草丛生的景象，甚至有的建筑物已经严重破损，无法继续使用。随着农村产业的发展滞后，原先的农村工业也逐渐被市场淘汰。很多工业厂房、仓库等建筑物也被闲置，逐渐变成了废墟，成为了空心村的一个重要特征。

（3）土地浪费

土地浪费是空心村现象的又一重要特征。由于农村人口流失，许多农田和宅基地闲置，土地资源得不到有效利用，严重浪费了宝贵的土地资源。一些地方政府或者企业在推动城市化和工业化的过程中，会占用农村土地建设各种项目，造成了大量的土地浪费，这也是造成空心村现象的原因之一。在空心村中，许多土地变得荒芜，没有人耕种，草木丛生，成为了村庄的一个负面形象，同时也限制了农村经济和社会发展的空间。

（4）基础设施缺乏维护

人口外流和经济落后使得村庄的基础设施缺乏有效的维护和更新。由于空心村人口流失，村内车辆和行人减少，道路使用率低，加之缺乏定期的修缮和保养，道路表面出现裂缝、坑洼、塌陷等现象，影响通行安全和便利；人口的减少，造成了用水用电需求减少，供水供电设施运行成本高，加之缺乏有效的管理和维护，供水供电设施出现老化、损坏、故障等问题，导致供水供电不稳定或中断，影响村民的生活质量；由于空心村环卫工作人员减少或缺乏，垃圾清运和处理能力下降，加之缺乏有效的监督和制约，村内垃圾无序堆放或随意倾倒，+造成环境污染和卫生隐患；由于空心村人口流失，村内公共设施如学校、医院、文化站、体育场等使用率低或无人使用，加之缺乏有效的管理和维护，公共设施出现破损、废弃、荒废等现象，造成资源浪费和社会损失。

（5）文化衰退

由于空心村人口流失，村内文化传承者减少或缺乏，加之缺乏有效的保护和传承机制，村内的传统文化如民俗、民间艺术、方言、民歌等逐渐失传或消亡，影响村庄的文化认同和凝聚力；由于空心村人口流失，村内文化活动参与者减少或缺乏，加之缺乏有效的组织和支持，村内的文化活动如节庆、娱乐、竞技等逐渐减少或停止，影响村民的精神生活和文化需求；由于空心村人口流失，村内文化设施使用率低或无人使用，加之缺乏有效的管理和维护，村内的文化设施出现破损、废弃、荒废等现象，造成资源浪费和文化损失。

1.2 空心村现状对社会经济和居民生活的影响

1.2.1 空心村现状对社会经济的影响

（1）浪费土地资源。空心村占用了大量的有限土地资源，影响了土地的合理利用和保护。同时，由于缺乏有效的管理和监督，一些闲置的土地可能被侵占或污染。空心村的空面积规模一般 0.06~0.2 公顷以上，如果一个中等乡镇约有 300 个自然村，平均一个自然村以 0.133 公顷计算，一个乡镇就有 40 公顷以上的土地被废弃[22]。这些土地如果得到有效利用，可以发展农业生产或乡村产业，提高土地的经济效益和社会效益。同时，由于缺乏有效的管理和监督，一些闲置的土地可能被侵占或污染。例如，有些人在闲置的宅基地上擅自建房或堆放垃圾，破坏了土地的质量和环境。这些行为不仅违反了土地管理法的规定，也损害了集体和其他成员的利益。

（2）制约发展潜力。空心村反映了农村经济发展的不平衡和不充分，制约了村庄的发展潜力。首先，由于人口流失和老龄化现象，空心村的人口数量较少，这导致村庄在人力资源方面缺乏优势，从而难以发挥出农业生产的潜力，影响到了农业生产效率。其次，空心村的经济落后，导致村庄在基础设施方面的建设和维护难以得到有效保障，例如道路交通、电力供应、水资源、卫生设施等，这进一步影响到了农村经济发展的效率和质量。再者，空心村往往缺乏多元化的产业结构和发展模式，经济发展受限，无法满足村民的需求，同时也缺乏吸引外部投资的条件，这也对村庄的发展潜力造成了制约[23]。

（3）影响社会稳定。人口流动给外出者和留守者带来了更大的心理负担，因为长期分离会影响家庭内部亲情的维护，家庭的凝聚力会逐渐减弱。很多留守的儿童缺乏父母的关爱和教育，他们面临着孤独、沉闷、无聊等问题。而外出者也会感到孤独和思乡，他们在城市里面生活的艰辛和压力也会对心理造成不良影响。空心村现象也会带来养老问题，随着年龄的增长，老人们的身体和精神状态逐渐恶化，而农村养老体制并不健全，很多老人无法得到合适的养老服务。在城市化的进程中，大量的年轻人离开了农村，留下了老人和儿童，导致农村养老压力加剧。很多老人没有人照顾，也没有能力照顾自己，他们不得不面对孤独和生活困难。最后，空心村现象也会导致农村教育和医疗资源的不足，随着人口流失和经济落后，很多农村学校和医院都处于荒废状态，农村教育和医疗资源的不足给留守儿童和老年人带来了很多的困难，影响了他们的生活质量和健康状况。

1.2.2　空心村现状对居民生活的影响

（1）居住条件差。空心村"的居住条件普遍较差，很多建筑物已经荒废或者老化，无法提供良好的居住环境。由于人口稀少，村庄的基础设施建设和维护也没有得到足够的重视，房屋的维修和保养也无法及时得到处理。因此，居民可能不得不住在老旧的房屋中，这些房屋可能存在着漏雨、漏风、潮湿等问题，居住条件十分恶劣。同时，这些房屋缺乏现代化的设施和基础设施，如卫生间、洗澡房、暖气等，这给居民带来了很大的不便和卫生隐患。此外，由于村庄人口流失，社会服务设施也普遍缺乏，如医院、学校等，这会影响居民的生活质量。又例如，由于医疗资源的匮乏，居民在生病时可能需要赶很远的路去看病，而且在没有医院的支持下，医疗服务的质量也无法得到保证，这对居民的身体健康造成了很大的威胁。此外，由于教育资源的缺乏，村庄的孩子很难接受良好的教育，这也限制了他们的成长和未来的发展。这些问题的存在使得空心村的居民在经济、社会和文化方面都面临很大的障碍，生活质量相对较低。

（2）经济来源单一。空心村中的居民大多从事传统的农业生产，如种植、养殖等。由于空心村地理位置较为偏远，交通不便，市场渠道少，农产品的销售渠道和价格也受到限制[24]。此外，随着城市化进程的加速和农业现代化的推进，许多传统的农业生产已经无法满足居民的生计需求，这会对居民的生活造成一定的困扰。除了农业生产，空心村往往缺乏其他的产业发展，经济来源单一。这也意味着空心村的居民很难找到其他的经济来源。这种经济来源单一的情况不仅会影响居民的收入水平，还会影响他们的生活质量和幸福感[17]。由于收入不稳定，居民的消费能力较低，难以满足一些基本的生活需求，如教育、医疗等。此外，由于缺乏其他产业的发展，空心村也无法提供多样化的工作机会，使得年轻人缺乏吸引力的就业机会，这也会导致年轻人的流失和人口老龄化的加剧。

（3）社交空间狭窄。在空心村中，由于人口外流和缺乏社会服务设施，居民往往面临着社交空间狭窄的问题。这种情况导致居民在日常生活中很难找到机会进行社交和交流，他们的社交圈子往往非常有限。这不仅影响了他们的生活质量，还可能影响到他们的社交能力和心理健康。由于人口流失，很多社交场所和设施已经不再存在。比如说，许多村庄已经没有娱乐场所、运动场所等。这意味着居民在日常生活中很难找到机会进行各种娱乐活动，也难以通过运动等方式保持身体健康。此外，由于空心村中缺乏社会服务设施，居民很难获得信息和资源。比如说，许多村庄已经没有邮局、银行、图书馆等公共设施，这导致居民无法及时获取重要的信息和资源。这种情况对于年轻人尤为严重，他们需要更多的信息和资源来支持自己的学习和工作。在这种情况下，居民往往只能通过亲友之间的联系来获取信息和资源。这使得他们的社交圈子非常有限，无法拓展和提高自己的社交能力。另外，由于空心村中很多居民都是老年人和儿童，他们的交往圈子更加有限，这可能导致他们感到孤独和无助[30]。

（4）教育资源匮乏。空心村中的教育资源相对匮乏，这是由于村庄人口流失、缺乏社会服务设施等因素共同作用的结果。由于教育资源的匮乏，很多孩子需要到外地去上学，这不仅增加了他们的负担和风险，还可能带来其他的问题，比如家庭和亲情的分离。同时，由于村庄人口流失，许多村庄的小学和初中也已经关闭或者面临关闭的风险，这会使得教育资源更加匮乏[20]。首先，孩子到外地上学会增加他们的负担和风险。由于村庄中的学校不足或者教育质量不高，很多孩子需要到外地去上学，这会使他们面临着离家别久、孤独、安全风险等问题。同时，由于需要外出上学，孩子们的家庭负担也会增加，比如学费、住宿费、交通费等等，这会给家庭带来经济负担。其次，村庄人口流失导致的小学和初中的关闭或者面临关闭的风险，也使得教育资源更加匮乏。在一些空心村中，由于学生数量不足，学校的招生人数逐渐减少，或者学生数量不足以支撑学校的正常运转，导致学校关闭或者面临关闭的风险。这会使得空心村中的孩子难以接受良好的教育，影响他们的成长和未来发展。

（5）养老问题突出。在空心村中，老年人面临的养老问题比城市要复杂。首先，由于村庄缺乏养老服务设施，老年人的日常生活和医疗护理难以得到满足。许多空心村中缺乏医疗机构，往往需要到其他地方去寻求医疗服务，这会增加老年人的生活负担和风险。其次，许多空心村中的老年人经济状况较为困难，无法负担高昂的养老服务费用。由于村庄的经济来源单一，老年人往往只能靠退休金或者子女的支持生活。但随着农村人口外流和农业现代化进程的推进，子女们在城市工作，难以照顾到老人的养老问题。空心村中的老年人缺乏社交空间，生活单调枯燥，缺乏精神慰藉。很多老年人由于身体健康或者交通条件的限制，难以到城市或者其他地方寻找社交机会，往往陷入孤独和无助的状态。

2　生态修复的概念和意义

2.1　生态修复的定义和范畴

2.1.1　态修复的定义

生态修复是指利用自然科学和人文社会科学的知识和技术，通过一系列的生态工程、生态建设和生态管理措施，对生态系统受到的破坏、退化或恢复力下降等问题进行修复和重建，以实现生态系统功能的恢复、生物多样性的保护、土地资源的可持续利用和人类社会的可持续发展[31]。生态修复是一种系统的、多学科的、综合的工作，它涉及到生物学、生态学、地理学、土壤学、环境科学、城市规划、社会经济等多个学科领域。

生态修复的概念最早出现在上世纪80年代，当时我国为了改变三北地区（西北、华北和东北）的恶劣生态状况，特别是防止水土流失和风沙侵害，决定实施三北防护林体系建设工程。这项工程在邓小平等老一辈中央领导同志的倡导和关心下启动，被称为中国的"绿色长城""改造自然的伟大壮举"、世界的"生态工程之最"。

生态修复的核心思想是通过人为干预措施直接解决国土空间生态环境破坏问题，利用生物技术和工程技术相结合的方法，对自然环境进行人为干预和调控，以达到改善或恢复生态功能的目的。

2.1.2　生态修复的范畴

生态修复是指对破坏、退化、受损的生态系统进行恢复、重建和保护的一系列行为，旨在恢复生态系统的结构和功能，提高生态系统的稳定性和可持续性。生态修复的范畴涉及到多个领域，包括但不限于：

（1）土地修复：是指针对受到污染、退化、破坏等因素影响的土地进行改善和恢复其生态功能和经济价值的过程[32]。随着人类经济活动的不断扩张和生活水平的提高，大规模的土地破坏和污染现象已经日益突出。而这些土地破坏和污染，不仅直接影响了土地的利用价值，更严重的是破坏了土地的生态系统，进而导致环境问题的加剧。因此，土地修复是维护生态平衡和保障人类生存环境的重要手段之一。具体来说，土地修复包括污染物的清除、土地的再生、植被的修复和生态系统的重建等方面。在污染物的清除方面，可以采取化学方法、物理方法和生物方法等不同的手段，以清除土壤中的有害物质。在土地的再生方面，可以通过土地改良和种植等方式，恢复土地的肥力和水分状况。在植被的修复方面，则可以采用植被重建和树种选择等方法，重新建立生态系统。最终，通过这些手段的协同作用，实现对受污染、受破坏土地的修复，使其重新拥有生态功能和经济价值。

（2）水体修复：是指利用一系列的技术和措施，对污染的水体进行治理和改善，使其达到一定的水质标准，恢复自然的生态环境和生态功能[33]。水体修复的主要目的是通过清除水体中的有害物质，提高水质，保护水生生物的生存环境，维护水体的自净能力，促进水生态系统的恢复和生态功能的增强。水体修复需要对水体的污染源、污染物种类和污染程度进行调查和评估，并制定相应的修复方案。同时，水体修复需要充分考虑生态系统的复杂性和不确定性，以确保修复过程不会对生态系统产生不利影响。在水体修复的过程中，需要采用生物、化学、物理等多种技术手段，包括人工湿地、植物修复、生物修复、化学物质处理等，以实现水体的治理和改善。

（3）森林修复：林地修复是指通过各种手段，恢复或提高已受损或退化的森林生态系统的生态功能和结构，使其重新达到或接近天然状态。林地修复的目的是保护生态系统的稳定性和生态环境的可持续性，促进土地的生产力恢复，以及维护生物多样性。林地修复的主要工作包括：栽植和造林，通过选择适宜的树种和种植方式，可以加速森林生长和恢复，提高森林的碳汇功能和生态服务能力；同时，栽植和造林还可以提高森林的经济效益和社会效益，为当地居民提供木材、药材、水源涵养等资源，改善生态环境和生活质量。森林抚育，通过森林管理措施，调整林分结构、密度和品质，提高森林的生产力、健康状况和生态服务能力；森林抚育的主要内容包括选优伐劣、适度抚育、树种优化等。通过森林抚育，可以提高森林的幸存率、生长速度和生产力，减少自然灾害和人为干扰的影响，保障林地生态系统的可持续性。野外自然更新，利用林地自然更新的机制，促进森林的恢复和重建；通过野外自然更新，可以增加森林的生态复杂度和生物多样性，提高森林的适应性和抗干扰能力。同时，野外自然更新还可以减少人工干预和成本，降低修复成本，提高修复效率和可持续性。

（4）草地修复：是一种生态修复的方式，旨在重建和恢复受到人类活动和自然灾害等因素破坏的草地生态系统，以提高其生态功能和服务能力。草地修复的主要目标是恢复植被的物种多样性和结构稳定性，促进土壤水分循环，增强土壤固碳能力，提高生物多样性，维护水土流失控制和水质保护等生态系统服务。草地修复的具体方法包括改良土壤质量、恢复草地植被、保持水土、控制人类干扰等。这些措施包括但不限于选用适宜的植被种类和草坪草种，改善土壤结构和质量，修复和改建排水系统，控制过度放牧和林地开垦等。通过这些方法，草地修复能够改善生态环境，保护生物多样性，维护生态平衡，促进可持续发展。

（5）城市绿化修复：指通过各种手段，将城市中受到破坏或破碎的绿化系统恢复到原有或更好的生态系统状态。这包括在城市中建立新的绿化系统，同时修复和改善现有的绿化系统。城市绿化修复要做的事情很多，其中包括确定适合种植的植物、改善土壤条件、提高绿化面积和密度、改善景观和公共设施、控制和治理污染，以及提高城市绿化的可持续性。其中最重要的一点是选择适合当地气候和土壤条件的植物，这有助于提高绿化的成活率和覆盖率。同时，改善土壤条件可以提高植物的营养和水分吸收能力，促进植物的生长和发展。此外，增加绿化面积和密度可以改善城市的生态环境，减少空气污染、降低城市热岛效应、提高城市的美观程度和品质。

2.2 生态修复的目的和意义

2.2.1 生态修复的目

生态修复的目的是为了恢复或改善生态系统的功能和健康状态，以实现可持续发展。通过生态修复可以恢复受到人为或自然因素破坏的生态系统，增强生态系统的抵御力和适应力，提高生态系统的稳定性和可持续性，同时改善环境质量，提高生物多样性，促进生态经济和社会发展[34]。生态修复可以使生态系统恢复到其自然的状态或者更好的状态，使其能够为人类提供可持续的生态服务，如水源、土壤保持、食物和能源生产、气候调节和自然美景等。其具体可以概括为以下几点：

（1）恢复和改善生态系统的功能：通过恢复和改善生态系统的物理、化学和生物过程，提高生态系统的稳定性和抗干扰能力，维护生态系统的各项功能。通过采用一系列生态修复手段，例如种植植被、水土保持、治理水质等，生态系统的物理、化学和生物过程得到恢复和改善。这些措施能够提高生态系统的稳定性和抗干扰能力，从而能够更好地维护生态系统的各项功能。例如，通过植被的种植和保护，能够减缓水流速度和减小土壤侵蚀，从而增加水源的涵养能力和土壤的保持能力。在物种多样性维护方面，通过采用各种生态修复手段，可以创造更加适宜生物生存的环境，使得各类生物得到更好的生长和繁殖条件，从而促进物种多样性的维护。因此，生态修复的目的不仅仅是恢复生态系统，更是提高生态系统的功能，使之能够更好地为人类提供各种生态服务。

（2）保护生物多样性：通过修复和重建失去的或受损的生境，提高生物多样性，促进物种的繁殖、迁移和生态演替，增强生态系统的韧性和可持续性。在现代社会的快速发展过程中，许多生态系统遭受了破坏和损失，很多物种也受到了威胁甚至灭绝。生物多样性是维持生态系统的重要因素之一，对于人类和其他物种的生存都至关重要。因此,生态修复的目的之一就是通过修复和重建失去的或受损的生境来提高生物多样性。这样可以促进物种的繁殖、迁移和生态演替,增强生态系统的韧性和可持续性。生物多样性的保护对于维护生态平衡和地球生态系统的可持续发展至关重要。因此,生态修复的目的之一就是通过保护生物多样性来维持生态系统的健康,从而确保人类和其他物种的生存环境得到保护和改善。

(3)恢复生态景观:通过创造具有地域特色和生态功能的景观,提高城乡环境质量,提高居民的生活质量和社会福利。生态景观是指以生态为基础、以人文为引导,通过合理的设计和建设,创造出一种具有生态价值、生态功能和文化内涵的景观空间。恢复生态景观可以促进城乡生态系统的健康发展,提高生态系统的自我调节和修复能力,降低自然灾害的发生率,同时也可以提升城乡环境的美观度和文化内涵,提高居民的生活质量和生态文明素养。因此,恢复生态景观是生态修复的重要目的之一,有助于实现可持续发展的目标。

(4)确保资源的可持续利用:通过恢复和改善生态系统,增加土地、水资源和生物资源的质量和数量,实现资源的可持续利用。在人类活动中,土地、水和生物等自然资源的使用过度和不当,已经对环境造成了严重的破坏,导致生态系统失衡,资源减少,环境质量下降。通过生态修复,可以恢复和改善生态系统的功能,增加土地、水资源和生物资源的质量和数量,保证这些资源的可持续利用。比如,通过绿化城市、恢复湿地和水源保护区等措施,可以增加城市和乡村的可利用绿地面积和水资源量,满足人类社会对于资源的需求,而不会对生态环境造成过度的破坏。同时,通过保护和修复生态系统中的各种生物,也可以维持生物的自然繁殖和生态平衡,确保生物资源的可持续利用。

(5)降低环境风险:通过生态修复,减少环境风险,降低灾害的发生率,改善环境质量,维护人类健康和安全。生态修复可以通过恢复和改善生态系统的功能,减少环境污染和生态灾害的发生率,降低环境风险。例如,通过水体修复可以减少水质污染和水生生物死亡,提高水体的自净能力和稳定性,降低水灾和滑坡等自然灾害的发生率;通过土地修复可以防止土壤侵蚀和沙漠化,提高土地的肥力和水分保持能力,减少土地贫瘠和荒漠化的程度;通过林地修复可以增加森林面积和植被覆盖率,提高空气质量和氧气含量,减少土地滑坡和森林火灾的发生率。生态修复不仅能够减少环境风险,还能够改善环境质量,保护生态系统和人类健康安全,为可持续发展奠定基础。

2.2.2 生态修复的意义

生态修复是生态文明建设的重要内容,是实现人与自然和谐共生的必要条件,是促进经济社会可持续发展的有效途径。生态修复的意义主要体现在以下五个方面：

（1）生态修复是实现可持续发展的重要途径。生态修复是在生态学原理指导下，以生物修复为基础，结合各种物理修复、化学修复以及工程技术措施，通过优化组合，使之达到最佳效果和最低耗费的一种综合的修复污染环境的方法。生态修复可以提高资源的可持续利用水平，保护和提高生态系统的生产力和稳定性，支持社会、经济和环境的可持续发展。生态修复可以改善环境质量，增强生态系统抵御灾害的能力，提高生物多样性和资源利用效率，促进经济社会和谐发展。生态修复可以降低温室气体排放，减缓气候变化的影响，增加碳汇和碳库，实现减污降碳协同增效[35]。生态修复可以恢复和改善人类健康和福祉所依赖的生态系统服务功能，如空气净化、水源涵养、气候调节、土壤保育、食物供给等。因此，生态修复是实现可持续发展的重要途径。

（2）生态修复是提供生态服务的有效手段。生态服务是指自然生态系统为人类提供的各种有益的功能和产品，包括支持性服务、调节性服务、供给性服务和文化性服务。由于人类活动的影响，许多自然生态系统受到了破坏或退化，导致生态服务功能下降或丧失。为了恢复和提升自然生态系统的服务功能，需要采取各种生态修复措施。例如，在沙漠化地区进行植被恢复，可以减少风沙侵袭，增加土壤肥力，提高水分利用效率，改善当地气候条件；在河湖湿地进行水质净化和水位调控，可以减少水污染物负荷，增加水资源供应量，保护水生物多样性，提供休闲娱乐空间；在矿山区进行土壤改良和植被恢复，可以降低重金属污染风险，增加土地利用价值，提高景观美观度等。因此，生态修复是提供生态服务的有效手段。

（3）生态修复是推进乡村振兴的重要支撑。乡村振兴是指在农业农村现代化进程中，通过实施乡村产业振兴、人才振兴、文化振兴、生态振兴、组织振兴等战略举措，促进农业农村发展质量变革、效率变革、动力变革，实现农业全面升级、农村全面进步、农民全面发展。生态修复是乡村振兴的重要支撑，可以为乡村发展提供良好的自然基础和生态条件。生态修复可以改善乡村生态环境，提升乡村宜居水平，增强乡村吸引力和凝聚力。生态修复可以促进乡村产业转型升级，培育绿色优质农产品，拓展生态旅游、休闲农业等新兴产业，增加农民收入和财富。生态修复可以激发乡村文化活力，保护和传承乡土风情、民俗风貌、历史文化，提高乡村文明程度和软实力。因此，生态修复是推进乡村振兴的重要支撑[25]。

（4）生态修复是促进共同富裕的有效途径。共同富裕是中国特色社会主义的本质要求和重要目标，是指在经济社会发展的过程中，不断缩小区域、城乡、行业之间的差距，不断提高人民群众的收入水平和财富水平，不断满足人民群众日益增长的美好生活需要。生态修复是促进共同富裕的有效途径，可以为经济社会发展提供可持续的资源保障和环境支撑。生态修复可以创造就业机会，增加就业收入，改善民生福祉。生态修复可以带动相关产业发展，形成绿色发展模式，增加经济效益和社会效益。生态修复可以缩小城乡差距，促进区域协调发展，增强社会公平正义[26]。因此，生态修复是促进共同富裕的有效途径。

（5）生态修复是建设美丽中国的重要内容。美丽中国是中国特色社会主义现代化建设的重要组成部分，是实现中华民族伟大复兴的必然要求，是增进人民幸福感和获得感的重要方面。美丽中国是指在全国范围内建设天蓝、地绿、水清、气爽的良好生态环境，形成人与自然和谐共生的美丽画卷。生态修复是建设美丽中国的重要内容，可以为美丽中国提供有力的物质基础和技术保障。生态修复可以恢复和改善自然景观，提升国土空间品质和价值，增加国家自然资产。生态修复可以满足人民群众对美好生活的向往，提高人民群众的生活品质和幸福感，展现中华民族的文明风貌和精神风貌。因此，生态修复是建设美丽中国的重要内容。

3 生态修复的理论基础

3.1 生态系统恢复的基本理论

生态系统恢复的基本理论是指在进行生态系统恢复的实践中，所依据的一些生态学的原理和方法。生态系统恢复的目的是恢复和改善受到破坏或退化的自然生态系统的结构和功能，以及保护和维持仍然完整的自然生态系统。根据不同的文献，生态系统恢复的基本理论可以有不同的划分方式。以下是一种常见的划分方式，将生态系统恢复的基本理论分为以下四个方面：

3.1.1 生态系统结构理论

这一理论指出，生态系统是由多种要素组成的有机整体，其结构包括时空结构、营养结构、物种结构等。在进行生态系统恢复时，应充分考虑各种要素之间的相互关系和作用，以及各种要素对环境变化的适应性，以实现生态系统结构的优化和平衡。

生态系统结构理论是生态学的基本理论之一，它是研究生态系统内部组成、结构和功能的一门学科。生态系统结构理论的主要内容包括时空结构、营养结构、物种结构等。这些结构相互作用，决定了生态系统的稳定性和可持续性，是进行生态系统恢复的重要依据[36]。

时空结构是生态系统的时空分布和组成的总和。它包括物理结构、地形结构和气候结构等。物理结构包括生态系统内部的地形和地貌等，如山地、平原、湖泊、河流等；地形结构包括土壤、植被等因素，这些因素的差异性直接影响着生态系统的结构和功能；气候结构包括气候要素的种类、分布和变化，如温度、湿度、降水量等。时空结构是生态系统的基础，对于生态系统的维持和发展具有重要的作用。

营养结构是生态系统中各种物质的循环过程，包括营养元素循环和有机物循环。生态系统中的营养元素循环包括碳循环、氮循环、磷循环、硫循环等，它们是生物体的重要组成部分，对生态系统的生产力和物质转化具有重要的作用；有机物循环包括腐殖质的形成和分解，有机物在生态系统中的转化和分配。营养结构是生态系统运作的基础，对于生态系统的平衡和稳定性具有至关重要的作用。

物种结构是生态系统中各种生物的种类和数量组成。生态系统中的物种结构包括种群、群落和生物多样性等。种群是一组具有相同种群遗传特征的个体，在生态系统中扮演着重要的角色；群落是一群具有相同生态功能的生物种类组成的总体，群落之间的相互作用对于生态系统的稳定性和可持续性具有重要的作用；生物多样性是指生态系统内的物种种类和数量的多样性，它是维持生态系统平衡和稳定性的重要因素。物种结构是生态系统稳定性和可持续性的重要组成部分。

生态系统结构理论指出，生态系统是一个有机整体，由多种要素组成。这些要素包括生物要素、非生物要素和人类活动要素。在生态系统中，这些要素之间存在着复杂的相互关系和作用，形成了多种结构，其中包括时空结构、营养结构、物种结构等。时空结构指的是生态系统中各要素在时间和空间上的分布和变化。营养结构指的是各种生物要素之间在营养方面的相互关系和作用。物种结构指的是生态系统中不同物种之间的数量、分布、生境、生态位等特征。

在进行生态系统恢复时，应充分考虑这些结构的重要性和相互关系，以便实现生态系统结构的优化和平衡。具体而言，优化时空结构可以通过对生态系统内各要素的移植和植被的重建等方式实现；优化营养结构可以通过控制养分输入和循环、改变生物要素的数量和结构等方式实现；优化物种结构可以通过建立保护区、限制捕猎和开展物种保护等方式实现。

生态系统结构理论的核心在于强调生态系统的有机整体性和多重结构的相互关系，反对简单化和孤立化的观点。在实践中，应根据具体情况选择合适的恢复措施，以实现生态系统的健康和可持续发展。同时，也需要在生态系统恢复和保护的过程中，考虑到人类活动对生态系统的影响，减少负面影响，尽量实现人与自然的和谐共生。

3.1.2 **生态位理论**

这一理论指出，生态位是指在自然生态系统中一个种群在时间空间上的位置及其与相关种群之间的功能关系。在进行生态系统恢复时，应避免引入生态位相同或相近的物种，以免引起物种间的竞争和排斥，而应尽量使各物种生态位错开，以增加物种多样性和生态系统稳定性。

生态位理论是生态学中一个重要的概念，它指出在一个生态系统中，每个物种都占据了一定的生态位。生态位是指一个物种在一个生态系统中的位置和功能。它不仅仅涉及到物种的生存和繁殖，也涉及到物种对环境的适应和对其他生物的影响。一个物种的生态位包括了物种在时间和空间上的位置以及与其周围生物的关系[27]。

生态位理论的基础是对生态系统中物种相互作用的研究。在一个生态系统中，每个物种都需要与其他物种相互作用，以获得生存和繁殖的资源。这些相互作用包括竞争、共生、捕食和寄生等。物种相互作用的结果是各个物种都占据了一个独特的生态位。每个物种的生态位都有其特殊的作用和功能，它们共同构成了整个生态系统的结构和功能。

在生态系统恢复中，生态位理论对于选择引入的物种和调整物种的数量和种类都具有重要的指导意义。生态系统的恢复需要通过重新建立物种之间的相互关系来实现。在引入新物种时，应该考虑它们的生态位与原有物种的生态位是否相同或相近。如果新物种的生态位与原有物种的生态位相似，它们将会互相竞争，导致生态系统的不稳定和不平衡。因此，引入的新物种应该尽可能地使各物种的生态位错开，增加生态系统的多样性和稳定性。

生态位理论还可以用于解释生态系统中物种多样性的形成和维持。生态位错开可以使得生态系统中物种的数量和种类增加。在生态系统中，每个物种都有其独特的功能和作用，这种功能和作用是通过物种的生态位来实现的。生态位理论认为，生态系统中物种的多样性和丰富性可以提高生态系统的稳定性和可持续性，因为它们可以相互补充和调节。

生态位理论也提醒我们要注意生态位的适应性，即选择适应环境的物种进行引种或恢复，以避免因环境适应能力不足而无法适应新环境，从而导致引入失败。此外，生态位理论还提示我们要注意生态位的稳定性，避免引入可能破坏现有生态位稳定性的物种，以免引发生态系统的紊乱。

生态位理论还指出，在自然生态系统中，每个物种都具有其特定的生态位，并与其他物种共同占据着生态位空间。物种的生态位决定了其在生态系统中的作用和地位，包括其食物来源、生境类型、交配对象等。因此，在进行生态系统恢复时，需要充分考虑每个物种的生态位，以避免对生态系统的结构和功能造成负面影响。

生态位理论提供了一个重要的指导思想，即在进行生态系统恢复时应充分考虑生态位的适应性和稳定性，选择适合环境的物种，并避免引入可能破坏生态系统稳定性的物种。这一理论在实践中具有重要的指导作用，有助于保护和恢复自然生态系统，实现生态文明建设的目标。

3.1.3　物质循环再生理论

这一理论指出，物质能在自然生态系统中循环往复，分层分级利用，从而维持生态系统的稳定性和可持续性。在进行生态系统恢复时，应尽量利用当地的物质资源，如水、土壤、有机质等，以减少外来物质输入和废弃物输出，形成一个高效、无废物的自然循环系统。

物质循环再生理论是生态学的基本理论之一，也是实现生态系统可持续发展的重要方法之一。它强调了生态系统中物质的循环利用和再生利用的重要性，通过物质的循环再生，维持生态系统的稳定性和可持续性。物质循环再生理论适用于各种自然生态系统，如森林、湖泊、海洋等[28]。

物质循环再生理论中的"物质"主要包括水、土壤、有机质等。这些物质在自然生态系统中循环往复，通过分层分级利用，维持生态系统的稳定性和可持续性。例如，在森林生态系统中，落叶、落木、树皮等植物遗物和动物排泄物会通过微生物和其他生物的作用，分解为有机质，并被植物重新吸收利用。水也是生态系统中重要的物质之一，它在不同的自然生态系统中起着不同的作用。在陆地生态系统中，水通过雨水的形式输入，被植物吸收，成为生物体内的一部分；在水生生态系统中，水是生态系统的基础，维持着水中生物的生存。

在进行生态系统恢复时，应尽量利用当地的物质资源，如水、土壤、有机质等，以减少外来物质输入和废弃物输出，形成一个高效、无废物的自然循环系统。例如，在农业生态系统中，可以利用粪便、秸秆等农业废弃物，通过堆肥化处理，将其转化为有机质，用于农作物生产。在城市生态系统中，可以利用生活垃圾、废水等资源，通过分离和处理，实现资源的再利用和循环利用。

通过物质的循环再生，生态系统可以实现高效、无废物的循环系统，减少外来物质输入和废弃物输出，达到生态系统的可持续性和稳定性。物质循环再生理论在实践中得到了广泛的应用，如生态工程、资源回收利用等，为维护生态系统的健康和可持续发展做出了贡献。

物质循环再生理论也为推动循环经济提供了有力支撑。循环经济是一种可持续发展的经济模式，旨在最大限度地减少资源消耗和环境污染，通过循环利用资源和废弃物，实现经济的繁荣和环境的保护。在循环经济中，物质循环再生理论被广泛应用，通过优化生产流程、提高资源利用率、推广可再生能源等手段，使物质循环再生，实现经济的可持续发展。

物质循环再生理论的应用还可以在城市生态系统建设中发挥重要作用。随着城市化进程的不断加快，城市面临着诸多环境问题，如空气污染、水资源短缺、垃圾处理等。物质循环再生理论可以通过建立城市生态系统，实现城市中各种资源的高效利用和循环利用，提高城市的环境质量和可持续性。例如，在城市中建立废物回收利用体系，可以将废弃物转化为资源，减少垃圾填埋和焚烧对环境的污染，同时为城市提供了新的经济增长点。

物质循环再生理论是一项重要的生态学理论，它指导了生态系统恢复和可持续发展的实践。在未来的发展中，我们应该更加注重生态系统的可持续性，进一步推广物质循环再生理论，以实现人类与自然的和谐共生。

3.1.4 生态工程技术理论

这一理论指出，生态工程技术是运用系统学和工程学的方法来研究和实施生态系统恢复的一种技术手段。在进行生态系统恢复时，应根据不同类型和程度的退化情况，选择合适的技术方法，如人工造林、水土保持、污染治理、人工干预等，以提高恢复效率和效果。

生态工程技术理论是指运用系统学和工程学的方法来实现生态系统恢复和保护。生态工程技术是针对生态系统的特征和问题，选择并使用适当的技术手段，以促进生态系统的恢复、保护和可持续发展。生态工程技术是对生态系统结构、功能、物质循环和能量流动等方面的全面考虑，可以帮助我们更好地理解和掌握生态系统的复杂性[29]。

在生态工程技术中，需要综合考虑多种技术手段的适用性和效果，以满足特定生态系统恢复和保护的需求。常见的生态工程技术手段包括：人工造林、水土保持、污染治理、生物修复、湿地恢复、退化草原恢复等。这些技术手段的选择和实施应根据生态系统的特点、问题、退化程度和恢复目标等因素进行综合考虑。例如，对于水土流失严重的生态系统，可以采用人工造林、水土保持等技术手段，以增加植被覆盖率、改善水土流失状况，从而恢复生态系统的结构和功能；对于受到污染的生态系统，可以采用污染治理、生物修复等技术手段，以减少或消除污染物质，恢复生态系统的生态位和物质循环。

生态工程技术的实施需要充分考虑生态系统的复杂性和动态性。在实施过程中，需要根据生态系统的自然规律和特点，运用系统学和工程学的方法，建立科学的技术方案和评估体系，以确保技术手段的有效性和可持续性。同时，需要考虑人类活动对生态系统的影响，避免技术手段的过度干预和破坏生态系统的稳定性和可持续性。生态工程技术的实施需要进行长期的监测和评估，以便及时纠正和调整技术方案，保证生态系统的恢复和保护效果。

生态工程技术的实施还需要重视社会和经济的因素。生态系统的恢复和保护不仅仅是一项科学技术问题，还涉及到政策、经济、社会等多个方面。因此，在实施生态工程技术的过程中，需要充分考虑社会和经济的因素，并与相关部门和社会各界合作，共同推动生态系统的恢复和保护工作。

生态工程技术的发展也需要不断地研究和创新。随着人类社会的发展和环境问题的日益突出，生态工程技术也需要不断地更新和完善。在此过程中，需要加强与其他学科的交叉合作，促进技术的创新和进步，提高生态系统的恢复和保护效果。

生态工程技术是一种重要的生态系统恢复和保护手段，其实施需要遵循生态学和工程学的理论，考虑到社会和经济的因素，并不断地进行技术创新和进步。只有这样，才能更好地维护生态系统的健康和可持续发展。

3.2 自然生态系统的基本原理

自然生态系统的基本原理是指在研究和分析自然生态系统的结构、功能和演变过程中，所遵循的一些普遍的规律和方法。根据不同的角度和侧重点，自然生态系统的基本原理可以有不同的划分方式。以下是一种常见的划分方式，将自然生态系统的基本原理分为以下五个方面：

3.2.1 物质循环再生原理

这一原理指出，物质能在自然生态系统中循环往复，分层分级利用，从而维持生态系统的稳定性和可持续性。其核心思想是物质能在生态系统内不断循环再生，实现分层分级的利用，从而维持生态系统的稳定性和可持续性[28]。水循环是其中一个重要的循环，水蒸气从地表上升，形成云，最后形成降雨，降雨后一部分滞留在地表，另一部分渗入地下，形成地下水。地下水可以被植物吸收，也可以再次流入河流和湖泊，形成循环。碳循环也是生态系统中至关重要的循环过程。植物通过光合作用吸收二氧化碳，形成有机物，这些有机物在动物体内分解，再次释放出二氧化碳，形成循环。此外，氮循环也是生态系统中重要的循环过程。氮是构成生物体的基本元素，植物通过根部吸收土壤中的氮元素，再转化为有机物，在动物体内分解，再次释放出氮元素，形成循环。通过物质循环再生原理，自然生态系统中形成了各种复杂的循环过程，这些循环过程相互作用，形成生态平衡，为人类提供了诸多的生态服务。

物质循环再生原理的应用也为人类提供了许多启示。人类可以从这一原理中学习，实现物质的循环利用和再生利用，从而降低自然资源的消耗，减轻对环境的污染和破坏。例如，通过对废水和废弃物的回收再利用，可以减少水资源的浪费和环境污染，促进可持续发展。在农业生产中，科学地利用有机物，使其成为循环利用的肥料，能够增加土壤的肥力，改善土壤结构，提高土地利用效率。在工业生产中，将废物变废为宝，进行资源再生利用，能够降低环境风险，减少能源消耗，实现可持续发展。

3.2.2　物种多样性原理

这一原理指出，物种繁多复杂的自然生态系统具有较高的抵抗力和稳定性，能够更好地应对外界的干扰和变化。它是指生态系统中物种数量和种类的多样性。物种多样性在维持生态系统稳定性、提高抗干扰能力、增加生态系统的适应性方面起着至关重要的作用。物种多样性原理的实现需要保护各类生态系统中不同的生物群落，特别是那些处于威胁状态的物种，从而保持生物多样性的稳定。例如，雨林中树木、草地中植物、森林中鸟类、珊瑚礁中海洋生物的丰富多样性就是物种多样性的体现。

物种多样性原理的实现需要多方面的努力。在野生动物保护方面，需要保护各类野生动物的栖息地和生态系统，防止野生动物的栖息地和种群数量的减少，以此保护野生动物的物种多样性。此外，在保护生态系统的同时，需要注意生态系统的复原，还要采取合理的管理措施，防止人类的过度开发和捕捞，从而保护和维护物种多样性。

物种多样性原理的实现对于生态系统的可持续发展和保持生态平衡都是非常重要的。保护生态系统中的物种多样性不仅可以保护生态系统，也可以为人类提供丰富的生态服务，例如，保护水源、控制气候变化、减少自然灾害等。因此，通过加强环境保护和生态修复，提高公众对物种多样性保护的认识，营造人与自然和谐相处的良好氛围，才能更好地实现物种多样性原理，从而保护自然生态系统的稳定性和可持续性。

3.2.3　协调与平衡原理

这一原理指出，自然生态系统中的各个要素之间存在着相互制约和调节的关系，使得生态系统能够保持一定的平衡状态。生态系统中各要素之间存在相互制约和调节的关系，使其能够保持一定的平衡状态。生态系统中的各种生物和非生物要素相互作用，构成了复杂的生态网络。在这个网络中，每个要素都与其他要素有着协调与平衡的关系，互相影响、制约、调节，共同维持整个生态系统的稳定性和可持续性。例如，生态系统中的捕食者和被捕食者之间存在着协调和平衡的关系。捕食者的存在维持了被捕食者的数量，而被捕食者的数量又限制了捕食者的数量。这样，两种生物之间形成了一种稳定的平衡状态。同样地，寄生者与宿主之间也存在着协调和平衡的关系。寄生者数量的增加会导致宿主数量的下降，从而减少了寄生者的食物来源，控制了寄生者数量的过度增长。竞争者之间也存在着相互制约和调节的关系，这样能够避免一种物种的过度繁殖和对生态系统造成过度的影响。

在自然生态系统中，协调与平衡的原理是生态系统能够自我调节和自我保护的重要基础。如果某一个要素发生了变化，整个生态系统都会受到影响，可能会导致不同程度的紊乱。因此，保持生态系统中各种要素之间的平衡和协调，是维持生态系统稳定性和可持续性的关键所在。对于人类来说，必须尊重生态系统中各种要素之间的协调和平衡关系，保护生态系统的完整性和稳定性，才能实现人与自然和谐共生的目标。

3.2.3　整体性原理

这一原理指出，自然生态系统是一个有机的整体，其结构和功能是由各个组成部分相互作用和协同作用的结果，不能简单地将其分割为孤立的部分来研究。

整体性原理是自然生态系统的一个重要基本原理，它强调了生态系统的结构和功能是由各个组成部分相互作用和协同作用的结果。生态系统的整体性质决定了它的健康和稳定，这也意味着不能简单地将生态系统分割为孤立的部分来研究，而必须以整体的视角来探究其内在的运行机制。例如，森林生态系统是由植物、动物、微生物、土壤等多种因素组成的整体，其功能是由这些因素共同决定的。如果仅仅从某一部分入手，可能会忽略其他因素的重要作用，导致对整个生态系统的认知出现偏差。因此，对于生态系统的研究和管理，必须始终牢记整体性原理，把握整体和局部之间的相互关系，以便更好地维护生态系统的健康和稳定。同时，整体性原理也启示我们，在生态修复和环境保护等方面，不能单纯追求短期效益，应该从整个生态系统的角度出发，注重协同作用和长远发展，以实现人类和自然的和谐共处。

3.2.4　系统学和工程学原理

这一原理指出，自然生态系统是一个复杂的动态系统，可以运用系统学和工程学的方法来研究其规律和特点，并根据人类的需要对其进行合理地保护和利用。系统学和工程学原理是指对于自然生态系统的研究和利用应该采用系统学和工程学的方法。自然生态系统是一个复杂的动态系统，由各种因素相互作用而形成的整体。运用系统学原理，我们可以通过系统分析和综合分析来了解生态系统内部的相互作用和关系，发现生态系统的结构和功能规律。而工程学原理则是指运用技术手段和工程方法对生态系统进行保护和利用。例如，对于大面积退化的草原生态系统，可以采用人工种草、生态补偿等手段来恢复其生态功能；对于水资源短缺的地区，可以通过水资源调配、水资源治理等工程措施来解决问题。

运用系统学和工程学原理对生态系统进行研究和利用，可以更加科学和合理地保护和利用自然资源。在生态保护方面，可以运用系统学的方法，对生态系统的结构和功能进行研究和评估，找到生态环境的瓶颈和脆弱环节，制定出合理的生态保护方案。在生态利用方面，可以采用工程学的方法，研究生态资源的利用效率和环境影响，通过技术手段来提高生态资源的利用效率和降低环境影响。

在实际应用中，系统学和工程学原理的应用也面临一些挑战。例如，在系统学原理的应用中，需要处理的数据量庞大，模型的建立和求解比较复杂，需要对模型的误差和不确定性进行评估和处理。在工程学原理的应用中，需要考虑生态系统与人类社会的协调和平衡，以及不同的工程措施对生态系统的影响和反馈。因此，需要综合考虑不同的因素，采用综合的方法来解决问题。

3.3 生态系统管理的基本原则

生态系统管理的基本原则是指在对生态系统进行科学管理的过程中，所遵循的一些生态学的原理和方法。生态系统管理的目的是保护和维持生态系统的结构、功能和服务，以实现生态系统的可持续发展。根据不同的文献，生态系统管理的基本原则可以有不同的划分方式。以下是一种常见的划分方式，将生态系统管理的基本原则分为以下六个方面：

3.3.1 整体性原则

整体性原则是生态系统管理中的一项重要原则，它要求在进行生态系统管理时，必须全面考虑生态系统内部的相互作用关系以及生态系统与周围环境和人类社会经济活动的关系，以实现生态系统的协调性和有效性。

生态系统是一个有机整体，其中各个要素相互依存、相互作用、相互影响。因此，在进行生态系统管理时，需要综合考虑各种因素，而非仅仅看待其中的某一方面。例如，在生态保护和恢复方面，需要考虑生态系统的空间结构、物种结构、营养结构等，同时也要考虑到自然灾害、人口变动、经济发展、社会活动等因素的影响。

整体性原则强调了生态系统管理需要综合考虑局部与整体的关系。生态系统中的每一个要素都与其他要素相互作用，缺失或过量可能导致整个系统的失衡。因此，在进行生态系统管理时，不能仅仅着眼于某一个方面，而是要全面考虑生态系统整体的影响。例如，在进行野生动物保护时，需要综合考虑其与植被、水资源、自然灾害等要素之间的相互作用，避免盲目保护野生动物而忽略了整个生态系统的平衡。

整体性原则还强调了生态系统管理需要综合考虑现时利益与长远利益的关系。生态系统的保护和恢复是一个长期的过程，需要考虑到未来的可持续发展。因此，在进行生态系统管理时，需要综合考虑现时利益与长远利益之间的关系，避免仅仅追求短期经济效益而忽略了长远生态环境的影响。

整体性原则还强调了生态系统管理需要综合考虑生态系统与周围环境和人类社会经济活动的关系。生态系统是一个开放的系统，受到周围环境和人类社会经济活动的影响。因此，在进行生态系统管理时，需要综合考虑生态系统与周围环境和人类社会经济活动之间的关系，避免生态系统管理与其他领域的冲突，同时实现生态系统与人类社会的可持续共存。

整体性原则是生态系统管理中的重要原则，它强调生态系统管理需要从整体上考虑，不仅需要关注生态系统内部的因素和过程，还需要考虑外部的自然和社会环境。生态系统是一个复杂的系统，包含了许多相互作用和影响的要素，因此，在进行生态系统管理时，必须充分考虑各种因素之间的相互作用和影响，以便做出全面、综合的决策和措施。

整体性原则还要求在生态系统管理中，应当尽量减少人类活动对生态系统的破坏和损害，并寻求生态系统管理和人类经济发展的平衡点。为了达到这个目标，需要考虑到生态系统的长远发展和人类社会经济发展的需要，从而在保护生态系统的同时，实现可持续发展。

整体性原则在实践中的应用非常广泛。例如，在城市规划中，需要考虑到城市的社会、经济和环境因素，以实现城市的可持续发展；在自然保护区管理中，需要考虑到自然保护区的内部和周围的生态系统，以实现自然保护区的有效管理和保护；在水资源管理中，需要考虑到水资源的供应和需求、水资源的质量和数量、水资源的利用和保护等多个因素，以实现水资源的可持续利用和保护。

3.3.2　动态性原则

动态性原则是生态系统管理中的重要原则之一，其核心思想是认识和理解生态系统的动态性和复杂性，并采取相应的管理策略，以实现生态系统的可持续发展。生态系统的动态特征主要体现在生物多样性、物种分布、物种数量、能量流动、物质循环等方面，这些特征都受到自然因素和人为因素的影响，随时发生变化。

在进行生态系统管理时，需要考虑生态系统的不同尺度间的联系，即从局部到整体、从时间上看长短周期内的变化。局部的生态系统发生的变化可能对整体产生重要影响，而长时间尺度上的变化可能会对生态系统的可持续性产生深远的影响。因此，在管理生态系统时，需要通过对生态系统动态特征的分析和监测，及时发现问题并采取相应的措施，以保证生态系统的健康和可持续发展。

生态系统管理的动态性原则还要求我们重视生态系统的适应性，即生态系统对环境变化的适应能力。在进行生态系统管理时，需要考虑环境变化因素，如气候变化、人口变化、经济发展等，这些因素可能对生态系统产生直接或间接的影响。因此，我们需要对生态系统进行动态监测，及时发现问题并采取相应的措施，以提高生态系统的适应性和抗干扰能力。

在实践中，动态性原则已被广泛应用于生态系统管理中。例如，对于自然保护区的管理，应根据生态系统的动态特征和变化趋势，对保护区的边界进行调整，以实现生态系统的保护和恢复。同时，需要制定长期的监测计划和评估方法，及时发现和解决问题，确保管理措施的有效性和可持续性。此外，动态性原则也可以应用于城市绿地建设和管理、环境保护等领域，以实现人类与自然生态系统的和谐共生。

在进行生态系统管理时，应考虑不同时间尺度的变化和生态系统的适应性。长期的环境变化和自然灾害可能导致生态系统的剧烈变化，而短期的人类活动也会对生态系统造成影响。因此，需要采取灵活的管理策略，随时调整措施，以应对环境变化和突发事件。同时，还需要关注生态系统内部的复杂互动关系，以及不同尺度间的相互作用，确保管理措施的协调性和一致性。

在实践中，动态性原则得到了广泛应用。例如，在应对气候变化方面，需要制定长期的适应性计划，以应对气候变化可能带来的影响。在自然保护区管理方面，需要根据不同季节和不同气候条件，采取不同的管理措施，以保护生态系统的完整性和稳定性。此外，在生态系统恢复和修复方面，也需要采取动态的管理策略，不断监测和评估生态系统的变化，及时调整恢复方案，以提高恢复效果和效率。

动态性原则是生态系统管理中不可忽视的重要原则。只有充分考虑生态系统的动态特征和适应性，才能有效地实现生态系统的保护和管理，确保生态系统的健康和可持续发展。

3.3.3 再生性原则

再生性原则是生态系统管理的一个基本原则，也是生态系统可持续发展的重要基础。生态系统是一个复杂的生命体系，具有自我调节和再生的能力，即使受到一定程度的破坏或干扰，也能通过自我调节和再生的能力恢复到一定的稳定状态。因此，在进行生态系统管理时，应充分利用生态系统的自我恢复和再生能力，通过人工造林、水土保持、污染治理、人工干预等技术手段，以恢复或维持受到破坏或退化的生态系统的结构和功能。

再生性原则的实现需要综合运用其他生态系统管理的原则，如动态性原则、整体性原则、循环性原则等。在进行生态系统管理时，应根据生态系统的特点和环境变化的情况，采用不同的技术手段，以实现生态系统的再生和保护。例如，通过人工造林和草地恢复等技术手段，可以恢复受损的森林和草原生态系统；通过湿地保护和修复等技术手段，可以保护和恢复湿地生态系统；通过水土保持和植被恢复等技术手段，可以防止土地退化和沙漠化。

在进行生态系统管理时，应注意生态系统的自然再生和人工再生的平衡。过度依赖人工干预和管理可能会破坏生态系统的自我调节和再生能力，导致生态系统的不稳定和不可持续。因此，在进行生态系统管理时，应尊重生态系统的自然规律和过程，根据生态系统的特点和环境变化的情况，选择适当的管理措施，以实现生态系统的再生和保护。

再生性原则是生态系统管理中的一个重要原则，它强调了生态系统具有自我恢复和再生的能力，并且强调了生态系统再生和保护的平衡。通过运用再生性原则，可以有效地恢复和保护生态系统，实现生态系统的可持续发展。

3.3.4　循环利用性原则

循环利用性原则是生态系统管理的重要原则之一，它提出了在管理生态系统时应尽可能地利用物质循环利用的原则，以实现生态系统的可持续性。该原则强调了物质循环利用的重要性，并提出了一系列措施来实现这一目标。

在生态系统管理中，循环利用性原则强调了将有机物、无机物等物质资源从低层次循环利用到高层次的过程。例如，在土壤管理中，将有机物和废弃物分解为肥料和有机质，以便它们被循环利用到农作物和生态系统中。在水资源管理中，应该采取节水措施，减少水的浪费，将污水进行处理后再利用，实现水资源的循环利用。

循环利用性原则还强调了降低资源消耗和减少废弃物排放的重要性。在生态系统管理中，应该减少对外部资源的依赖，并尽可能地回收和再利用废弃物，从而减少废弃物的排放，降低环境污染。例如，在垃圾处理中，应采用垃圾分类、回收、再利用等措施，实现垃圾的循环利用和减少废弃物的排放。

循环利用性原则还强调了在生态系统管理中应该注重生态系统的自我修复能力。通过保护和促进生态系统的自我修复能力，可以促进生态系统的循环利用，并在一定程度上减少对外部资源的依赖。例如，在林业管理中，应该注重保护和发展森林自然再生能力，以实现森林资源的循环利用和可持续发展。

循环利用性原则是生态系统管理中的重要原则之一，它指出了在生态系统管理中应尽可能地利用物质的循环利用,从而实现生态系统的可持续发展。该原则提出了一系列措施,如回收和再利用废弃物、降低资源消耗、保护和促进生态系统的自我修复能力等,以实现生态系统的循环利用和可持续发展。

3.3.5 平衡性原则

平衡性原则是生态系统管理中的一个重要原则,它强调了生态系统内部各要素之间的平衡和相互作用,是维持生态系统稳定性和可持续性的关键。生态系统中的各要素之间是相互制约、相互作用的,它们构成了一个复杂的生态系统网络,任何一个要素的改变都会对整个生态系统产生影响。

生态系统中的平衡关系有很多种,其中最为典型的是捕食者与被捕食者之间的平衡关系。在这种关系中,捕食者通过食用被捕食者来获取能量和营养,但被捕食者数量的减少又会影响到捕食者的数量和分布,从而形成一个动态平衡。这种平衡关系的破坏可能会导致生态系统的崩溃和生物多样性的丧失。例如,当某个地区的天敌被人类过度捕杀时,可能会导致它们所捕食的物种数量增多,进而导致其他物种的数量下降,甚至灭绝,最终破坏整个生态系统的平衡。

除了捕食者与被捕食者之间的平衡关系,还有其他许多生态系统内部的平衡关系,如寄生者与宿主之间、竞争者之间等。在生态系统管理中,应该充分考虑这些平衡关系,采取相应的管理措施,避免破坏平衡,从而保证生态系统的稳定性和可持续性。

另外,在进行生态系统管理时,还应该考虑到生态系统和社会经济系统之间的平衡关系。生态系统提供了许多生态服务,如水源、土壤保持、气候调节等,这些服务对于人类社会的发展和生存至关重要。但是,过度开发和利用自然资源可能会导致生态系统破坏和生态服务减少,影响到社会经济系统的可持续发展。因此,在生态系统管理中,应该充分考虑到生态系统和社会经济系统之间的平衡关系,寻找一种可持续的平衡点,以实现生态系统和社会经济系统的协调发展。

平衡性原则是生态系统管理的一个核心原则。生态系统内部的各个要素相互作用和相互制约,这种平衡状态的维持对于生态系统的稳定和健康至关重要。在进行生态系统管理时,需要认真考虑和评估生态系统内部的各种相互关系,确保管理措施不会破坏生态系统的平衡状态,从而达到保护和恢复生态系统的目的。

3.3.6 多样性原则

多样性原则是生态系统管理中的一个重要原则,它指出生态系统内物种的多样性对于生态系统的稳定性和可持续性至关重要。自然生态系统中物种的多样性使得生态系统能够更好地应对外界干扰和变化,同时提供了更多的生态功能和服务,例如食物链的维持、物种间的相互作用等。在进行生态系统管理时,应尽量保护和促进物种多样性，防止物种灭绝和引入外来物种，以维持生态系统内部的平衡。

物种多样性是生态系统内部生物多样性的重要体现，包括了不同物种之间的数量、比例和分布等方面[38]。生态系统内物种的多样性决定了生态系统的复杂程度和抗干扰能力，因此，在进行生态系统管理时，需要重视保护和促进物种多样性。保护物种多样性的方法包括保护本地物种、避免引入外来物种、保护和恢复栖息地、减少污染和破坏等。

避免引入外来物种是保护物种多样性的重要措施之一，外来物种可能会带来新的竞争、捕食、疾病等，对本地物种造成影响，甚至导致生态系统的崩溃。因此，在进行生态系统管理时，应禁止或限制引入外来物种。同时，对于已经引入的外来物种，应及时采取措施进行控制和管理。

保护和恢复栖息地是保护物种多样性的另一种方法，因为栖息地是物种生存和繁衍的基础，保护和恢复栖息地可以为本地物种提供更多的生存和繁衍机会。同时，减少污染和破坏也可以保护栖息地，促进物种多样性的增加。

除了保护物种多样性外，避免生态位的重叠也是促进物种多样性的重要措施。生态位是物种在生态系统中的角色和功能，不同物种的生态位有所不同，相互之间的生态位应该错开，避免竞争和冲突。在进行生态系统管理时，应重视物种的生态位，避免物种之间的生态位重叠，以增加物种多样性和生态系统稳定性。

多样性原则是生态系统管理的重要原则之一。这个原则认识到物种多样性对于生态系统的抵抗力和稳定性具有重要作用。生态系统管理应该避免破坏物种多样性，保护和促进本地物种，以及避免引入外来物种。通过优化各物种的生态位，生态系统内的不同物种可以充分发挥自身作用，增加生态系统的多样性和稳定性。

4　乡村景观再造的概念和意义

4.1　景观再造的定义和范畴

4.1.1　乡村景观再造的定义

乡村景观再造是当前乡村振兴战略中的一个重要内容，它是对传统乡村景观的保护和继承的基础上，通过对乡村景观进行改造和优化，以适应新的社会经济和生态环境的需要，提升乡村景观的功能性、美学性和文化性，实现乡村景观的可持续发展。乡村景观再造的目的是为了保护乡村的自然资源、历史文化、生态系统和社区生活，同时促进乡村的产业转型、经济增长、社会和谐和生活品质。

不同的学科和角度可能对乡村景观再造有不同的理解和解释，比如：

从景观设计的角度，乡村景观再造是指对乡村的自然环境、建筑形态、文化特征等进行规划和设计，以提高乡村的美感、功能性和可持续性[39]。在规划和设计的过程中，需要考虑到乡村景观的美感、功能性和可持续性三个方面的要素。乡村景观的美感是指在设计中注重景观的艺术性和观赏性，使其成为乡村文化的一部分，既能满足游客的需求，也能为当地居民提供舒适的居住环境。

从农业生产的角度，乡村景观再造是指对乡村的农田、水利、林业、畜牧等进行改良和管理，以提高农业的效率、质量和多样性。在乡村景观再造中，农田是一个重要的组成部分。通过对农田的改良和管理，可以提高土地的利用效率和农作物的产量，并且可以减少土地的破坏和环境污染。水利设施也是乡村景观再造的重点，通过对水资源的合理利用和水利设施的建设，可以增加灌溉面积和提高农田的灌溉效率。同时，对于林业和畜牧业的发展也是乡村景观再造的重要目标之一。通过对林业资源的合理利用和管理，可以提高生态系统的稳定性和可持续性，并且可以保护和恢复生态环境。而对于畜牧业的发展，则可以促进畜牧业的结构调整和优化，提高畜产品的质量和市场竞争力，同时还可以减少畜牧业对生态环境的影响。

从社会发展的角度，乡村景观再造是指通过对乡村社区、组织和服务的调整和创新，以提高乡村的凝聚力、活力和公平性。具体来说，乡村景观再造可以通过改善基础设施、完善公共服务、优化产业结构、提升教育水平等方式来促进社会发展。首先，乡村景观再造可以改善基础设施建设，提高农村交通、供水、供电等基础设施的质量，从而提高人民群众的生活品质和幸福感。其次，完善公共服务是乡村景观再造的重要内容之一。通过加强乡村医疗、教育、文化等公共服务，可以满足农民的基本生活需求，同时提高乡村生产力和人力资源素质。

从文化传承的角度，乡村景观再造是指对乡村的历史、传统、民俗等进行保护和弘扬，以提高乡村的文化认同、多样性和影响力。乡村景观再造是在保护和弘扬乡村的历史、传统和民俗文化方面展开的一种努力。乡村文化是中国文化的重要组成部分，包含着丰富的历史、传统和民俗文化资源，是乡村的一项重要财富。乡村景观再造的主要目的是在保护乡村自然环境的基础上，充分挖掘和发掘乡村文化的内在价值，弘扬和传承优秀传统文化，增强乡村的文化认同感和凝聚力。在实践中，乡村景观再造可以通过建设具有地方特色和文化氛围的文化遗产保护区、历史文化村落、博物馆、文化公园等方式来实现。

4.1.2 乡村景观再造的范畴

乡村景观再造的范畴是指乡村景观再造的内容和对象，也就是乡村景观再造要涉及到哪些方面，要改造和优化哪些景观，其范畴主要包括以下几个方面：

（1）民居改造

民居改造是乡村景观再造的一个重要方面，它是对乡村住宅的屋顶、围墙、墙体、门窗、门楼、院落等进行改造和美化，以突出乡村建筑的特色和文化，并提高住房的舒适性和功能性[40]。在这个过程中，有几个方面需要注意。首先是要遵循当地的建筑传统和文化特点，尊重乡村的历史和文化。其次是要根据住户的实际需求和经济状况，进行有针对性的改造。例如，对于经济条件较好的家庭，可以采用更加豪华的装修和材料，而对于经济条件较差的家庭，则可以采用更加实惠的方案。此外，还需要注意乡村住宅的舒适性和环保性，选择适宜的材料和设计方案，以确保住房的舒适度和环境友好度。

民居改造是乡村景观再造的重要方面，它不仅可以提高乡村住宅的舒适性和功能性，还能突出乡村建筑的特色和文化，促进乡村社区的凝聚力和文化认同。民居改造的具体实践包括对乡村住宅的屋顶、围墙、墙体、门窗、门楼、院落等进行改造和美化，使之更符合现代人居要求的同时，保留传统元素和特色，以便更好地展现乡村的历史文化和地域特征。此外，民居改造也需要注重与自然环境的协调，避免过度干扰和破坏自然生态系统。只有在保证生态环境、传统文化和现代需求三者的平衡中进行民居改造，才能真正实现乡村景观再造的可持续发展。

（2）乡村绿化改造

乡村绿化改造是乡村景观再造的重要方面，其目的是通过对乡村公共空间和建筑周边进行景观优化和绿化规划，提高乡村环境质量，增强乡村的生态效益和美感。在乡村绿化改造中，首先需要根据当地的自然条件、气候、土壤和地形等特点，选择适应性强、有绿化作用和观赏性的植物进行种植[41]。同时，在进行绿化规划时需要充分考虑到绿化植物的生长特点和需求，根据不同植物的生长速度和高度等特点进行合理搭配，达到优美的景观效果。除了植物的选择和搭配外，乡村绿化改造还需要充分考虑到空间布局和景观设计，通过对乡村公共空间和建筑周边进行合理的规划和设计，增加绿化面积和景观元素，形成独特的乡村景观特色，吸引更多游客前来观赏和游玩。在进行乡村绿化改造时，还需要充分考虑到生态环境保护，合理利用当地的自然资源和生态环境，推行生态种植和生态维护，通过生态环境保护来提高乡村的可持续发展能力。乡村绿化改造是一项综合性工程，需要充分考虑到自然环境、社会经济和文化传承等多方面因素，通过规划和设计优美的景观，提高乡村环境质量，增强乡村的生态效益和美感，推动乡村可持续发展。

（3）公共空间及庭院改造

公共空间及庭院改造是乡村景观再造的重要方面之一。通过对闲置宅基地的清理和功能置换，闲置的土地可以改造成为游园、广场等公共空间，为乡村居民提供休闲、娱乐的场所，同时也可以作为各种活动的场所，增加乡村的文化氛围和活力。在对公共服务设施如村民服务中心、公厕等进行规划和建设的过程中，可以考虑为其设置绿化景观，提升其美观度，同时也能增加乡村的绿色面积，改善环境。对庭院的改造，可以通过种植观赏树木、果树、花草等方式，使庭院更加美丽和生态化，为乡村居民提供一个优美、舒适、多彩的生活环境。景观的设计应该体现当地的文化特色和环境特征，具有一定的地域性和人文性。对于公共空间的规划，应该根据场地的大小、地形地貌等因素，进行合理的空间布局，设计出符合人们活动习惯和需要的功能区。

（4）文化景观设计

文化景观设计是乡村景观再造的一个重要范畴，其主要目的是通过运用当地文化元素，打造具有民族特色的美丽乡村，以提高乡村的文化认同、多样性和影响力。具体而言，文化景观设计的内容包括提取运用村内建筑元素符号、打造特色街道、绘制文化墙等。通过提取运用村内建筑元素符号，将村内的建筑元素符号进行提取和运用，打造具有当地民族文化特色的美丽乡村。利用当地文化元素进行装饰和设计，以打造独特的、富有当地特色的街道。这些元素可能包括当地传统的建筑装饰、文化符号等，通过巧妙的设计和运用，可以形成一条富有文化氛围的特色街道，增加乡村的文化吸引力。

文化景观设计是乡村景观再造的一个重要方面，通过提取运用村内建筑元素符号、打造特色街道、绘制文化墙等手段，打造具有民族特色的美丽乡村，提高乡村的文化认同、多样性和影响力，同时也为乡村旅游的发展和乡村振兴提供了重要的支持和保障。

（5）道路景观设计

道路景观设计是乡村景观再造的重要组成部分，它不仅是交通运输的重要设施，更是乡村旅游的重要组成部分。道路景观设计的目的是通过对道路周围的环境进行设计，使之更具观赏性、生态性、文化性和安全性，为乡村的发展提供更好的支持。道路景观设计的首要任务是保证道路的安全，同时强调美观和绿化效果。道路景观设计在乡村景观再造中具有重要地位，它不仅可以提高道路的安全性和舒适性，也可以提高乡村的生态效益和文化价值。

（6）景观标志设计

景观标志设计是乡村景观再造的重要组成部分，其目的是提高乡村的可达性和识别性，同时传达乡村的文化和特色[42]。具体而言，景观标志设计包括导向标志、交通标志、公共标志和宣传标志等。导向标志主要指示方向，让游客和居民能够轻松找到他们需要的地方；交通标志则提醒人们注意安全，指示交通规则；

公共标志包括各种公共服务设施的标识；设计景观标志需要考虑其与周围环境的融合性，选择恰当的色彩、字体、形状等元素，以达到最佳的视觉效果。同时，标志的制作材料也需要考虑其耐久性和可维护性，以保证标志能够长期发挥作用。景观标志设计在乡村景观再造中起着重要的作用，能够为乡村提供更好的导向和服务，同时传递乡村的文化和特色，吸引游客和投资者，进而促进乡村经济的发展和繁荣。

（7）旅游景观设计

旅游景观设计在乡村景观再造中显得尤为重要。旅游景观设计可以将自然环境与生态、休闲、娱乐科学化地结合起来，提升乡村的吸引力和经济效益。设计与建造乡村旅游景点、农家乐、特色餐厅、特色小店等也是乡村旅游景观设计的重要方向之一。这些设计将自然和人文景观相结合，创造出独特的地域特色和文化氛围，吸引游客前来游玩和消费。同时，旅游景观设计还可以通过提供旅游服务、旅游咨询、休息场所等设施，提升游客的游览体验和舒适度，促进乡村旅游的可持续发展。旅游景观设计在乡村景观再造中发挥着重要作用，不仅可以提升乡村的经济效益和吸引力，还可以丰富人们的生活方式和文化体验。

（8）民族特色景观设计

民族特色景观设计是乡村景观再造的重要范畴之一。在乡村景观改造过程中，挖掘和利用当地民族文化的元素，结合传统建筑、习俗和风土人情等，打造独具特色的景观，可以在增强乡村文化内涵的同时，为当地的旅游业和文化产业的发展提供重要支撑。在进行民族特色景观设计时，首先需要了解当地的民族文化特色，包括民俗风情、传统建筑、饮食习惯、民间艺术等方面。民族特色景观设计可以在保护和传承民族文化的同时，为乡村景观的提升和改造提供重要支撑。在具体的实践中，需要综合考虑当地的文化传统、自然环境、人文地理等方面的因素，以打造出具有独特魅力和吸引力的乡村景观。

4.2 乡村景观再造的目的和意义

4.2.1 乡村景观再造的目的

（1）提升乡村生态环境和美化乡村风貌，打造绿色低碳田园美、生态宜居村庄美、健康舒适生活美、和谐淳朴人文美的标准。提升乡村的生态环境和美化乡村风貌，打造各种美丽的标准，包括绿色低碳田园美、生态宜居村庄美、健康舒适生活美、和谐淳朴人文美。乡村景观再造能够提升乡村的生态环境，保护和改善自然资源，提高生态系统的稳定性和弹性。通过优化土地利用，建设生态景观和农业生态园区，加强水土保持、荒漠化防治和生物多样性保护，实现乡村的绿色低碳发展和可持续发展，进而促进人与自然的和谐共生。其次，乡村景观再造还能美化乡村风貌，提高村庄的宜居性和美观程度。通过改善村庄的道路、桥梁、排水、垃圾处理等基础设施，规划和建设公共绿地、景观小品和人文纪念碑等公共景观，提升村庄的形象和品位。乡村景观再造还可以通过吸引游客、展示当地文化、提供休闲活动等方式，打造乡村的人文特色和风情，营造和谐淳朴的社会氛围，增加村庄的社区凝聚力和生活质量。乡村景观再造还能够为乡村发展注入新动力和新活力，提升村民的自豪感和认同感，促进乡村和城市的交流和合作，实现城乡一体化和全面协调发展。综上所述，乡村景观再造的第一个目的是提升乡村的生态环境和美化乡村风貌，打造绿色低碳田园美、生态宜居村庄美、健康舒适生活美、和谐淳朴人文美的标准。

（2）保护和传承乡村文化和民族特色，挖掘和利用乡村建筑元素、民居风格、历史文化等资源，增强乡村的文化自信和吸引力。乡村是中国文化的重要组成部分，有着深厚的历史文化积淀和独特的民族特色。然而，随着城市化进程的加快，越来越多的乡村文化和民族特色正逐渐消失，一些传统建筑和习俗也面临着失传的风险。乡村景观再造可以挖掘和利用乡村建筑元素、民居风格、历史文化等资源，通过对传统村落、古建筑等的保护和修缮，保留和弘扬乡村的历史文脉、民族文化和民俗风情等特色，打造具有辨识度、吸引力和影响力的乡村形象。乡村景观再造的文化目的不仅有助于保护和传承乡村文化和民族特色，还可以促进城乡文化交流和融合，打破城市与乡村之间的文化壁垒，推动全国文化多样性和传统文化的发展。此外，乡村景观再造还可以激发乡村居民的文化自豪感和归属感，促进社区凝聚力和活力的提升，营造和谐、美丽、宜居的乡村社区。

（3）发展休闲农业和乡村旅游，结合乡村产业和资源优势，打造特色农业生产区域、旅游景观区域、公共服务区域等功能分区，提高乡村经济收入和社会效益。通过利用乡村的优势资源和产业，构建多元化的功能分区，实现乡村的经济发展和社会效益的提高。发展休闲农业可以使农村地区从传统的农业经济向现代多元化经济转型，促进新型农业的发展，提高农民的收入和生活质量。乡村旅游可以利用乡村的自然景观、历史文化和民俗特色等资源，打造多样化的旅游产品，吸引游客前来游览和休闲，带动当地旅游经济的发展。为了实现乡村旅游的可持续发展，需要构建完善的公共服务区域，包括住宿、餐饮、交通等基础设施，提高游客的旅游体验和满意度。为了实现这些目标，需要对乡村的产业结构和资源进行优化和整合，构建具有竞争力和吸引力的产业集群，提高乡村的经济竞争力和可持续发展能力。因此，乡村景观再造不仅可以提高乡村的生态环境和美观度，还可以为当地带来经济和社会的双重效益。

（4）改善乡村基础设施和公共空间，规划和建设道路、绿化、排水、亮化、标识等设施，提高乡村交通便利性和安全性，优化乡村空间布局和功能组织[43]。乡村基础设施和公共空间的改善是乡村景观再造的重要目的之一。随着城市化进程的加快，越来越多的人流向城市，导致乡村人口减少、农业生产和经济发展遭受严重挑战。改善乡村基础设施和公共空间，优化乡村空间布局和功能组织，有助于提高乡村的吸引力和竞争力，促进农村经济和社会的可持续发展。改善乡村基础设施是保障乡村生活和生产的重要保障，可以提高乡村交通的便利性和安全性，促进农产品的销售和物流的流通，提高农民的生产效率和生活质量。同时，建设垃圾处理、污水处理、环保设施等公共服务设施，有助于保护和改善乡村生态环境，提高农村居民的健康水平和生活品质。乡村公共空间是居民休闲娱乐、社交交流、文化活动等多种社会功能的载体，也是乡村文化传承和历史遗产保护的重要场所。通过规划和建设公共空间，可以提高乡村居民的文化素养和娱乐需求，增强居民的社会互动和凝聚力，促进社区的和谐稳定发展。同时，公共空间也是乡村旅游和休闲产业的重要组成部分，可以为乡村经济发展带来新的机遇和挑战。

4.2.2　乡村景观再造的意义

乡村景观再造是乡村振兴战略的重要内容，它对于提升农村的生态、经济、社会和文化价值都有着重要的作用，乡村景观再造是一种对乡村环境和文化的改善和提升的过程，是实现新时代美丽中国建设的重要途径。其意义可以从以下几个方面来理解：

（1）生态意义

乡村景观再造在生态意义上具有重要的意义。通过保护和恢复乡村的自然资源，如水、土壤、植被、生物多样性等，可以提高生态系统的稳定性和弹性，防止自然灾害的发生和蔓延。在乡村地区，由于大量的自然资源开采和人类活动的干扰，导致生态系统遭受严重破坏，环境污染严重，土地质量下降，水资源短缺等问题。乡村景观再造可以通过种植树木、草地、花卉等植物，保护植被覆盖率，减少水土流失，提高土壤肥力，改善生态环境。

乡村景观再造可以提高乡村的生态系统服务功能。通过加强乡村景观的规划和管理，可以实现水资源的净化和调节，减少水污染，提高水资源的利用效率；加强植被覆盖和生态修复，可以提高空气质量和生物多样性，保护乡村的生态系统完整性；加强景观的规划和建设，可以提高乡村的防洪、抗旱、减少土壤侵蚀等功能，增强乡村的生态安全性。

乡村景观再造可以实现乡村的绿色低碳发展，促进人与自然的和谐共生。通过科学地利用和保护自然资源，建立可持续的农业生产模式和农村社会经济发展模式，可以减少对自然资源的过度开采和浪费，提高农村社会的生产效率和生活质量[44]。乡村景观再造可以将城市化、现代化进程中所带来的生态破坏和环境污染得到一定的修复和改善，实现乡村的可持续发展和绿色发展。

（2）经济意义

乡村景观再造在经济意义上具有重要的作用。随着城市化进程的加快，乡村经济发展面临着诸多困难和挑战，其中一个重要问题是乡村经济结构的单一和落后。通过乡村景观再造，可以引入休闲农业、特色农业、生态农业等新兴产业，扩大乡村产业的发展空间和市场规模，增加农民的收入来源和就业机会。同时，乡村景观再造也可以提高乡村旅游的吸引力和竞争力，吸引更多的游客前来体验乡村的自然风光和文化氛围，带动当地的商贸、住宿、餐饮等相关产业的发展，增加当地居民的收入和就业机会，促进乡村的经济繁荣[45]。

乡村景观再造可以促进乡村的产业结构优化和创新，打破传统的农业模式，转变经济发展方式，实现乡村经济的多元化和可持续发展。在休闲农业方面，可以发展农家乐、生态农庄、温泉旅游等项目，为城市居民提供休闲度假的场所和体验，同时也可以通过休闲农业项目带动当地的农业发展，提高农业产值和农民收入。在特色农业方面，可以开发当地的农产品和特色小吃，打造乡村品牌，增加产品附加值和品牌知名度，吸引更多消费者购买，推动当地农业发展。在生态农业方面，可以推广绿色、有机农业技术，保护和改善土壤、水源、生态环境，提高农产品的品质和安全性，同时也可以通过生态农业项目提高农民的收入水平。

（3）社会意义

乡村景观再造在社会意义上也具有重要的意义。通过改善和提高乡村的基础设施和公共服务，如道路、桥梁、供水、供电、通讯等，可以有效满足农民和游客的多元需求，提高乡村的宜居性和宜游性。此外，乡村景观再造还可以丰富乡村的休闲娱乐功能，如开发休闲农业、特色民宿、乡村旅游等项目，增加和丰富乡村的活动空间。这不仅可以提升乡村的吸引力，吸引更多的游客和投资者，促进农村旅游和农业产业的发展，也可以为农民提供更多的收入来源，改善农民的生活水平，实现乡村的生活富裕。此外，乡村景观再造还可以促进社区的凝聚力和活力，让人们更加热爱自己的家乡和社区，增强归属感和认同感，推动社会的和谐发展。

乡村景观再造对于农村地区来说，是实现乡村振兴的重要途径之一。通过提升农村的生态环境、优化产业结构、改善基础设施和公共服务等方面的工作，可以创造更多的就业机会和增加收入来源，提高农民的生活水平，激发乡村活力和创造力。此外，乡村景观再造还可以推动城乡协调发展，促进城市和农村之间的经济文化交流，实现资源的共享和互补，推动地区的共同发展。

（4）文化意义

乡村景观再造在文化意义上具有重要的意义。随着城市化进程的加快，许多乡村地区的历史文脉、民族文化、民俗风情等特色正在逐渐消失。乡村景观再造可以保留和展示这些特色，挖掘和弘扬乡村的文化内涵和精神价值。通过对传统建筑、景观、生活方式等进行保护和改造，打造具有辨识度、吸引力和影响力的乡村形象。这不仅有助于乡村居民自我认同和文化传承，也可以吸引更多游客来到乡村，从而提高乡村的知名度和影响力。

乡村景观再造还可以激发乡村的文化创意，促进文化产业的发展。乡村地区具有独特的自然、历史和人文资源，可以通过文化创意产业的开发和创新，将这些资源转化为具有经济价值的文化产品。例如，通过文化主题公园、文化旅游等形式，将乡村的历史文化、民俗风情等展示给游客，吸引更多游客来到乡村旅游，增加乡村的收入来源，推动乡村经济发展。

乡村景观再造还可以促进文化交流和融合。随着全球化的加速和互联网的普及，不同国家和地区的文化开始深入交流和融合。乡村景观再造可以在保留本地文化特色的同时，吸收和借鉴其他地区的文化元素，推动文化的交流和融合。例如，将本地的民俗文化和其他地区的文化元素进行融合，创造出具有本地特色的文化产品，吸引更多游客来到乡村旅游，促进文化的交流和融合。

5　景观再造的理论基础

5.1　景观规划的基本理论

景观规划的基本理论是指在进行景观规划的过程中，所遵循的一些原则、方法和技术。景观规划的基本理论涉及到多个学科领域，如生态学、地理学、城市规划、景观设计等。根据不同的文献，景观规划的基本理论可以有不同的分类方式。以下是一种常见的分类方式，将景观规划的基本理论分为以下四个方面：

5.1.1　景观生态学理论

景观生态学理论是一种系统性的理论，它着眼于景观生态系统的整体性和异质性特征，关注景观的空间格局、生态过程和尺度之间的相互关系，旨在提高人们对生态系统及其相互关系的认识和理解，为景观保护和管理提供科学依据。

景观生态学理论认为景观是由不同生态系统或景观要素通过生态过程而联系形成的功能整体。景观是一个由生态系统、人类活动和自然过程组成的空间系统，它具有很强的整体性和异质性，不同的景观要素之间通过物质、能量和信息交换而联系在一起，形成了一个复杂的生态网络。

景观生态学理论关注景观的空间格局、生态过程和尺度之间的关系。景观生态学研究的核心问题是探讨景观空间格局、生态过程和尺度三者之间的相互关系。其中，景观空间格局反映了景观中不同要素在空间上的分布和组合方式；生态过程则是指在不同空间要素之间发生的物质、能量和信息的交换和转化过程；尺度则是指研究景观时所涉及的空间范围和时间尺度。景观空间格局、生态过程和尺度三者之间的相互作用关系，是影响景观生态系统稳定性和功能的重要因素[46]。

景观生态学理论为景观保护和管理提供了科学依据。景观生态学理论将景观规划与生态安全、生物多样性保护、资源节约等目标和指标联系在一起，为景观保护和管理提供了科学依据。景观规划的目标是为了实现人与自然和谐共生，而实现这一目标需要综合考虑景观生态系统的整体性和异质性特征，依据生态学原理设计和实施保护和管理措施，实现景观生态系统的可持续发展。

景观生态学理论关注景观生态系统的整体性和异质性特征，以及探究景观空间格局、生态过程和尺度之间的相互关系。此外，这一理论也为景观保护和管理提供科学依据，能够实现生态文明建设和可持续发展的目标。景观生态学理论的应用范围广泛，能够为生态安全、生物多样性保护、资源节约等方面提供目标和指标，并为景观规划提供有力支持[47]。

5.1.2 景观地理学理论

景观地理学理论是研究景观形成机制、演变过程和区域差异的理论，旨在探究景观的结构、功能和动态特征，并研究自然因素和人文因素对景观形态的影响和作用。这一理论包括景观的空间结构和时间演变过程，以及人类活动对景观的影响和反馈。在景观地理学理论中，景观被视为一个复杂的生态系统，由不同要素和过程相互作用而形成的地表单元。

景观地理学理论的一个重要方面是景观的形成机制和演变过程。景观的形成涉及到自然环境和人文环境的相互作用和影响，同时也与地形、水文、土壤、气候等自然要素有关。景观的演变是一个动态的过程，包括演替、自然灾害、人类活动等多种因素的影响，不同景观类型的演变也存在差异。

除了景观的形成和演变，景观地理学理论还关注区域差异和人地关系。不同地区的景观差异较大，包括自然环境、人文环境、历史遗产等方面的差异，这些差异影响了景观的结构和功能。人地关系是指人类活动和自然环境之间的相互作用，包括人类活动对自然环境的影响和对人类自身的影响，这些作用和影响与景观的演变和发展密切相关。

在景观规划中，景观地理学理论为规划提供了许多目标和指标，例如区域特色、文化遗产、空间结构等。在制定景观规划时，应该综合考虑自然、文化和社会等多个因素，以确保规划的可持续性和社会效益[48]。

景观地理学理论是一种综合性的理论体系，通过研究自然环境和人文环境的相互作用，探究景观的形成机制、演变过程和区域差异，为景观规划提供了重要的理论支持。这一理论对于实现人与自然和谐共生、促进可持续发展等方面具有重要意义。

5.1.3 景观规划学理论

景观规划学理论是研究景观规划目的、内容、方法和技术的重要理论，它关注如何通过对土地利用和景观管理的合理安排，实现人类对自然和社会环境的适应和改善。景观规划学理论的发展历程可以追溯到20世纪初期，但直到20世纪50年代，它才成为一个独立的学科，逐渐发展为一门综合性学科。

景观规划学理论的核心是可持续发展，它强调在规划过程中需要考虑环境、社会、经济等多方面因素的平衡，从而实现长期的可持续发展。这一理论的关注点包括如何保护和提高生态系统的质量、如何保护文化遗产和提高景观的文化价值、如何平衡经济发展和环境保护等问题。景观规划学理论通过分析和评估景观的自然和人文资源，为规划提供了基础数据和科学依据[49]。

景观规划学理论不仅关注景观规划的目的和内容，还强调方法和技术的应用。规划方法和技术是实现景观规划目标的重要手段。景观规划学理论关注如何选用适合的规划方法和技术，包括综合评价方法、空间分析技术、环境影响评价等，以达到规划目标的最优化。景观规划学理论也关注如何利用数字技术和新兴技术，如人工智能和大数据分析，优化规划决策。

此外，景观规划学理论也关注社会经济、政策法规、公众参与等问题。景观规划的成功离不开政策和法规的支持，因此，景观规划学理论强调如何根据政策和法规，制定可行的规划方案，并进行有效的实施。另外，景观规划学理论认为公众参与是规划过程中不可或缺的一部分，因为公众参与能够增强规划的透明度和公正性，促进社会的共识和支持。

景观规划学理论为景观规划提供了可持续发展、公共利益、合作协调等目标和指标。它提供了一种从综合性、系统性和可持续性的角度对土地利用和景观管理进行规划的方法。景观规划学理论注重将社会、经济和生态因素结合起来，以实现对土地利用和景观管理的合理安排，从而更好地适应和改善自然和社会环境。景观规划学理论也关注公众参与和政策法规等问题，以确保规划的可行性和可持续性。在景观规划的实践中，景观规划学理论提供了具体的方法和技术，例如景观评价、规划设计和实施监测等，以实现规划的可行性和可持续性。因此，景观规划学理论具有重要的理论和实践意义，能够帮助实现人类对自然和社会环境的适应和改善，促进可持续发展。

5.1.4　景观设计学理论

景观设计学理论是一门关注于景观设计的理论学科，其核心是通过审美表达和空间形式的创造性运用，为人们提供一个美好、舒适、宜居的环境。景观设计的目的是创造美好的环境，同时实现功能的适宜和情感的寄托，以满足人类的需求和欣赏。在景观设计学理论中，有几个关键点需要关注。

关注景观设计的原则。景观设计的原则是设计师在设计过程中必须遵循的基本规律和原则，如比例、对称、平衡、重复、层次、节奏、色彩等。这些原则在景观设计中是至关重要的，它们能够帮助设计师在设计过程中保持平衡、协调和美感，创造出符合人们审美需要的设计。

关注景观设计的元素。景观设计的元素是构成景观设计的基本要素，如形状、空间、线条、材料、植被、水体等。这些元素在景观设计中互相作用，构成一个有机的整体，产生不同的视觉效果和情感体验，从而创造出不同的景观空间[50]。

关注景观设计的风格和手法。景观设计的风格是设计师对于设计作品的整体风格的把握，如古典、现代、自然、抽象等。而景观设计的手法则是设计师在设计过程中运用的技巧和方法，如平面设计、立体设计、灯光设计等。这些风格和手法是景观设计师表达设计意图和实现设计效果的重要工具。

关注景观设计的美学价值、心理感受、文化内涵等问题。景观设计的美学价值是指设计作品所包含的审美价值，如美感、和谐、协调等。心理感受则是指人们在使用景观设计作品时所产生的情感和感受，如愉悦、放松、舒适等。而文化内涵则是指设计作品所蕴含的文化、历史、人文等方面的内在含义。

景观设计学理论旨在通过创造性地表达空间形式和视觉效果，满足人类对美好环境的需求和欣赏。该理论关注景观设计的原则、元素、风格和手法，并关注审美品质、功能适宜和情感寄托等问题。因此，景观设计学理论为景观规划提供了实现美观、合适功能和情感体验等目标和指标。

5.2　景观生态学的基本原理

景观生态学的基本原理是指在研究和改善环境中的生态过程与特定生态系统之间的关系时，所遵循的一些生态学的原理和方法。景观生态学的核心问题是关注景观的空间格局（pattern）、生态过程（process）和尺度（scale）之间的关系，以及关注广泛的生态和环境问题[51]。根据不同的文献，景观生态学的基本原理可以有不同的划分方式。以下是一种常见的划分方式，将景观生态学的基本原理分为以下五个方面：

5.2.1 景观整体性与异质性原理

景观整体性与异质性原则是生态学中的一个重要原则，它强调了不同生态系统或景观要素通过生态过程而联系形成的功能整体。这一原则包含了两个方面，即景观的整体性和异质性。

景观整体性是指景观的各个要素之间通过生态过程形成的相互联系和相互作用，使得景观具有了整体性。在进行景观生态学研究时，需要对景观中的各种要素进行综合考虑，并分析它们之间的相互作用和影响，以便更好地理解景观的整体特征和功能。

异质性是指景观中不同生态系统或景观要素的多样性和差异性，包括不同生态系统、植被类型、土地利用方式、地形地貌等要素的多样性和差异性。这些要素之间存在着复杂的生态过程和相互作用，从而形成了一个多样性的景观体系。在进行景观生态学研究时，需要对景观中的异质性进行综合考虑，并研究它们之间的相互作用和影响，以便更好地理解景观的多样性和功能。

景观整体性与异质性原则的应用不仅局限于景观生态学研究，也应用于景观生态系统的管理和规划。在进行景观生态系统的管理和规划时，应综合考虑景观中各种要素之间的相互作用和影响，以实现景观的优化和平衡。同时，应尽可能地保护和促进景观中不同生态系统和景观要素的多样性和差异性，避免人类活动对景观生态系统造成过度的破坏。

景观整体性与异质性原则是生态学研究和景观生态系统管理的一个重要原则，它强调了景观的整体性和异质性，需要对景观中各种要素之间的相互作用和影响进行综合考虑，并尽可能地保护和促进景观中不同生态系统和景观要素的多样性和差异性，以实现景观生态系统的优化和平衡。

5.2.2 景观尺度与层次原理

景观尺度与层次原理是景观生态学中一个基本原则，它指出了景观是一个具有多尺度、多层次结构的复杂系统，并且景观的特征和过程在不同的尺度和层次上都会发生改变[52]。因此，进行景观生态学研究时需要根据研究目标和问题选择合适的尺度和层次，以及相应的分析方法和技术，以实现景观信息的提取和解释。

在景观生态学中，尺度和层次的选择是非常重要的。尺度指的是研究对象在空间和时间上的范围大小，可以是微观尺度，如个体和群落尺度，也可以是宏观尺度，如区域和全球尺度。层次则指的是研究对象在空间和时间上的组成和结构，可以是生物层次，如个体、群落和生态系统，也可以是地理层次，如生态区和生物地理区。不同尺度和层次的选择会影响到研究结果的准确性和可靠性，因此需要根据研究问题和目标选择合适的尺度和层次。

在进行景观生态学研究时，需要考虑到不同尺度和层次之间的相互关系和影响，以及不同尺度和层次之间的耦合程度。例如，在研究一个生态系统的时候，需要同时考虑生物层次和地理层次的影响，以及微观尺度和宏观尺度之间的联系和耦合。另外，不同尺度和层次之间的信息和数据也需要进行整合和协调，以实现对景观生态系统的全面了解和深入分析。

景观尺度与层次原理是景观生态学中的一个重要原则，它指出了景观是一个多尺度、多层次的复杂系统，需要根据研究问题和目标选择合适的尺度和层次，以实现景观信息的提取和解释。同时，需要考虑到不同尺度和层次之间的相互关系和影响，以及不同尺度和层次之间的耦合程度，以实现对景观生态系统的全面了解和深入分析。

5.2.3 景观结构与功能原理

景观结构与功能原理是景观生态学研究的一个基本原则。景观结构是指由不同斑块、边界和走廊等要素在空间上的组合方式所构成的景观形态。景观功能是指由这些要素之间发生的物质、能量和信息的交换和转化所构成的景观过程。景观结构和功能之间相互作用，既是景观生态系统稳定性和可持续性的基础，也是景观管理和规划的重要依据。

景观结构与功能之间的相互作用是复杂的。景观结构不仅影响景观功能的运行方式，同时也受到景观功能的影响。例如，景观中不同类型的斑块之间的距离和形状对物种分布和迁移、生态过程的发生和维持、以及景观生态系统对环境变化的响应具有重要影响。在同一类型的斑块之间设置生态走廊可以促进物种迁移和基因交流，有助于维持景观生态系统的多样性和稳定性。而边界的形状和分布则会影响生态过程的发生和传播，从而影响景观功能的运行和维持。

景观结构和功能之间的相互作用还表现在景观响应环境变化的过程中。例如，在气候变化和人类干扰的背景下，景观结构的变化会对景观功能产生显著影响。例如，气候变化可能导致不同斑块之间的距离和形状的变化，从而影响生态过程的发生和维持。同时，人类干扰也可能导致景观结构的变化，从而影响景观功能的运行。例如，城市化进程中大面积的城市扩张可能破坏原有的生态斑块，削弱景观生态系统的稳定性。

在进行景观生态学研究时，应该充分考虑景观结构和功能之间的相互作用，并探索其响应环境变化的机制。同时，在景观管理和规划中，应该优化景观结构和功能的组合，以促进景观生态系统的多样性和稳定性，实现景观生态系统的可持续性发展。

5.2.4　景观动态与稳定原理

景观动态与稳定原理是景观生态学中的一个基本原则，强调了景观作为一个动态变化的系统所具有的特征和重要性。景观是由自然和人类因素相互作用而形成的，其动态变化与生态系统的稳定和生物多样性密切相关。因此，探索景观动态变化的规律、模式和趋势，评估其对生物多样性、生态服务等方面的影响，对于制定有效的景观保护和管理策略至关重要。

景观是一个动态变化的系统，其变化受到多种因素的驱动和干扰。自然因素包括气候、地形、土壤等，而人为因素则包括城市化、工业化、农业生产等。这些因素的相互作用使得景观在时间和空间上表现出各种形态和状态，从而构成了动态的景观格局。因此，在进行景观生态学研究时，应重点关注景观变化的规律、模式和趋势，探究变化背后的原因和机制。

景观动态变化与生态系统的稳定和生物多样性密切相关。景观中各种要素（如斑块、边界、走廊等）之间的相互关系和相互作用，以及它们对环境变化的响应机制，直接影响了生物种群的生存和繁衍。同时，景观的稳定性也决定了其对外界干扰和压力的承受能力。因此，评估景观动态变化对生物多样性、生态服务等方面的影响，对于制定有效的景观保护和管理策略至关重要。

有效的景观保护和管理策略需要基于对景观动态变化的深入了解和分析。在实践中，应针对不同的景观类型和功能，选择合适的监测指标和方法，建立定量的监测体系，以实现对景观动态变化的快速反应和及时调整。同时，应加强对人类活动对景观的影响的控制，保障生态系统和生物多样性的持续发展。

景观动态与稳定原理是景观生态学研究的重要组成部分。对于制定有效的景观保护和管理策略具有重要意义。深入研究景观的动态变化规律、模式和趋势，并评估景观变化对生物多样性、生态服务等方面的影响，能够更好地指导景观保护和管理工作。因此，在进行景观生态学研究时，应重视景观动态变化的规律和机制的探究，以及采取相应的管理策略和措施，保护景观的稳定性和可持续性。

5.2.5　景观保护与可持续发展原理

景观保护与可持续发展原理是指在进行景观生态学研究时，应该充分考虑人类对景观的利用和改造的需求和影响，并提出合理的保护措施和管理策略，以实现景观的生态安全、社会公平和经济效益，促进人与自然的和谐共生。这个原理是基于人与自然共生的理念，认为人类对自然资源的开发和利用应该是可持续的，以保护生态环境和人类社会的可持续发展。

景观保护与可持续发展原理是景观生态学研究的重要内容。在进行研究时，应综合考虑景观的社会、经济、文化和生态价值，并探索人类对景观的需求和影响，以制定合理的保护和管理策略^[53]。同时，应充分考虑景观保护和可持续发展的相互关系，以实现生态环境的保护和人类社会的可持续发展。

在景观保护方面，应该采取合理的保护措施，保护景观的自然和文化特征，保护景观中的生物多样性和生态系统功能。同时，应该建立完善的保护制度和管理体系，确保保护措施的有效性和可持续性。

在可持续发展方面，应该充分考虑景观利用和改造的经济效益和社会效益，并采取合理的管理策略，实现景观的可持续利用。应该推动生产方式的转变，采用清洁能源和循环经济模式，减少对自然资源的消耗和环境污染，实现人类与自然的和谐共生。

景观保护与可持续发展原理是景观生态学研究的核心内容，对于实现景观的生态安全、社会公平和经济效益具有重要意义。需要深入研究景观保护和可持续发展的相互关系，探索人类与自然的和谐共生的新模式和新途径，促进人类社会的可持续发展和生态环境的保护。

5.3 景观设计的基本原则

乡村景观设计的基本原则是要尊重自然环境、体现历史文化、融入社会经济、强调功能性、体现生态文明，让乡村景观设计与当地的自然、历史、文化、经济、生态等因素有机结合，创造出符合当地实际情况、具有特色和美感的乡村景观。

5.3.1 尊重自然环境

尊重自然环境意味着乡村景观设计需要尽可能地利用当地的自然资源，包括自然地形、气候、植被等，以打造一个更加真实、自然的乡村景观。乡村地区的地形和气候独特，通过巧妙地利用这些特点，创造出独具特色的景观。例如，在丘陵地区的乡村景观设计中，可以利用山坡上的自然地形，设计出阶梯式的农田或景观步道，以呈现出不同的层次感和景观效果。此外，还可以通过在景观中增加当地特色的植被，如草本植物、乡土树种等，来强化当地的自然特色^[54]。

尊重自然环境还包括保留和强化当地自然景观的特点。乡村地区往往具有独特的自然景观，如溪流、山峦、湖泊等，这些景观是当地文化和历史的重要组成部分，也是乡村景观设计的重要元素。应该尽可能地保留这些景观，并通过巧妙的设计手法，强化其特点，以增强乡村景观的文化内涵和观赏价值。例如，在设计乡村公园时，可以将景观元素融入到公园设计中，如将湖泊、山峦等自然景观纳入公园内部，使游客可以在欣赏美景的同时感受到当地的历史和文化。

尊重自然环境是乡村景观设计中不可或缺的原则之一。乡村景观设计师们应该充分了解当地自然资源和自然景观的特点，通过合理的规划和设计手法，将自然元素融入到景观设计中，创造出更加美丽、自然和独特的乡村景观。

5.3.2 体现历史文化

设计过程中需要了解当地的历史文化背景，包括传统的建筑形式、手工艺制品、习俗节庆等。在设计过程中，要以当地的历史文化为灵感来源，运用当地的建筑元素、材料、色彩等，将历史文化元素融入到景观设计中。比如，可以在公共空间设置具有地方特色的雕塑或纪念碑，或在景观中利用传统的建筑元素和装饰来表达当地的文化特点。

设计过程中应该注重对当地乡土文化的挖掘和传承。可以通过在场地中设置文化元素，如文化广场、文化墙、文化长廊等，展示当地乡土文化的丰富性和多样性。此外，可以在景观中融入一些传统的文化元素，如传统的园林、雕塑、水景等，以表现当地的文化内涵。这些文化元素可以在乡村景观中创造出独特的氛围和格调，吸引游客前来参观和体验。

设计过程中还应该注意保护和传承当地的历史文化遗产。这些文化遗产可以是当地的古建筑、遗址、传统手工艺、文物等，它们是当地历史文化的重要组成部分，也是表达当地文化内涵的重要载体。在景观设计中，设计者需要尊重和保护这些历史文化遗产，同时也需要在设计中合理利用这些资源，让它们得到更好的传承和利用。

乡村景观设计中的历史文化体现原则是非常重要的，它可以丰富乡村景观的内涵和价值，同时也可以提高游客对乡村旅游的兴趣和热情。因此，在乡村景观设计中，设计者需要充分挖掘和利用当地的历史文化资源，注重对当地文化的传承和保护，创造出独特而富有文化内涵的景观设计作品。

5.3.3 融入社会经济

乡村景观设计应该充分考虑到社会经济因素的影响，将景观设计融入当地社会经济中，以实现经济和社会效益的双重目的。设计过程中，应该了解当地的产业特点，考虑如何将景观设计与当地产业结合起来。例如，对于一个以农业为主导的地区，可以将景观设计与当地的特色农产品相关联，通过景观设计展示当地农业生产的特点，吸引更多的游客前来品尝当地的美食，促进农村旅游的发展。其次，景观设计也可以促进当地就业，提高农民生活质量。例如，在设计过程中可以考虑为当地村民提供就业机会，如提供种植、养殖等工作，帮助他们增加收入和改善生活质量。同时，景观设计还可以通过提升当地环境质量和美观程度，吸引更多的人才和企业来到这里，推动当地经济的发展。

在融入社会经济的过程中，需要注意的是，景观设计不应该只关注经济利益，而应该平衡各种利益，考虑到环境保护和社会公益等方面的因素。设计过程中，应该深入了解当地的社会经济状况和文化背景，尊重当地村民的生活习惯和价值观念，避免对当地社会经济和文化产生不良影响。同时，应该考虑到乡村景观设计对当地社会经济的长远影响，提高设计的可持续性和适应性，促进当地经济和社会的可持续发展。

乡村景观设计应该将社会经济因素融入到设计中，通过创新性的设计理念和方法，实现景观设计与当地社会经济的有机结合。这不仅有利于当地经济的发展和乡村旅游的繁荣，也能够提高农民生活质量，增强当地社会文化的内涵和魅力，实现乡村全面振兴的目标。

5.3.4 强调功能性

在乡村景观设计中，强调功能性是非常重要的一个原则。这个原则主要是指在设计过程中，要注重景观的功能性，将其与当地社会公共服务设施、交通系统、生态环境等有机结合，满足当地居民的生产、生活和休闲需要。这种有机结合不仅可以促进当地经济的发展，同时也可以改善当地居民的生活质量。

在乡村景观设计中，要考虑到当地的实际需要。比如，当地可能需要一些公共设施，比如学校、医院、图书馆、体育场等，这些设施应该被融入到景观设计中，既可以满足居民的需求，同时也可以提高景观的实用性。

在乡村景观设计中，要考虑交通系统的布局和设计。交通系统是连接城市和乡村的重要纽带，它的设计应该既满足交通的便利性，同时也要考虑到景观的美观性。比如，可以将某些道路进行绿化美化，使其不仅具有交通的功能，同时也成为了景观的一部分。

在乡村景观设计中，要注重生态环境的保护。生态环境是乡村景观的重要组成部分，它不仅可以为居民提供美好的自然景观，同时也可以改善当地的生态环境。因此，在乡村景观设计中，应该注重保护生态环境，合理规划农田、林地、水源等资源，使其得到合理的利用。

强调功能性是乡村景观设计的重要原则之一，它可以使景观更加实用、美观、环保，同时也可以促进当地经济的发展，提高农民的生活质量。在实际操作中，要注重将功能性与美学原则有机结合，打造出既美观又实用的乡村景观。

5.3.5 体现生态文明

景观设计应该注重生态环境的保护和改善。要保留和增强当地的自然生态系统，保护水源、水土保持、生物多样性和生态平衡等生态系统的功能。在设计时，应考虑保留自然生态系统的功能，如合理分配土地、控制水源、减少土地垃圾等。此外，应该利用适当的技术手段，减少污染和能源浪费，提高资源的利用效率。

景观设计要注重生态文化的传承和发展。设计要以当地的自然文化和历史文化为基础，与当地的文化相结合，塑造独特的乡村景观。景观设计应该考虑到当地的传统文化，如传统的建筑、农业、手工艺等，结合现代科技和艺术设计的手段，创造出新的景观形象，以满足当地居民的精神文化需求[55]。

景观设计要注重生态经济的发展和提升。乡村景观设计应该结合当地的产业和发展战略，开发与之相适应的旅游和农业观光资源，促进当地经济的发展，提高农民生活质量。景观设计应该考虑到当地居民的生产、生活和休闲需求，为他们提供优质的服务设施和便利的交通网络。

景观设计要注重生态伦理的培育和提高。景观设计师应该遵循人与自然和谐相处的原则，尊重自然、保护自然，努力创造一个美好、和谐的生活环境。景观设计应该引导人们形成良好的生态伦理观念，促进人们保护和改善生态环境的意识和行动[56]。

乡村景观设计的体现生态文明的原则应该贯穿于整个设计过程，包括设计理念的确立、设计方案的制定和实施等。在设计理念的确立上，应该将生态文明放在首位，以尊重自然、保护生态环境为前提，注重生态系统的平衡和健康发展。在设计方案的制定上，应该采用可持续的设计思路，注重景观设计的功能性和适应性，使其与当地社会经济、文化和生态环境相融合，实现和谐共生。在实施过程中，应该注重环境保护和生态修复，减少生态破坏，保持生态平衡和可持续发展。总之，乡村景观设计应该以生态文明为基础，创造一个优美、和谐、可持续发展的乡村生态环境[57]。

6 生态修复和景观再造的关系

6.1 态修复和景观再造的辩证关系

6.1.1 生态修复和景观再造的区别

生态修复更强调对自然生态系统的保护和恢复，注重恢复生态的自然性、稳定性和多样性，以重建受损的生态结构和功能为目标。它致力于修复生态系统的自然过程和生态平衡，包括修复土壤质量、改善水质、保护植被、恢复动物栖息地等。生态修复的关注点主要是自然环境的恢复和生态系统的健康。

相比之下，景观再造更强调人类的需求、利益和审美。它注重通过设计和规划创造出具有美感和实用性的人工景观，以满足人们对美好环境的需求和欣赏。景观再造强调对乡村空间的改造和提升，包括规划和设计公共空间、建筑物、道路、绿化等，以打造吸引人的乡村风貌和宜居环境。景观再造的目的是通过创造新的空间形式和意义，提升人们对乡村的认同感和归属感，促进人与环境的和谐共生。

6.1.2　生态修复和景观再造的联系

生态修复为景观再造提供了基础条件和技术手段。在进行景观再造之前，可能存在一些生态系统受损或退化的问题，例如土壤质量下降、植被丧失、水源污染等。通过生态修复措施，可以修复和改善这些生态系统，为后续的景观再造提供健康的自然环境。例如，通过土壤修复和植被恢复，可以提供适宜的生长条件和基础设施，为景观再造提供坚实的基础。

景观再造为生态修复提供了社会动力和经济效益。景观再造的过程中，通过规划和设计创造出美丽和实用的景观，提升了土地的价值和可持续利用性。这种美化和改善的努力可以吸引更多的投资和关注，为生态修复提供了更多的资源和支持。例如，通过景观再造打造具有吸引力的乡村旅游景点，可以增加游客的流量和收入，进而提供资金和动力用于生态修复工作。

生态修复和景观再造的联系还体现在它们共同促进可持续发展。生态修复的目标是恢复和维护生态系统的健康和稳定，以实现资源的可持续利用和保护。而景观再造则注重人与环境的和谐共生，创造宜居的乡村环境，提升人们的生活质量和幸福感。通过将生态修复与景观再造相结合，可以实现生态系统的恢复和保护，同时满足人们对美好环境的需求，实现人与自然的和谐共存。这种可持续的发展模式可以在长期内为社会、经济和环境带来持久的利益。

6.1.3　生态修复和景观再造的冲突

生态修复的目标是恢复和保护生态系统的健康和稳定。它着重于修复受损的自然资源，还原生态系统的原有结构和功能，以确保生物多样性的保护和生态系统的可持续性。然而，景观再造的目标是创造美丽、宜人的环境，强调人们对景观的审美需求和体验。在追求美观的过程中，可能会牺牲一些生态修复的原则，例如在规划和设计中更倾向于引入人工元素和改变自然生态的布局，以满足人类的视觉和审美诉求。

生态修复注重采用自然恢复和生态工程等技术手段来修复和改善生态系统。这些方法可能需要一定的时间和持续的管理来实现预期的生态恢复效果。而景观再造则侧重于规划、设计和构建人工景观，可能更加注重快速实现可视效果和满足人们的需求。这种快速性和人为介入可能会影响到生态系统的自然演替和生态修复过程。

生态修复的评估标准主要依据于生态学和环境科学的指标，例如水质、土壤质量、植被覆盖率等。而景观再造的评估标准则更加注重美学、社会和经济效益等方面的考虑，例如景观的吸引力、可持续利用性和经济价值。这种不同的评估标准可能导致在决策过程中的权衡和取舍，使得生态修复和景观再造的目标之间存在一定的冲突和矛盾。

6.1.4　生态修复和景观再造的协调

生态修复和景观再造可以通过整合思维、多元策略和创新技术等方式实现协调，以达到互补互促、共赢共享的效果。

通过整合思维，将生态修复和景观再造紧密结合在一起，它不仅着眼于生态系统的恢复和保护，还注重通过景观设计和规划，创造出美观、宜人的环境。通过在废弃地的生态修复过程中兼顾景观再造的要求，实现了生态系统和人类活动之间的良好平衡。例如，在城市废弃地的生态修复中，可以同时考虑恢复植被和水源，以及规划绿地、景观景点等景观元素，从而创造出既具有生态功能又具有人类审美价值的空间。

多元策略在实现生态修复和景观再造的协调中起到重要作用。这种模式不仅依靠传统的生态修复手段，如土壤改良、植被恢复等，还运用了创新的技术和策略，如生态工程技术、雨水利用系统等。通过多元策略的应用，可以有效解决废弃地的环境问题，并在景观再造过程中提供更多的选择和灵活性。例如，通过引入可持续的水资源管理系统，将雨水收集和利用作为景观设计的一部分，既满足了生态修复的需要，又为景观再造提供了水景元素和可持续水资源利用的创新方案。

创新技术在实现生态修复和景观再造的协调中发挥着重要作用。其中，生物工程技术、生态遗址修复技术等先进技术的应用能够加速废弃地的生态恢复过程，并提供更多的生态功能。通过利用这些创新技术，可以有效改善废弃地的环境状况，加强土壤改良、植被恢复等方面的工作，从而促进生态系统的健康发展。此外，数字化技术和智能系统的运用也为景观再造提供了更高效、精确的设计和管理方式。通过数字化技术的辅助，可以进行精准的地形分析、植被布局和景观模拟，使得景观规划和设计更加科学、可行。智能系统的运用能够提供实时的监测和管理，帮助保持景观的良好状态并及时调整。这些创新技术的应用不仅能够提高生态修复和景观再造的效率和效果，还为未来的可持续发展提供了更广阔的可能性。

6.2　空心村整治中生态修复和景观再造的耦合机制

在空心村的治理过程中，生态修复和景观再造存在着一定的耦合机制，两者相互作用、相辅相成。具体来说，其耦合机制表现在以下几个方面：

6.2.1　两者在特定任务中可同步运行

生态修复和景观再造在特定任务中可以同步运行，它们不是先后顺序的两个阶段，而是在整个治理与改造过程中并行进行的两个任务。这意味着在进行空心村的治理与改造时，生态修复和景观再造可以同步进行，相互支持和协调，以实现综合的、可持续的发展目标。

生态修复和景观再造的同步运行是基于对特定任务需求的综合考虑。在空心村治理的初期阶段，对场地的环境状况进行评估和分析，确定生态修复和景观再造的重点和目标。根据场地的自然生态系统状况、植被覆盖情况、水资源状况等，制定生态修复方案，重点恢复和改善生态系统的稳定性和多样性。同时，在进行生态修复的过程中，考虑到村庄居民的需求和利益，引入景观再造的理念和方法，以创造美丽、宜居的环境。

生态修复和景观再造的同步运行还体现在具体实施过程中的协同合作。在空心村治理与改造的实施阶段，专业团队将生态修复和景观再造的工作紧密结合，相互协调，确保两者的工作互相促进。生态修复可以提供基础条件和技术手段，例如植被恢复、土壤改良等，为景观再造提供良好的生态基础。而景观再造则通过合理的布局、设计和植被选择，为生态修复提供社会动力和经济效益。这种协同合作使得生态修复和景观再造的效果更加综合、可持续。

6.2.2　两者相互依赖且相互补充

生态修复为景观再造提供了重要的生态基础。通过恢复生态系统的稳定性、多样性和功能性，生态修复为景观再造提供了良好的生态环境。生态修复可以包括植被恢复、水体净化、土壤修复等措施，以改善场地的生态状况和功能。这些生态修复的措施为空心村的景观再造提供了一个健康、稳定的基础，确保乡村景观的可持续发展和生态系统的长期稳定。

景观再造为生态修复提供了功能导向、文化内涵和审美价值。景观再造注重根据空心村内场地的功能需求和社会文化特色，通过合理的布局、设计和植被选择，打造出具有美感和实用性的乡村景观空间。景观再造可以考虑到乡村人们的需求和利益，提供宜居环境和美化效果，同时也强调乡土文化传承和历史内涵的体现。通过景观再造，生态修复的过程可以更好地满足乡村社会和个体的需求，增强人们对环境的认同感和归属感。

生态修复和景观再造之间形成了互动、互补、互促的关系。生态修复提供了生态基础和环境保障，为景观再造创造了合适的生态环境。而景观再造则通过提供功能导向和审美价值，使空心村的生态修复更具吸引力和社会效益。两者之间的协调合作使得场地的生态效益、社会效益、经济效益和景观效益得以提升。生态修复和景观再造的共同努力为场地创造了一个可持续发展的环境，提高了空心村人们的生活质量和福祉。

6.2.3　两者技术上可融通

生态修复和景观再造在技术上可以实现融通。它们不是独立的技术体系，而是将生态修复的技术与景观再造的手段融为一体，形成了一套综合性的技术手段。这些技术手段涵盖了多个方面，包括土壤污染控制与修复、地形地貌再造、植被修复与设计、水系修复与水体再造、道路修复与规划、环境废弃物处理以及建筑修复与再造等[58]。

土壤污染控制与修复是生态修复和景观再造中的重要技术手段。通过采取适当的土壤修复方法，如生物修复、化学修复和物理修复等，可以减轻土壤污染对生态环境和景观质量的影响，为后续的景观再造提供良好的土壤基础。

地形地貌再造是实现生态修复和景观再造的关键技术之一。通过调整场地的地形和地貌，如平整、填挖、造地等手段，可以创造出符合生态要求和美学价值的地形景观，为空心村的景观再造提供了基础。

植被修复与设计是将生态修复与景观再造有机结合的重要技术手段。通过选择适宜的植物物种、进行植被配置和布局设计，可以恢复空心村生态系统的植被覆盖，提供生态功能，并创造出美观、宜人的景观效果。

水系修复与水体再造是实现生态修复和景观再造的重要环节。通过水体的净化和整治，如湿地恢复、水质改善、水体景观塑造等措施，可以改善空心村水体环境质量，创造出具有生态和景观价值的水域景观。

道路修复与规划是实现生态修复和景观再造的重要组成部分。在空心村的道路设计与建设中，可以采用生态友好的材料和技术，合理规划道路的布局和形态，以减少对生态系统的干扰，并创造出与周围环境相协调的景观效果。

环境废弃物处理是一项不可忽视的重要技术手段。通过科学合理的废弃物处理方法，例如回收再利用、减量化和安全处置，可以最大限度地减少空心村内废弃物对环境和景观的负面影响。

6.2.4　两者的结合是顺应社会发展的新需求

随着人们对生态环境和景观品质要求的提升，传统的乡村景观改造方式已经无法满足当代社会对生态文明建设和城乡可持续发展的需求。因此，将生态修复和景观再造结合起来成为必然的趋势。这种结合是基于学科交叉和全生命周期的综合考虑，它不仅注重生态修复的技术手段和方法，还强调景观再造的目标多元化和综合性。生态修复和景观再造的结合将资源再生、环境恢复和景观优化融为一体，以实现对空心村治理与改造的综合性考虑。

在这种结合下,生态修复和景观再造关注的是整个治理与改造过程的全生命周期。从规划设计、施工实施到后期管理,都要综合考虑资源再生、环境恢复和景观优化的各个阶段。这样的综合性考虑能够确保治理与改造的持续性和可持续性,使其真正满足当代社会对美丽乡村和可持续发展的新要求。

此外,生态修复和景观再造的结合也是一种空心村治理与改造模式的创新。传统的景观改造方式往往只关注景观的美化,而忽视了生态环境的恢复和资源的再生利用。通过将生态修复和景观再造结合起来,可以综合考虑生态、经济、社会等多方面的因素,打造出更具有综合效益和可持续发展潜力的乡村空间。

6.3 生态修复和景观再造的结合应用

6.3.1 城市废弃地治理与改造

城市废弃地是指因为工业、商业或其他用途而被遗弃或污染的城市土地,它们往往占据着城市的核心区域或重要节点,对城市的生态环境、社会经济和城市形象造成了严重的负面影响。因此,如何对城市废弃地进行有效的治理与改造,实现资源再利用和城市可持续发展,是当前城市规划与建设面临的一项重要任务。

生态修复和景观再造是一种将城市废弃地治理与改造与生态文明建设和城市美化相结合的模式,它旨在通过科学的技术手段和艺术的设计方法,恢复城市废弃地的生态功能,提升城市废弃地的景观价值,创造出具有生态效益、社会效益、经济效益和景观效益的多功能空间。这种模式不仅可以解决城市废弃地带来的环境问题和社会问题,还可以增加城市的绿色空间和休闲空间,提高城市居民的生活质量和幸福感。

武汉园博园工程就是一个典型的生态修复和景观再造的案例。武汉园博园位于武汉市中心城区西北方位的张公堤附近,原为清末防洪堤坝,后成为亚洲最大单体垃圾场——金口垃圾场。垃圾场不仅污染了周边环境,还阻碍了南北两侧城区的连通[59]。2012年,武汉申办第十届中国国际园博会时提出,在垃圾场上建设园博园。经过三年多的建设,原有的垃圾场被转变为一个占地169公顷、拥有117个展园、集中展示世界各地园林艺术与文化的生态园林。

武汉园博园工程采用了先进的生态修复技术和创新的景观设计理念,实现了从"黑"到"绿"的华丽转身。首先,在垃圾场上进行了土壤污染控制与修复,通过覆盖土层、安装排气管、设置渗滤液处理系统等措施,消除了垃圾场对周边环境和人体健康的危害。其次,在垃圾场上进行了地形地貌再造,通过挖填平衡、塑造山水、设置岛屿等手段,打造了一个具有高差变化、水域丰富、风貌多样的立体空间。再次,在垃圾场上进行了植被修复与设计,通过引入本土植物、构建植物群落、展示各地园林风格等方式，增加了园区的生物多样性、生态功能和景观效果。最后，在垃圾场上进行了景观设施与服务配套的建设，通过设置步道、桥梁、亭台、雕塑、灯光等元素，提高了园区的游憩舒适度和文化内涵。

武汉园博园工程不仅为城市废弃地治理与改造提供了一个成功的范例，也为城市生态文明建设和城市美好生活创造提供了一个有益的启示。它展示了中国在生态修复和景观再造方面的技术水平和设计水准，也体现了中国在推动绿色发展和建设生态文明方面的坚定决心和实际行动。它是一个具有国际影响力和示范作用的城市废弃地治理与改造项目，也是一个让人民群众满意和喜爱的城市绿色空间。它是一个充满生机和活力的城市绿心，也是一个承载着人类对美好未来的向往和期待的城市梦想园。

6.3.2 湿地公园设计

湿地公园设计是将湿地的生态系统保护与休闲空间融合的一种设计方法。它旨在通过选择适宜的湿地指示生物，构造适宜的栖息地，对水文、植被与生物进行同步修复，提升场地的生物多样性和景观效果。湿地公园设计首先要尊重湿地的自然特征和生态功能，避免过度干扰和破坏。湿地公园设计要顺应湿地的水文、土壤、气候等自然条件，利用本土植物和动物，恢复和增强湿地的生态系统服务。湿地公园设计要以生态保护和修复为首要目标，将人文景观和设施与湿地生态相协调，实现人与自然的和谐共生。湿地公园设计要根据不同的场地特征和需求，制定有针对性和灵活性的设计方案。湿地公园设计要考虑湿地的动态变化和未来发展，预留一定的自然做功空间，使湿地能够适应气候变化、水位波动、生态演替等自然过程。湿地公园设计要兼顾多种功能和利益，平衡生态、社会、经济等多方面的需求，实现可持续发展。湿地公园设计要结合当代科技和艺术，创造出具有特色和吸引力的景观空间。湿地公园设计要运用先进的生态修复技术和创新的景观设计理念，提高湿地的水质、水量、水景等方面的品质。湿地公园设计要利用多种景观元素和手法，丰富湿地的形式、色彩、质感等方面的表现。湿地公园设计要注重教育和体验，增加湿地的文化内涵和参与度。

以云南省保山市青华湿地公园为例，该项目是将原有的低洼农田转变为具有生态功能和景观价值的湖泊湿地公园。该项目选取了6种典型的湿地鸟类为指示物种，并对这些鸟类的栖息地进行了详细研究，确定以水深较浅，拥有丰富的挺水和沉水植物，可提供大量的开阔浅水和浅滩环境的近自然浅水草型湖泊湿地生态系统作为生态修复的总体目标[60]。该项目根据目标物种确定了核心栖息地类型及主导因素，并清晰界定或描述了相关参数条件。该项目将超过50%的水域规划为浅水栖息地（水深 0.5~1.5m），深水生境（水深 1.5~4m）不超过总体水面的

20%，近岸浅滩和浅沼栖息地占总水域面积的比例不低于25%，并在空间上呈现周期性变化。该项目利用现有的地形特征，进行了微地形的调整和优化，打造了多样化的水底微地形，丰富了水深和水温分布的多样性，增强了湿地生态系统的稳定性。该项目选择了不规则的岛屿形态，形成了更多样的岛屿微生境，为鸟类提供了隐蔽和繁殖的空间。该项目通过水闸系统控制的水位变化，实现了短时间周期（约3~5天）内的水位小幅度缓慢转换，使得湿地公园具有动态变化的景观效果，同时满足不同鸟类的栖息需求[2]。该项目还考虑了季节性水位变化，预留了一定的洪泛区域，减少洪水对湿地公园的影响。该项目参考了地带性植被特征，设计了四大植被群落类型，并根据宫胁造林法和成带学原理进行了林地和湿地的植物群落配置。该项目引入了本土植物和动物，恢复和增强了湿地的生物多样性和生态功能。该项目在景观设施空间布局中，参考了目标物种的惊飞距离参数，设置了距离核心栖息地的缓冲距离，减少了湿地公园内游客对鸟类生境的干扰。该项目还利用植物遮蔽、小型岛屿等手段，降低了惊飞距离和干扰程度。该项目在景观元素和手法上，采用了简洁、自然、低调的风格，与湿地生态相协调。该项目在预留自然修复空间中，通过人工引入参考湿地的表层土壤，加快自然做功效率[2]。该项目采取了人工修复和自然修复相结合的措施，在市民游憩区域以人工种植为主、自然修复为辅；在以生态栖息功能为主的生态修复区，则以自然修复为主、人工种植为辅。

青华湿地公园是一个典型的湿地公园设计案例。它展示了如何运用科学的方法和创新的理念，将原有的低洼农田转变为具有生态功能和景观价值的湖泊湿地公园。它不仅为鸟类和其他生物提供了良好的栖息地，也为市民和游客提供了优质的休闲空间。它是一个具有生态效益、社会效益、经济效益和景观效益的多功能空间，也是一个体现了生态文明理念和可持续发展目标的湿地公园典范。

6.3.3　河滨景观恢复

河滨景观恢复是将河流及其周边的生态系统进行恢复和优化，提高水质、防洪、生物栖息等多重功能的一种手段。它通过采用低影响开发、生态工程、植被恢复等技术，增加河滨空间的多样性和连通性，提升河滨景观的美感和舒适度。河滨景观恢复首先要保护和恢复河流的水源和水质，减少污染物的输入和输出，提高水体的自净能力和生态服务功能。河滨景观恢复要尊重河流的自然形态和动态变化，避免过度开挖和硬化，保持河道的稳定性和连通性，维护河流的生态完整性。河滨景观恢复要兼顾人类对河流的利用和享受，提供多样化的休闲空间和活动设施，增强人们对河流的亲近感和参与感。河滨景观恢复要根据不同的场地特征和功能需求，制定有针对性和灵活性的设计方案，平衡生态、社会、经济等多方面的利益，实现可持续发展。河滨景观恢复要结合当地的自然条件和文化背景，创造出具有特色和吸引力的景观空间。河滨景观恢复要运用先进的技术和理念，提高河滨空间的美学品质和功能效率。河滨景观恢复要注重教育和传承，展示河流的历史文化和生态价值。

以美国西雅图煤气厂公园为例，该项目是将原有的污染工业场地转变为具有河滨景观特色的公园。该项目对场地进行了详细的调查与分析，包括土壤污染状况、水文条件、植被分布、历史文化等方面，确定了场地的优势与劣势，制定了设计目标与策略[61]。该项目采用了生物修复技术，利用植物吸收土壤中的有害物质，并通过微生物分解或转化为无害物质，达到土壤修复与净化的目的。该项目还利用土壤覆盖层、排水系统等措施，防止土壤再次污染，保护水体和人体健康。该项目利用原有的工业设施，如煤气罐、烟囱等，改造成为水文调节和防洪的设施，如雨水收集、储存和净化系统，以及水位控制和泄洪系统[3]。该项目还利用湿地、生态沟等手段，增加场地的渗透和蓄水能力，减少径流量和污染物负荷，提高水体的生态功能。该项目根据不同的水文条件和功能需求，选择了适应性强、观赏性好、生态效益高的植物种类，形成了多层次、多样化的植被结构。该项目还利用原生植物和外来植物的组合，创造了不同的景观风格和主题，如工业遗址、湿地花园、草坪广场等。该项目在保留和利用原有的工业遗迹的基础上，增加了一些新的景观设施，如步道、桥梁、亭台、雕塑等，提供了多种休闲活动和观赏空间。该项目还通过展示场地的历史变迁和生态故事，传承了场地的文化记忆和教育意义。

美国西雅图煤气厂公园改造项目成功地将一个废弃的工业场地转变为一个具有河滨景观特色的公园，实现了生态修复、景观美化和社会服务的多重目标，为河滨景观恢复提供了一个典范案例。

第三章 基于生态修复与景观再造的空心村治理运行机制

1 运行目标

1.1 提升空心村生态环境质量和功能

1.1.1 恢复和保护空心村自然资源和生物多样性

恢复和保护空心村的自然资源和生物多样性是该项目的首要目标。该目标旨在恢复被破坏的自然生态系统，确保空心村的自然资源得到妥善保护和合理利用。

为实现此目标，重点在于恢复受损的自然资源，包括土壤、水源和植被等。通过采取有效措施，修复土地的肥沃度，恢复水体的清洁和流动性，以及促进植被的健康和多样性。特别注重保护水源地，采取措施减少污染物的排放，确保水质的良好，并提供可持续的水资源供应。另一个重要目标是保护空心村的生物多样性。通过保护物种的栖息地，为濒危物种提供安全的栖息环境，致力于保障野生动植物的繁衍和物种的多样性。

这样的努力将有助于恢复空心村的自然生态系统，保护和维护该地区的自然资源和生物多样性。通过恢复土地的肥沃度和水体的清洁度，以及促进植被的恢复和生物多样性的保护，将创造一个更健康、可持续发展的生态环境。这将为当地居民提供更好的生活质量，并为未来的世代保留自然遗产。

1.1.2 增强空心村生态系统的稳定性和适应性

增强空心村的生态系统稳定性和适应性，以应对环境变化和压力。通过采取一系列措施和策略，建立一个强大的生态系统，能够在面对外部干扰和内部压力时保持稳定并适应变化。

要实现加强生态系统的稳定性的目标，可以通过恢复和改善土地的植被覆盖、加强土壤保持措施和水土保持措施来实现。通过植被的恢复和保护，可以增强土地的固定性和防止土壤侵蚀[62]。此外，合理管理水资源，防止水体污染和过度开采，有助于维持生态系统的水平衡和稳定性。还要着重于提高生态系统的适应性，特别是生态系统应对环境变化和压力的能力。为实现这一目标，需采取灵活的管理策略，以适应不同的环境条件和气候变化。通过引入具有适应性的物种和生物多样性的增加，可以增强生态系统的适应能力。此外，加强监测和评估机制，及时发现并应对生态系统中的问题和风险，对于维持生态系统的适应性也至关重要。

在实施过程中，需要综合考虑空心村的特定条件和环境因素。了解当地的气候、土地利用和生态特征，有助于确定适合该地区的措施和策略。此外，与相关利益相关者进行密切合作，如农民、当地社区和政府部门，可以促进共识和合作，以实现生态系统的稳定性和适应性。通过增强空心村生态系统的稳定性和适应性，可以为该地区的可持续发展提供坚实的基础。这将有助于减少自然灾害的风险，提高农业生产的稳定性，增强生态系统的服务功能，如水资源供给和生物多样性保护。同时，这也将为居民提供更好的生活环境和经济机会。

1.1.3　提高空心村生态服务的供给和效益

提高空心村生态服务的供给和效益，以实现对生态系统所提供服务的优化和增加。通过加强生态服务的保护、恢复和优化，旨在提供更多、更高质量的生态服务，以满足社会和人类对自然资源的需求。

要实现这一目标，首先需要保护和恢复空心村的生态系统。可以通过保护和修复生态系统中的关键要素和过程来实现，例如水体、土壤、植被和野生动物。保护和恢复湿地、森林和草地等自然生态系统，有助于提供水源保护、水调节、气候调节和土壤保持等生态服务。此外，保护和增加野生动植物的多样性，可以促进生态平衡和生态系统的稳定性。目标着重于优化生态服务的效益，这意味着在保护和恢复生态系统的同时，要确保生态服务能够为人类带来实际的价值和效益[63]。为实现这一目标，需将生态服务与社会和经济发展相结合，找到生态系统和人类社会之间的平衡点。例如，通过合理管理和利用自然资源，使其能够为农业、旅游业和其他产业的发展提供支持和动力。同时，将生态服务的价值纳入经济评估和决策过程，以促进可持续发展和资源的有效利用。

在实施过程中，需要综合考虑空心村的特定条件和需求。了解当地社区和利益相关者对生态服务的需求和期望，有助于制定针对性的管理策略和方案。此外，加强科学研究和监测，以评估生态服务的供给和效益，并及时调整和改进管理措施。通过提高空心村生态服务的供给和效益，可以实现生态系统和社会经济的双赢。生态服务的增加和优化将为当地居民提供更好的生活环境和福利，促进可持续农业和产业的发展，增加就业机会和经济收入。同时，这也有助于保护和管理生态系统，维持生物多样性，减少自然灾害的风险，并为未来的世代提供可持续的资源和环境。

1.2　改善空心村景观形态和品质

1.2.1　重塑和优化空心村景观结构和功能

重塑和优化空心村景观结构和功能是为了改善空心村的景观形态和品质，实现可持续发展和人居环境的提升。要实现这个目标需要着重考虑对空心村景观结构和功能的重新塑造和优化，以创造宜居、美观、可持续的生活环境。

重塑空心村景观结构是关注点之一。通过对空心村内现有景观元素的分析和评估，重新规划和布局景观要素，包括建筑、道路、绿地、水体等，以达到更合理、更美观的整体格局。这可能涉及到调整道路网格，改善交通流线，增加绿地面积，打造更完善的景观连通性和可达性。

优化空心村景观功能是重要的一步。这意味着将空心村景观的功能定位与社会需求相匹配，使其能够满足居民的生活需求，并有利于社区的发展和活力。例如，可以通过增加社交活动区域、公共设施设备、文化娱乐场所等方式，提升社区的功能性[64]。同时，优化景观功能还需考虑生态环境的保护与恢复，例如增加湿地、植被带等生态景观元素，以促进自然生态系统的恢复和生物多样性的保护。重塑和优化空心村景观结构和功能还需要注重社区居民的参与和需求反馈。通过与居民的密切合作、征求意见和建议，可以更好地了解他们的期望和需求，将其纳入到景观设计和规划的过程中。这有助于确保所提供的景观结构和功能能够真正满足居民的生活需求，提升居民对空心村的归属感和满意度。

重塑和优化空心村景观结构和功能需要综合考虑生态、经济和文化等多个方面的因素。设计过程中，必须平衡各种需求和利益，以确保景观具有可持续性和综合效益。这需要关注生态因素，包括节能减排、水资源管理和土壤保护；考虑经济可行性，包括成本效益和经济推动作用；并注重文化传承，保护历史文化遗产和传统价值。通过综合考虑这些因素，可以实现空心村景观结构和功能的优化和改善。

1.2.2　塑造和提升空心村景观特色和美感

塑造和提升空心村景观特色和美感旨在通过精心的设计和策划，创造出独特而令人愉悦的景观环境，以展现空心村独特的文化魅力和美感。

塑造空心村景观特色是关键。每个空心村都有自己独特的文化、历史和地域特色，因此在设计过程中需要充分挖掘和呈现这些特色。这可以通过将当地的传统建筑风格、材料和手工艺融入景观设计中，以突出空心村的独特性。同时，对当地的自然环境、地貌和气候特点进行分析和利用，以打造与之相契合的景观特色。提升空心村景观的美感是一个重要目标。

通过景观设计的精细规划和艺术处理，可以创造出具有美感的空间和景观元素。这包括合理布局景观要素、运用色彩、材质和光线等元素，以营造出和谐、富有层次感的景观效果。同时，注重景观的比例、形状和结构的精细处理，以确保整体景观具有美学上的平衡和和谐。景观细节的处理对于提升空心村的美感至关重要。通过精心选择和安排植物、雕塑、艺术装置等景观元素，以及合理规划人行道、座椅、休息区等设施，可以增加景观的趣味性和互动性。同时，注重景观维护和管理，保持景观元素的整洁、完好和有序，以展现出空心村的精致和美丽。要充分考虑空心村居民的需求和感受，通过与他们的沟通和参与，了解他们对景观特色和美感的期望，以确保设计与实际需求相匹配。同时，鼓励居民参与景观的管理和维护，增加他们对景观的归属感和责任心，形成共同维护美丽环境的良好氛围。

在实现这一目标的过程中，需要综合考虑生态、经济和文化等多个方面因素。设计过程中需要平衡各种需求和利益，以确保景观的可持续性和综合效益。这包括考虑节能减排、水资源管理、土壤保护等生态方面的因素，同时也要注重经济可行性和文化传承的保护，以实现景观结构和功能的优化和改善。重塑和优化空心村景观结构和功能需要综合考虑这些因素，以确保设计的成功实施和长期可持续发展。

1.2.3　增加和满足空心村景观需求和利益

增加和满足空心村景观需求和利益是一个重要的目标，旨在通过景观设计和规划来满足社区居民和游客对于景观环境的需求，并实现多方利益的平衡和协调。

了增加空心村景观需求的满足，设计方案应该充分考虑社区居民的需求和期望。这包括提供安全、舒适和宜人的公共空间，以满足人们休闲、娱乐和社交的需求[65]。在景观设计中，可以考虑增设公园、广场、休闲步道等设施，以提供各种户外活动的场所。此外，景观设计还应注重营造和保护社区的人文环境，如强调历史文化特色、传承当地的乡土风情，以满足居民对于文化认同和归属感的需求。

为了增加空心村景观利益的实现，设计方案应注重提升景观的经济价值。景观设计可以考虑突出地方特色和特色产业，将景观与经济活动有机结合，为当地居民提供就业机会和创业平台。例如，通过规划农业观光、生态旅游、文化创意产业等,将景观打造成为具有吸引力的旅游目的地,从而促进当地经济的发展和增加居民的收入。此外,景观设计还可以考虑引入可持续发展的概念,如推广可再生能源、开展生态农业等,为社区带来经济效益的同时保护环境。

在增加和满足空心村景观需求和利益的过程中,需要充分考虑不同利益相关者的观点和需求。这包括社区居民、当地政府、企业和游客等。在设计过程中,可以进行广泛的参与和沟通,征集各方意见,确保各方利益得到平衡和综合考虑。同时,要注重公平性和可持续性,确保景观的长期维护和管理,以保障利益的可持续实现。

1.3 激活空心村社会经济活力和发展

1.3.1 恢复和促进空心村社会文化传承和创新

恢复和促进空心村社会文化传承和创新是一个重要的目标,旨在通过保护和发展当地社会文化,促进社区的身份认同、凝聚力和创新活力。

恢复空心村社会文化传承是指保护和传承当地的历史、传统和文化遗产。这包括保护古老建筑、古迹和文物,重建和修复具有历史意义的建筑群,以及记录和传承当地的口述历史和传统技艺。通过恢复社会文化传承,可以唤起居民对于自身文化身份的认同感,增强社区的凝聚力和归属感。同时,这也有助于吸引游客和外来者的关注,促进旅游业的发展,为社区带来经济效益。

促进空心村社会文化创新是指鼓励社区居民参与创造性的文化活动和创新项目。这可以通过设立文化艺术中心、举办文化节庆活动、组织艺术展览和表演等方式来实现。这些活动不仅可以提供文化娱乐和教育机会,还可以培养居民的创造力和创新意识,激发社会的活力和创业精神。此外,促进文化创新还可以吸引外部资源和人才的注入,推动科技创新和创业项目的发展,为社区带来经济增长和就业机会。在恢复和促进空心村社会文化传承和创新的过程中,需要注重保护和尊重当地居民的文化权益和知识产权。要避免文化的"商品化"和"民俗化",注重文化的真实性和原生态,避免过度商业化和文化的表面化。同时,要建立良好的文化政策和管理机制,为文化创意产业的发展提供支持和保障。为了促进空心村社会文化传承和创新,积极引入外部资源和合作伙伴是至关重要的,如建立与高校、研究机构、文化组织和企业的合作关系,共同开展文化研究、文化教育和文化创意产业的推动。

1.3.2 提升和完善空心村的设施条件

提升和完善空心村的设施条件是一个重要目标,旨在改善社区居民的生活品质和提供更好的基础设施支持。

提升空心村的设施条件涉及到基础设施的改善和升级。这包括道路、供水、供电、通信和排水等基础设施的建设和改造。通过修建宽敞平整的道路，确保交通畅通，提高居民出行的便利性和安全性。改善供水设施，保障居民日常用水的质量和供应稳定性。提供可靠的电力供应，确保居民生活和商业活动的正常运转。完善通信网络，提供快速的网络连接，满足居民的信息交流和娱乐需求。改善排水系统，有效处理雨水和污水，提高环境卫生水平。

设施条件的提升还包括公共设施的建设和改善。这包括小公园、小广场、休闲设施、健身器材、图书室等公共设施的规划和建设。充足的公园和休闲设施可以提供居民休闲娱乐的场所，改善居民的生活质量。配备健身器材可以鼓励居民积极参与健身活动，提高健康水平。图书馆和学校的建设可以提供教育资源和知识学习的场所，促进社区的教育水平和文化素养。

1.3.2 增加和分配空心村经济收入和效益

增加和分配空心村经济收入和效益是一个重要目标，旨在实现社区经济的可持续发展和确保收益公平合理分配。

增加空心村的经济收入需要通过发展产业和拓展经济活动来实现。可以通过挖掘和发展当地的特色产业和文化创意产业来提升经济收入。例如，发展农业观光、乡村旅游和手工艺品制作等具有地域特色的产业，吸引游客和外来者的关注和消费，带动社区经济的增长。同时，鼓励创业和创新，培育本地的小微企业和创业团队，推动新兴产业的发展，创造就业机会，增加经济收入。

分配空心村的经济收入和效益需要考虑公平和合理。社区居民是经济活动的参与者和贡献者，应该分享经济增长的成果。可以通过建立合理的收益分配机制，确保经济收入的公平分配[66]。例如，制定政策和法规，鼓励企业向当地居民提供就业机会，并提供合理的工资和福利待遇。同时，可以设立社区发展基金，将一部分经济收入用于社区公共设施的建设和维护，提高居民的生活品质。此外，通过培训和教育，提升居民的职业技能和创业能力，增加他们在经济活动中的参与度和收益。

为了确保经济收入的增加和分配效益的可持续性，还需要加强社区的规划和管理。制定长远的发展战略和规划，明确经济发展的方向和目标。建立健全的监管机制，确保经济活动的合法性和规范性，防止不当竞争和资源浪费。加强社区治理，建立民主参与的机制，让居民能够参与经济决策和利益分配的过程，增强他们对社区发展的认同感和责任感。

1.3.3 提升和保障空心村居民幸福感和参与

提升和保障空心村居民的幸福感和参与是一个重要目标，旨在创造一个具有社会凝聚力和居民参与度的宜居社区。

提升居民的幸福感需要关注居民的基本需求和生活品质。提供良好的居住环境是关键。通过改善房屋条件、提供安全、舒适的居住设施和基础设施，确保居民的居住质量。同时，注重社区的公共安全，加强治安和消防设施的建设和管理，提升居民的安全感。此外，提供基本的教育、医疗和社会福利服务，保障居民的基本权益和福利，提高他们的生活满意度。

增加居民的参与度是实现社区幸福感的重要途径。建立民主的决策机制，让居民能够参与社区事务的决策过程，发表意见和建议。定期举行社区议事会、居民代表大会等活动，促进居民之间的沟通和交流，增强他们对社区事务的参与感和责任感。鼓励居民参与社区的公共事务、志愿活动和社区建设，激发居民的积极性和创造力，增加他们对社区的归属感和认同感。

提升居民的幸福感需要注重社会文化环境的培育和发展。丰富多样的文化活动和娱乐设施可以提供居民丰富的文化体验和休闲娱乐的选择，满足居民的精神需求。组织社区文化节庆、艺术展览、演出等活动，鼓励居民参与和创造，促进社区的文化繁荣和创新。此外，加强社区教育和培训，提供职业技能培训和继续教育机会，提升居民的素质和竞争力，增加他们的幸福感和社会参与度。

2 运行主导

2.1 政府主导

2.1.1 明确政府在空心村治理中的和角色

政府在空心村治理中的职责和角色，既可以有效缓解城镇建设用地与农村经济发展用地指标不足问题，又可以有效解决农村宅基地使用中的不公平、不公正问题，进一步促进农村宅基地依法依规管理，提高空心村的土地利用效率，改善农民居住环境，改善村容村貌，培育新型农民，构建和谐、文明、美丽新村。政府在空心村治理中的职责和角色，主要涉及以下几个方面：

（1）制定和实施空心村治理的政策和规划。政府应根据国家的指导意见和地方的实际情况，制定符合空心村治理目标和原则的政策措施和法规标准，明确治理范围、方式、标准、流程、时限等，为空心村治理提供法律依据和指导方向[67]。

（2）投入和运营空心村治理的资金和资源。政府应充分利用财政预算、土地出让收益、金融贷款等多种渠道，筹集足够的资金支持空心村治理工作，同时合理配置人力、物力、技术等资源，提高空心村治理的效率和效益。

（3）参与和监督空心村治理的过程和结果。政府应积极参与空心村治理的决策和实施过程，与其他主导者协调合作，解决可能出现的问题和困难，同时加强对空心村治理的监督和评估，及时反馈和改进治理效果，保障空心村治理的顺利进行和持续发展。

（4）引导和服务空心村治理的参与者。政府应通过宣传教育、咨询服务、激励机制等方式，引导和服务空心村治理的参与者，包括农民、市场主体、社会组织等，增强他们对空心村治理的认同感和参与度，维护他们的合法权益，促进他们的利益共享。

2.1.2　制定符合空心村治理目标的政策措施和法规标准

制定符合空心村治理目标的政策措施和法规标准，既可以有效缓解城镇建设用地与农村经济发展用地指标不足问题，又可以有效解决农村宅基地使用中的问题，进一步促进农村宅基地依法依规管理，制定符合空心村治理目标的政策措施和法规标准，主要包括以下几个方面：

（1）明确空心村治理的范围和标准。在这一过程中，依据国家和地方的相关规定并结合实际情况，制定科学合理的空心村识别方法和评价指标，以确定治理对象和优先顺序。准确识别空心村的范围是基础，通过调研和实地考察，可以采取综合性指标，包括人口数量、建设状况、社会经济发展水平等，以确保识别的客观性和准确性。同时，评价指标的制定也是关键，可以考虑基础设施建设、公共服务设施、环境保护等方面的指标，以综合评估空心村的发展水平和改造需求。在确定治理对象和优先顺序时，应综合考虑村庄的现状、发展潜力、紧迫性等因素，确保资源的合理配置和治理工作的有序推进。通过明确治理范围和标准，我们能够确立清晰的方向，为空心村治理提供科学依据和有效手段。

（2）制定空心村治理的方式和模式。制定空心村治理的方式和模式是关键步骤，旨在根据不同类型的空心村的特点和条件，制定适合的治理方案，以实现有效的治理和综合改造。这一过程需要综合考虑多种因素，如空心村的规模、社会经济状况、人口分布等。如采用易地新建的方法，即将空心村内的居民搬迁至新建的住宅区域，为其提供更好的居住条件和基础设施。整治提升也是一种重要的治理方式，通过对空心村进行基础设施改善、环境卫生整治、公共空间建设等综合措施，提升空心村的整体形象和品质。除了政府的引导作用，市场机制和社会力量的参与也是治理过程中的重要组成部分。鼓励多元主体参与空心村治理，可以促进资源的有效配置和创新的引入，实现治理的可持续性和综合效益。综上所述，制定科学合理的治理方式和模式是推动空心村治理的关键一环，需要综合考虑各种因素，确保治理措施的有效性和可持续发展。

（3）制定空心村治理的补偿和激励机制。确保农民的权益得到保护，并激发他们积极参与治理的动力，同时需要考虑补偿和激励两个方面。在补偿方面，制定公平合理的补偿标准和方式至关重要。这意味着要根据法律法规和政策规定，确保农民在治理过程中获得经济补偿，以弥补他们因土地、房屋和其他资源流转而产生的损失。合理的补偿标准可以有效保障农民的权益，确保他们在治理中得到公正对待[68]。与此同时，建立有效的激励机制也至关重要。激励措施可以鼓励农民积极参与节约用地、建新宅退旧宅、转让或出租闲置宅基地等活动，以促进土地资源的优化配置。这些激励措施可以通过提供经济奖励、优先政策支持和相关培训等方式实施。通过补偿和激励的综合机制，可以更好地保护农民权益，并激发他们参与空心村治理的积极性和主动性。这将有助于实现治理目标，推动农村社区的可持续发展。

（4）制定空心村治理的监督和评估机制。建立一个健全的监督管理体系，以加强对治理过程和结果的监督检查和评估考核。这样可以及时发现存在的问题并采取相应的解决措施，从而保障治理的质量和效果。监督和评估机制应当涵盖全面的方面，包括治理过程的合规性、效率和公正性，以及治理结果的可持续性和社会效益。通过定期的监督检查和评估考核，可以对空心村治理的进展情况进行全面的了解，及时发现存在的问题，并采取相应的措施加以解决。此外，还需要建立信息公开和社会监督机制，以增强治理的透明度和公信力。通过及时公开相关信息，让公众了解治理的进展和成果，促进社会各界的参与和监督。同时，鼓励社会各方面的监督，如媒体、社会组织和公众等，对治理工作进行监督和评价，确保治理的公正性和合法性。通过建立健全的监督和评估机制，可以提高治理的效能和质量，推动空心村治理工作向着更好的方向发展。

2.1.3　实施科学合理的空心村治理规划方案和项目管理

制定和实施科学合理的治理规划方案和项目管理，以促进土地节约集约利用，改善乡村人居环境，推进乡村振兴。具体包括制定治理目标和原则、分类标准和方式、具体方案和项目库、资金保障和激励机制、监督评估和信息公开机制等方面。实施科学合理的空心村治理规划方案和项目管理，主要包括以下几个方面：

（1）制定空心村治理的总体目标和原则。针对国家和地方的相关政策和规划，明确空心村治理的总体目标是实现土地的节约集约利用，改善乡村人居环境，促进乡村振兴。同时，空心村治理的原则应当是政府引导、规划先行、因地制宜、分步推进、群众自愿、规范操作、整合资源、政策保障等。政府引导是指政府要为农民提供技术、资金等方面的指导和支持；规划先行是指在治理空心村前，要制定科学合理的治理规划；因地制宜是指因不同的地区，治理措施应该根据实际情况而定；分步推进是指在治理空心村时，应采取分步推进的方式，逐步实现治理目标；群众自愿是指在治理空心村时，应尊重农民的意愿，依据农民自愿的原则进行治理；规范操作是指在治理空心村时，应遵循相关法律法规和政策，规范操作行为；整合资源是指在治理空心村时，要整合各方面的资源，形成合力；政策保障是指在治理空心村时，应加强政策保障，保障农民的权益。

（2）制定空心村治理的分类标准和方式。这些标准和方式应基于空心村所具备的类型、特点、条件和需求，以科学合理的方法进行识别和评价，从而确定治理的对象和优先顺序。首先，需要制定明确的识别方法和评价指标，通过对空心村进行系统性的调查和分析，以确保治理工作有针对性和可操作性。这些指标可能涵盖了人口数量、基础设施状况、农业生产能力、经济发展水平等方面的要素，以便全面了解每个空心村的治理需求。其次，治理方式和模式的制定也至关重要。根据不同空心村的具体情况，可以采取多种治理方式，如易地新建、联村并建、整治提升等[69]。易地新建是指将空心村中的农户迁至新的居住地，以提供更好的居住和生活条件；联村并建是指将相邻的空心村合并，共同开展经济和社会发展；整治提升则是通过改善空心村的基础设施、环境和经济条件来提升其整体发展水平。此外，治理方式还可以根据具体情况进行灵活组合和调整，以满足不同空心村的治理需求。总之，制定科学合理的分类标准和方式对于空心村治理至关重要，只有通过准确识别治理对象和确定优先顺序，以及采取适宜的治理方式和模式，才能有效推进空心村的发展和振兴。

（3）制定空心村治理的具体方案和项目库。这些方案和项目库应基于空心村的实际情况和治理方式，旨在提供明确的规划设计方案和建设内容，以便在实施过程中明确项目的目标、范围、标准、进度和责任。首先，制定具体的规划设计方案是关键步骤之一。根据每个空心村的特点和治理需求，需要制定详细的规划方案，包括土地利用规划、建设布局、基础设施改善、环境保护等内容。这些方案应综合考虑空心村的资源状况、人口规模、经济发展需求等因素，以确保治理工作的科学性和可操作性。其次，明确项目的目标、范围、标准、进度和责任也至关重要。每个治理项目都应明确具体的目标，确定项目的范围和标准，并制定详细的实施进度表，明确责任主体和分工。这样可以确保治理工作有序推进，各项任务按时完成。同时，为了统筹和管理各个治理项目，建立空心村治理项目库是必要的。该项目库可以按照优先级和可行性对项目进行排序和筛选，确保选择出一批可实施的优质项目，以推动空心村的全面发展和振兴。

（4）制定空心村治理的资金保障和激励机制。在制定这些机制时，应根据法律法规和政策规定，确立公平合理的补偿标准和方式，以保障农民的合法权益，并增强农民参与治理的意愿。补偿标准和方式的确定应充分考虑空心村治理过程中农民的付出和损失，并采取合理的补偿方式，使农民能够公平分享治理成果，从而积极参与和支持治理工作。同时，为了鼓励多元主体参与空心村治理，还应制定有效的激励机制。这种机制可以包括激励政策、奖励措施和经济回报等，以吸引更多的投资者、企业和社会组织参与治理，形成政府引导、群众主体、市场运作和社会协同的治理格局。此外，为了确保治理工作的顺利进行，还应整合各方面的资金资源，加大对空心村治理项目的投入力度。通过整合来自政府、社会和市场的资金资源，可以提供充足的资金支持，确保治理项目的顺利实施和推进。综上所述，制定资金保障和激励机制是空心村治理的重要任务。通过确立公平合理的补偿标准和方式，以及制定有效的激励机制，可以增强农民的参与意愿，吸引多元主体参与治理，并整合各方面的资金资源，以保障治理工作的顺利进行。

（5）制定空心村治理的监督评估和信息公开机制。建立完善的监督管理体系，加强对治理过程和结果的监督、检查和评估考核，及时发现和解决问题。通过监督评估，可以及时发现问题并加以解决，确保治理工作顺利进行，并提高治理效果和质量。同时，还要建立健全空心村治理的信息公开和社会监督机制，增强治理透明度和公信力。通过信息公开，可以让更多人了解治理进展和成果，加强社会参与度，同时还可以防止信息不对称和腐败问题。通过社会监督，可以增强治理的公正性和民主性，对治理工作进行监督和反馈，让治理更加符合广大人民群众的利益和期望。因此，空心村治理的监督评估和信息公开机制是治理工作的重要组成部分，是确保治理工作能够顺利进行和取得预期效果的重要保障。

2.2 市场主导

2.2.1 引入多元化的空心村治理资金来源和渠道

在空心村治理中，为了有效改善乡村人居环境和推进乡村振兴战略，资金的投入至关重要。然而，由于农村经济的相对落后和财政收入的有限性，空心村治理所需的资金往往面临保障困难。因此，为了确保治理工作的顺利进行，需要引入多元化的空心村治理资金来源和渠道，以满足治理所需的资金需求。一种重要的方式是通过政府投入，即加大财政支持，通过财政预算或专项资金来支持空心村治理工作。政府可以提供资金用于基础设施建设、环境改善、农民安置等方面，以促进乡村的整体发展。此外，政府还可以制定相关的政策和资金补贴措施，鼓励农民参与治理工作，增强其参与意愿和积极性。除了政府投入外，还可以引入社会资本的参与。

（1）引入社会资本的参与。随着国家农村振兴战略的逐步推进，引入社会资本参与空心村治理成为了一个越来越重要的话题。社会资本的介入，既可以为空心村治理提供更加充足的资金来源，也可以通过市场机制激发治理的活力和创新。一方面，引入社会资本可以为空心村治理提供更多元化的资金来源。目前，我国的空心村治理往往依赖于政府的财政拨款，而政府的财政收入有限，难以满足空心村治理所需的大量资金。引入社会资本后，可以拓宽空心村治理的资金来源和渠道，包括社会捐赠、公益基金、民间投资等方式。同时，社会资本还可以通过创新的融资方式，如PPP模式、债券融资等，为空心村治理提供更加灵活和多样化的融资渠道，使治理资金更加充足和稳定[70]。另一方面，引入社会资本也可以激发空心村治理的活力和创新。传统的政府主导型治理方式往往缺乏市场竞争机制，治理效率和效果有限。而引入社会资本后，可以引入市场竞争机制，促进各方面力量的参与和竞争，提高治理的效率和效果。此外，社会资本还可以借助市场的力量，引入先进的治理理念、技术和管理经验，推动空心村治理的创新和提升。

引入社会资本参与空心村治理也存在一些挑战和风险。社会资本的参与需要政府的引导和监管，否则容易出现资金管理混乱、利益分配不公等问题。社会资本的介入也需要保证治理的公正性和公平性，避免出现资本对治理过程的干预和影响，从而损害农民的利益和权益。因此，在引入社会资本参与空心村治理的过程中，需要政府加强引导和监管，保障治理的公正性和公平性，实现治理的最大效益[71]。

（2）探索金融机构的支持和创新融资方式。近年来，随着农村振兴战略的推进，探索金融机构的支持和创新融资方式成为解决空心村治理资金短缺问题的重要途径。金融机构的参与不仅可以提供更为丰富的资金来源，还可以推动融资方式的创新和优化，为空心村治理注入新的活力和动力。

探索金融机构的支持能够为空心村治理提供更为稳定和可持续的资金来源。传统的空心村治理往往依赖于政府的财政拨款，但财政收入有限，难以满足治理所需的巨额资金。金融机构作为专业的融资渠道，具有丰富的资金资源和运作经验，可以通过提供贷款、信用担保等方式为空心村治理提供资金支持。此外，金融机构还可以根据空心村治理的需求，开发适应农村经济发展的金融产品和服务，如农村信用合作社、农村金融机构等，为空心村治理提供更加便捷和灵活的金融支持。

创新融资方式是探索金融机构支持空心村治理的重要途径。传统的融资方式往往无法满足空心村治理的特殊需求和挑战，需要探索和创新适应农村发展的融资模式。例如，可以借鉴PPP（政府、社会资本和公众合作）模式，通过政府与社会资本的合作，共同投资和运营空心村治理项目。此外，还可以探索发行农村基金、农村债券等金融工具，吸引社会资本投资空心村治理。这些创新融资方式可以有效提高治理资金的筹措效率，促进空心村治理项目的顺利实施。

2.2.2 配置高效优化的空心村治理资源投入和产出

在基于生态修复与景观再造的空心村整治工作中，配置高效优化的空心村治理资源投入和产出是基于生态修复与景观再造的空心村整治工作中市场主导的关键要素。通过市场机制的引入，可以实现资源的优化配置，确保有限的资源得到最大程度的利用。

（1）通过市场主导的方式，将有限的资源分配到最需要的地方，以实现最大的治理效果。市场主导的理念强调资源配置的效率和效果，以市场机制为基础，通过供需关系的调节和竞争机制的引入，实现资源的优化配置。在空心村治理中，由于资源有限且需求各异，采取市场主导的方式可以更加精准地将资源投放到最需要的地方，以最大程度地发挥治理效果。这种方式能够避免资源的浪费和不必要的重复投入，确保资源的最大利用价值。通过市场的供需匹配和竞争，治理资源将被优先配置到治理需求紧迫、潜力较大的空心村地区，从而实现最大的治理效果和社会效益。市场主导的方式还能够激发各方主体的积极性和创造力，引导各方面力量参与治理工作，形成合力。政府、企业、社会组织等各方主体通过市场机制的调节和协作，能够实现资源的优化配置和治理效果的最大化[72]。此外，市场主导的方式还能够促进空心村治理的可持续性和长期发展，通过市场机制的引入，吸引更多的投资和资金进入空心村治理领域，提升治理的资金保障和可持续性。因此，通过市场主导的方式，将有限的资源分配到最需要的地方，以实现最大的治理效果，是推进空心村治理的有效途径。

（2）通过市场主导，将各种资源的投入和产出进行综合评估和优化，实现治理资源的高效配置和最大化的产出。市场主导的机制强调对资源的有效管理和利用，通过市场的供求关系和价格机制，确保资源的配置能够在经济效益和社会效益之间取得平衡。在空心村治理中，通过市场主导的方式，可以对各种治理资源进行综合评估，包括人力资源、财务资金、技术支持等方面，以确定资源的合理投入和分配。同时，通过市场的调节作用，可以鼓励各方主体积极参与治理工作，促进资源的流动和配置优化。通过综合评估和优化资源投入和产出，可以实现治理资源的高效配置，最大限度地提升治理的效果和成果。这种市场主导的机制不仅能够提高资源利用效率，还能够推动经济发展和社会进步，为空心村的治理工作提供坚实的支撑。因此，通过市场主导的方式，对治理资源进行综合评估和优化，是实现空心村治理的重要手段之一。

（3）配置高效优化的资源投入需要考虑到治理的长期可持续性。在空心村治理中，资源的投入不仅仅是短期的一次性行为，而是需要考虑到长期的可持续性。这是因为空心村的治理是一个系统性工程，需要长期的持续投入和支持。首先，资源的配置要与治理目标相匹配，确保投入的资源能够实现预期的治理效果，并对乡村产生持久的影响。这意味着要在资源投入中注重长期效益，而不仅仅追求短期的成果。其次，资源的配置要充分考虑到资源的可持续性和可再生性。这包括经济资源、自然资源和人力资源等方面。在经济资源方面，要确保资源的稳定供应和可持续利用，避免因资源枯竭或浪费导致治理工作的中断或效果的减弱。在自然资源方面，要注重生态保护和可持续利用，确保资源的可持续性，不破坏自然环境和生态系统。在人力资源方面，要注重培养和吸引专业人才，建立人才储备机制，确保人力资源的可持续供应和能力的提升。此外，还要考虑到资源的平衡配置和协调利用，避免资源的过度集中或片面利用导致治理工作的不平衡和不可持续。因此，配置高效优化的资源投入需要全面考虑治理的长期可持续性，以确保空心村治理工作的持续推进和长期效果的实现。

2.2.3　运营可持续发展的空心村治理项目模式和机制

在空心村生态修复与景观再造工作中，市场主导运营的可持续发展的空心村治理项目模式和机制，是一种有效的解决方案，可以充分发挥市场机制的优势，调动各方面的参与和创新，实现空心村的转型和发展。具体来说，可以从以下几个方面着手：

（1）利用市场机制引导资金和资源流向空心村是为了应对空心村治理所需的大量资金和资源投入，并解决政府财政支持有限和不均衡的问题。为此，需要通过市场机制吸引多元主体参与空心村治理，包括社会资本、企业投资和民间组织等，以形成多元化的投融资渠道和模式。可以通过土地托管、土地股份合作和土地流转等方式激发农民对土地的经营权益和参与意愿。这些措施可以吸引农民将闲置土地出租或合作经营，实现土地的有效利用和增值，同时增加农民的收入来源。可以通过政府购买服务、政府和社会资本合作（PPP）、社会责任投资等方式，引导企业和社会组织为空心村提供公共服务和社会福利。政府可以与企业和社会组织合作，共同投资建设基础设施、教育、医疗等公共服务设施，提高空心村居民的生活质量和福利水平。可以通过设立专项基金、发行绿色债券、开展众筹众包等方式筹集专项资金和资源，为空心村治理提供保障。设立专门的资金池或基金，用于支持空心村的建设和发展。同时，可以通过发行绿色债券吸引投资者参与环境友好型的空心村治理项目，同时筹集资金。此外，利用众筹众包等方式，广泛动员社会公众参与空心村治理，共同为其提供资金和资源支持。

通过市场机制引导资金和资源流向空心村，可以有效解决治理所需资金和资源的短缺问题，促进空心村治理的可持续发展。各种投融资渠道和模式的引入，不仅能够丰富空心村治理的资金来源，也能够激发多元主体的积极参与，实现资源的合理配置和优化利用，从而推动空心村的全面振兴和可持续发展。

（2）利用市场机制激发空心村的内生动力和创新能力。空心村治理不仅要依靠外部支持，更要培育内部动力，为此，需要利用市场机制，激发空心村的自我发展能力和创新能力，以形成具有竞争力和吸引力的产业和产品。

首先，可以通过开展乡村旅游、乡土文化、特色农产品等方面的开发和推广，打造空心村的品牌形象和市场优势。通过发掘和利用空心村的独特文化、历史遗迹和自然资源，开展旅游项目，吸引游客前来体验和消费，推动空心村的经济发展[73]。同时，发展特色农产品和乡土文化产品，加强品牌建设和市场营销，提升空心村在市场上的竞争力和知名度。其次，可以通过建立合作社、农民专业合作组织和农业产业化龙头企业等形式，提高空心村的组织化程度和规模化效益。通过农民自发组织成立合作社和专业合作组织，集中资源和力量进行农业生产、加工和销售，提高农产品的产量和质量，降低生产成本，拓宽销售渠道，增加农民收入[74]。此外，引进农业产业化龙头企业，通过与空心村合作，带动当地农业发展，促进产业升级和增值。另外，可以通过引进新技术、新设备、新模式等方式，提升空心村的生产效率和质量水平。通过引入先进的农业科技和技术装备，改善空心村的农业生产方式，提高作物的产量和品质，降低生产成本。同时，引进新的商业模式和运营管理理念，提升空心村的管理水平和市场竞争力，推动空心村的经济发展和产业升级。

通过市场机制激发空心村的内生动力和创新能力，可以促进空心村的自我发展，实现经济的可持续增长和社会的全面进步。通过培育具有竞争力的产业和产品，提高组织化程度和规模化效益，以及引进新技术、新设备和新模式，空心村能够不断提升生产效率和质量水平

（3）利用市场机制促进空心村的生态修复与景观再造。空心村治理不仅要考虑经济效益，更要注重生态效益，为此，需要利用市场机制，推动空心村的生态修复与景观再造，以打造符合自然规律和人文特色的乡村景观。

首先，可以通过实施绿色补偿、生态补贴、碳汇交易等方式，鼓励空心村进行植树造林、水土保持、生物多样性保护等生态修复工作。通过市场机制引入经济激励机制，如为空心村提供绿色补偿和生态补贴，鼓励其主动参与生态修复行动。同时，通过碳汇交易等生态产品的市场化运作，引导空心村关注碳减排和生态保护，使其积极参与气候变化和生态环境治理。其次，可以通过实施美丽乡村建设、乡村规划设计、乡土建筑保护等方式，鼓励空心村进行传统风貌恢复、功能布局优化和文化元素融入等景观再造工作。通过市场机制，例如引入规划和设

计公司、旅游开发商等专业机构，协助空心村进行乡村规划和设计，使其景观再造更加符合市场需求和人们的审美观念。同时，鼓励空心村保护乡土建筑、传统村落风貌，注重文化元素的保留和融入，使空心村在景观上展现独特的历史和文化魅力。

通过市场机制促进空心村的生态修复与景观再造，可以实现经济效益和生态效益的有机结合。在经济利益的驱动下，空心村将更加积极地参与生态修复和景观再造，从而保护和提升其自然环境和人文价值。同时，通过市场化运作，为空心村创造经济价值，促进乡村旅游和农产品销售等产业的发展，实现空心村的可持续发展。

2.3 专业团队

2.3.1 引入和培养空心村治理的专业人才和团队，包括规划设计师、工程技术人员等，提高空心村治理的专业水平和质量

空心村治理是一项系统工程，涉及多方面的知识和技能，需要有专业人才和团队来参与和推动。在空心村生态修复与景观再造工作中，引入和培养空心村治理的专业人才和团队，是提高空心村治理的专业水平和质量的重要途径。具体来说，可以从以下几个方面实现：

（1）引入规划设计师。规划设计师作为治理的参与者，扮演着关键角色，他们能够根据空心村的实际情况和发展需求，制定科学合理的规划方案，包括土地利用规划、基础设施规划、生态环境规划、文化旅游规划等，为空心村的治理提供指导和支撑。

引入规划设计师能够为空心村治理注入专业知识和技术支持。规划设计师具备丰富的经验和专业背景，在规划、设计和可持续发展方面拥有独特的见解和能力。他们可以通过深入了解空心村的实际情况和问题，提供切实可行的规划方案，使治理工作更加具有针对性和有效性。他们还能够结合空心村的资源和特色，提出有利于空心村发展的策略和措施，促进空心村的转型与提升。

规划设计师的引入可以通过多种途径实现。一方面，可以通过与政府部门、高校院所、社会组织等合作，吸引专业的规划设计师参与空心村治理工作。与政府部门合作可以获得政策和资源支持，与高校院所合作可以利用其专业研究和人才培养优势，与社会组织合作可以借助其实践经验和社会网络。另一方面，可以通过培训、咨询和合作等方式提升当地规划设计人员的能力，使其具备规划设计的基础知识和技能，能够更好地参与空心村治理工作。

引入规划设计师的目的在于提升空心村治理的水平和质量。他们的专业知识

和技术支持可以为空心村的规划、发展和治理提供有益的指导，使空心村的治理工作更加科学、合理和可持续。通过规划设计师的参与，空心村能够充分利用自身的优势和潜力，制定适应自身特点的发展战略，实现经济的繁荣、社会的进步以及生态环境的改善。这将为空心村的可持续发展奠定坚实的基础。

（2）引入工程技术人员。作为执行者，工程技术人员承担着根据规划方案进行具体工程建设和管理的责任，包括房屋拆除、安置房建设、基础设施建设、生态修复和景观打造等，为空心村的治理提供必要的保障和服务。

工程技术人员的引入能够为空心村的整治工作提供专业技术支持和实施能力。他们拥有丰富的建筑和工程知识，具备规划、设计和施工的能力，能够根据空心村的规划方案，合理布局，科学施工，确保工程的质量和进度。工程技术人员可以根据空心村的具体情况，提出符合实际的施工方案，并运用先进的技术和设备，有效推动空心村的生态修复和景观再造。

引入工程技术人员可以通过多种方式实现。一方面，可以通过与建筑企业、工程公司和技术团队等合作，引入具备丰富经验和专业能力的工程技术人员。与建筑企业合作可以借助其施工队伍和资源优势，与工程公司合作可以获取专业技术支持和工程管理经验，与技术团队合作可以获得创新的解决方案和技术支持。另一方面，可以通过培训、指导和监督等方式提高当地工程技术人员的水平，使其具备规范施工和管理的能力，适应空心村整治的需要。

工程技术人员的参与对于空心村的整治工作至关重要。他们的专业知识和实施能力能够确保工程项目的顺利进行，保障空心村治理工作的质量和效果。通过引入工程技术人员，空心村能够进行有效的房屋拆除和建设，优化基础设施，实现生态修复和景观打造的目标。这将为空心村的转型与发展提供坚实的物质基础，为居民提供更好的生活条件和环境，促进空心村的可持续发展。

2.3.2 提供和支持空心村治理的专业技术和服务，包括方案设计、项目实施、效果评估、后期维护等，保障空心村治理的顺利进行和持续发展

通过这些专业技术和服务的提供和支持，可以保障空心村治理的顺利进行和持续发展，不仅可以改善乡村生态环境和景观品质，也可以促进乡村经济发展和社会稳定。具体来说，可以从以下几个方面实现：

（1）方案设计。在空心村的生态修复与景观再造的整治工作中，专业团队发挥着关键的作用。他们具备专业知识和技能，能够根据空心村的实际情况和治理目标，制定科学合理的方案，为整治工作提供指导和支持。

专业团队通过对空心村的全面分析和评估，了解其自然环境、社会文化和经

济发展等方面的情况。他们可以深入研究空心村的生态系统，评估土地质量、水资源、生物多样性等因素的状况，为后续的生态修复提供科学依据。同时，他们还会考虑空心村的历史文化遗产、社区结构和居民需求，以确保方案设计符合当地的实际情况。其次，专业团队能够制定具体的规划布局和功能定位。他们会根据空心村的特点和治理目标，确定各个区域的用途和发展方向。例如，保留原有的历史建筑、文化景观和传统生态系统，同时规划发展新的产业区域、旅游景点和公共设施等。通过合理的规划布局，专业团队可以实现空心村的生态修复与景观再造的目标，并提升其整体的可持续性和宜居性。此外，专业团队还会考虑技术路线和成本预算。他们会根据生态修复和景观再造的需求，确定适宜的技术方法和工程措施。这可能包括植被恢复、水体治理、土壤改良、景观设计等方面的工作。同时，他们会进行详细的成本预算，评估所需的资金投入和资源调配，以确保整治工作的可行性和经济效益。

（2）项目实施。项目实施是空心村生态修复与景观再造的重要阶段。在这个阶段，专业团队承担着组织和协调各类资源要素的责任，按照方案要求展开具体的工作。他们的任务包括土地整治、植被恢复、基础设施建设和公共服务提供等内容。

专业团队会对空心村内的土地进行评估和调查，了解土地的状况和特点。根据方案要求，他们会制定相应的土地整治方案，进行土地的清理、平整和修复。这包括清除垃圾、填平坑洞、修复受损的地貌等措施，旨在创造适宜的土地条件，为后续的生态修复和景观再造打下基础。专业团队会根据方案要求，对空心村内的植被进行规划和恢复。他们会选择适宜的植物物种，进行绿化和植树造林工作，以恢复空心村的自然生态系统。植被恢复不仅可以改善土地质量，增加植被覆盖，还可以提供生态服务，保护土壤、防止水土流失，促进生物多样性的增加。专业团队还会根据方案要求，规划和建设各类基础设施，如道路、供水、排水、电力等。这些基础设施的建设能够改善空心村的交通条件、生活条件和经济发展环境，提升居民的生活品质和工作环境。专业团队会组织相关部门和社会组织，提供各类公共服务，如教育、医疗、文化等。他们会协调资源，改善空心村居民的基本生活条件，提供必要的社区服务和支持。

（3）效果评估。效果评估是空心村生态修复与景观再造整治工作中的重要环节。在这一阶段，专业团队负责对生态修复与景观再造的成果进行定期或不定期的评估和监测，以评估整治工作的效果，包括生态效益、经济效益和社会效益等方面。

专业团队会对整治区域的生态系统进行综合评估，包括植被恢复情况、水资源质量、土壤改良效果等。通过监测指标的收集和数据分析，他们可以评估生态系统的恢复程度和生态功能的改善情况。例如，他们可以通过调查物种多样性、水质指标和土壤质量等方面的数据来评估生态系统的健康状况和生物多样性的增加程度。专业团队还会对整治工作的投资成本、资源利用情况和经济产出进行评估。通过对工程项目的监控和经济数据的收集，他们可以评估整治工作对当地经济的促进作用和投资回报情况。这些评估结果可以为未来类似项目的决策和规划提供参考，促进可持续发展和资源的合理利用。专业团队会通过社会调查、问卷调查和居民反馈等方式，了解整治工作对当地社区和居民的影响。他们会评估整治工作对社区形象的提升、居民生活质量的改善以及社会凝聚力的增强等方面的效益。这些评估结果可以为进一步的社区发展和改善提供参考，促进社会和谐与可持续发展。

通过专业团队对生态效益、经济效益和社会效益的评估和监测，可以全面了解整治工作的成果和影响，为进一步改进和优化提供科学依据。这也有助于确保整治工作的可持续性，最大程度地实现生态修复与景观再造的目标。

（4）后期维护。后期维护是空心村生态修复与景观再造整治工作中不可或缺的一环。在这个阶段，专业团队承担着对生态修复与景观再造成果的长期维护和管理责任，包括植被养护、设施维修和服务更新等方面。

专业团队会定期对整治区域的植被进行检查和维护，确保植物的生长和健康状况。这可能包括修剪、除草、施肥和灌溉等工作，以促进植被的生长、保持景观的美观和稳定生态系统的功能。同时，他们还会对植物病虫害进行监测和控制，以保护植被的健康和多样性。专业团队负责设施的维修和管理。在整治工作中，可能建设了各种基础设施和公共设施，如道路、桥梁、公园、休闲区等。在后期维护阶段，专业团队会对这些设施进行定期检查和维修，确保其正常运行和安全性。他们会修补损坏的设施、更换老化的部件，并保持设施的清洁和良好状态，以提供良好的使用体验和服务。专业团队会根据居民和社区的需求，不断改进和完善提供的公共服务。这可能包括增加新的服务项目、改进服务质量、提升服务效率等方面。他们会与居民和社区进行密切的沟通和合作，了解他们的意见和建议，并根据需求进行相应的调整和改进，以满足居民的需求和提升整体居住环境。

专业团队承担着对生态修复与景观再造成果的长期维护和管理责任，包括植被养护、设施维修和服务更新等方面。他们的工作将确保整治成果的可持续性和稳定性，为居民提供美好的生活环境和高品质的公共服务。

2.4 社会主导

在空心村生态修复与景观再造工作中，社会组织是指各种民间组织、志愿者团队、企业等，他们应该通过各种途径参与空心村治理工作，以提高治理的效率和效果，保障农民的权益和利益，促进乡村的可持续发展。社会力量和团体的参与在空心村治理中起到了重要的作用，可以在以下方面发挥作用或承担相应的工作：

2.4.1 社会力量和团体可以通过开展宣传教育活动，提高居民对空心村治理的认识和参与意愿

社会力量和团体在空心村生态修复与景观再造的整治工作中扮演着重要角色，其中之一是增强社会参与意识。他们通过开展宣传教育活动，旨在提高居民对空心村治理的认识和参与意愿，以促使更多居民了解治理工作的意义和好处。社会力量和团体可以组织各种形式的宣传教育活动，如举办宣讲会、座谈会、社区讲座等，向居民广泛传播有关空心村治理的信息[75]。通过这些活动，他们可以向居民解释治理工作的背景和目标，介绍生态修复与景观再造的重要性，以及整治工作对居民生活质量的积极影响。

社会力量和团体还可以强调空心村治理的好处，让居民了解参与治理工作的积极意义。他们可以向居民宣传治理成果带来的生态环境改善、公共设施改善、社会服务提升等方面的益处，让居民认识到积极参与治理工作对自身和整个社区的利益。

通过提高居民对空心村治理的认识和参与意愿，社会力量和团体努力培养居民的责任感和参与意识，让他们意识到自己是治理工作的重要参与者。通过社会参与的推动，居民将更积极地参与到生态修复与景观再造的工作中，为实现空心村整治的目标贡献力量。

2.4.2 社会力量和团体可以发挥自身的资源优势，调动社会各界的资源参与空心村治理

调动社会资源是社会力量和团体在空心村生态修复与景观再造的整治工作中发挥的关键作用。他们利用自身的资源优势，积极调动社会各界的资源参与治理工作，以推动整治工作的顺利进行。

社会力量和团体可以组织募捐活动，寻求赞助和捐赠。他们通过广泛宣传和动员，吸引社会上的爱心人士、企业和机构参与到空心村治理中来。这些捐款和赞助款项可以用于资助生态修复、基础设施建设等方面，为整治工作提供资金保障。社会力量和团体还能协调各类专业人才、技术支持和管理经验，与相关专业团队、研究机构、高校等建立合作关系，通过人才交流、专家咨询等方式，将专业知识和经验引入到治理工作中。这些专业人才可以提供科学的规划设计、技术支持和管理指导，提高整治工作的效果和质量。社会力量和团体还能够调动其他资源，如物资、设备、志愿者等，与企业、社会组织和志愿者团体合作，共同参

与空心村治理，通过动员志愿者参与植树造林、清理垃圾、宣传教育等活动，推动生态修复和环境保护工作的开展。

社会力量和团体在空心村生态修复与景观再造的整治工作中发挥重要作用。他们通过调动社会资源，包括资金、专业人才和志愿者等，为整治工作提供支持和帮助，推动空心村向着生态美、宜居宜业的目标迈进。

2.4.3 社会力量和团体可以通过社区组织、志愿者团队等形式，动员和组织居民参与空心村治理工作

社会力量和团体在空心村生态修复与景观再造的整治工作中，通过社区组织、志愿者团队等形式，发挥着重要的作用。他们致力于动员和组织居民积极参与治理工作，以共同打造美丽宜居的社区环境。

社会力量和团体可以组织居民参与实际的治理工作。他们在空心村中成立社区组织或志愿者团队，组织居民参与环境整治、植被恢复、文化活动等具体工作。居民们可以共同清理垃圾、整理环境、植树种草等，直接参与到社区的改造与建设中。通过亲身参与实践，居民们能够切身感受到环境的改变和美化，激发他们的责任意识和环保意识。

社会力量和团体还通过培养居民的责任意识和环保意识，增强居民的获得感和参与感。他们开展各类宣传教育活动，向居民宣传空心村治理工作的意义和价值，解释生态修复与景观再造的好处。通过举办座谈会、讲座、培训等形式，提高居民的环保意识，增强他们的自觉参与。此外，社会力量和团体还可以组织文化活动、社区节庆等，增进居民之间的交流与互动，培养居民的社区归属感和认同感，让他们感受到治理成果的实际获得。

通过社会力量和团体的积极参与，空心村治理工作得以广泛开展，取得更为显著的效果。居民参与其中，不仅增强了治理工作的实际执行力，还促进了社区凝聚力和社会共识的形成。居民们亲身参与改造过程，亲眼见证社区环境的变化，更加珍惜和爱护所居住的社区，形成了良好的环保习惯和生活方式。

2.4.4 社会力量和团体可以为空心村提供各类社会服务和支持

社会力量和团体在空心村生态修复与景观再造的整治工作中，发挥着重要的角色，不仅可以提供各类社会服务，还能为居民提供全面支持。他们通过组织社会工作者、心理咨询师等专业人士，为居民提供心理辅导、法律咨询、就业培训等服务。同时，他们也协助建立社区服务中心、扶贫基地等设施，提供医疗、教育、就业等方面的支持，从而改善居民的生活条件。

社会力量和团体可以组织社会工作者和心理咨询师等专业人士，为居民提供心理辅导和法律咨询服务。在空心村的整治过程中，居民可能面临心理压力和法

律问题，因此社会力量和团体的介入尤为重要。他们可以组织心理咨询师为居民提供心理支持和辅导，帮助他们应对改变带来的压力和情绪困扰。同时，社会力量和团体还可以提供法律咨询服务，解答居民在法律事务上的疑问，维护居民的合法权益。

社会力量和团体还能协助建立社区服务中心、扶贫基地等设施，提供医疗、教育、就业等方面的支持。社区服务中心可以成为居民日常生活的重要支持点，提供医疗卫生服务、教育培训、就业指导等多种服务，满足居民的基本需求。而扶贫基地的建设则有助于提供就业机会和培训资源，帮助居民改善经济状况，实现可持续发展。这些设施的建立和运营，离不开社会力量和团体的支持和协助，他们可以筹集资金、提供技术支持，并与相关机构合作，共同推进这些社会服务设施的建设。

通过社会力量和团体的积极参与，空心村的整治工作能够得到更全面的支持和服务。居民们可以享受到来自社会力量和团体的心理辅导、法律咨询和就业培训等专业服务。他们的参与不仅能够提供实质性的帮助，还能够为居民提供便利地获得医疗、教育和就业等方面的支持。通过社会力量和团体的协助，居民们能够获得更多的资源和机会，提升生活质量和发展潜力。这些努力为空心村的整体发展打下坚实基础，促进社区的繁荣和可持续发展。

2.4.5　社会力量和团体可以根据自身的人力资源和组织能力，为空心村治理组织义工活动

社会力量和团体在空心村生态修复与景观再造的整治工作中可以根据自身的人力资源和组织能力，积极组织义工活动，为治理工作提供支持。首先，社会组织通过招募和培训义工，动员更多的人参与到治理工作中来。他们可以组织义工团队，包括社区居民、志愿者和相关专业人士，共同投身于空心村的生态修复和景观再造。这些义工通过参与实际的工作，如植被恢复、环境整治、文化活动等，为空心村注入了新的活力和动力。其次，社会组织通过协调和整合资源，提供必要的支持和服务。他们可以与企业、机构和政府合作，争取赞助和捐赠，筹集资金用于生态修复、基础设施建设等方面。同时，他们还可以协调各类专业人才、技术支持和管理经验，为治理工作提供专业指导和支持。通过社会组织的努力，空心村能够更好地利用社会资源，实现治理目标。此外，社会组织还可以发挥桥梁和纽带的作用，促进不同利益相关方之间的沟通和合作。他们可以组织座谈会、研讨会和培训班等活动，为各方提供交流和学习的平台。通过促进不同利益相关方的合作，社会组织可以形成多方合力，加快治理工作的进程和效果。

社会组织在空心村的生态修复与景观再造的整治工作中发挥着重要作用。他

们通过组织义工活动、协调资源和促进合作，为治理工作注入了动力和支持。社会组织的积极参与将推动空心村的可持续发展，实现社区的蓬勃发展和居民的幸福生活。他们的努力为整治工作提供了宝贵的经验和启示，为其他地区的生态修复和社区治理提供了重要的借鉴。

2.4.6　社会力量和团体可以发挥监督作用，对空心村治理工作进行监督和评估

社会力量和团体通过发挥监督作用，对治理工作进行全面的监督和评估，以确保工作的透明性和质量。他们积极组织第三方评估机构或专业人士，对生态修复和景观再造的成果进行客观评估和监测。这些评估不仅涵盖生态效益、经济效益和社会效益等方面，还注重工作过程中的环境保护和资源节约。监督和评估的目的在于推动整治工作的持续改进，发现问题并及时采取纠正措施。社会力量和团体的参与确保了治理工作符合科学标准和可持续发展原则，真正实现了生态修复和景观再造的目标。

监督和评估的重要性不仅在于保证整治工作的质量，还在于提升公众对工作的信任度和参与度。通过透明的监督和客观的评估，社会力量和团体能够为公众提供准确的信息，增加公众对整治工作的理解和支持。公众对工作的信任度提高，将激发更多人参与到空心村的整治工作中来，共同努力实现社区的发展目标。此外，监督和评估还有助于发现和解决工作中的问题和挑战。通过定期的评估和监测，可以及时发现工作中存在的缺陷和不足，进而采取相应的措施加以改进。监督和评估的结果可以为决策者提供重要的参考，帮助他们制定更有效的策略和措施，推动整治工作的顺利进行。

社会力量和团体在空心村生态修复与景观再造的整治工作中扮演着不可忽视的角色。他们通过积极参与监督和评估，为整治工作注入了动力和活力。首先，他们通过监督工作的质量，确保工作符合科学标准和可持续发展原则。他们组织第三方评估机构或专业人士对生态修复和景观再造的成果进行客观评估和监测，以验证工作的效果。这不仅提高了整治工作的质量，还增加了公众对工作的信任度。

3　运行策略

针对空心村生态修复与景观再造的整治工作背景，可以采取多种策略。城镇化引领型策略通过城市化进程带动空心村的更新和发展，促进城乡融合，提高空心村的经济社会活力和生态环境质量。中心村整合型策略以中心村为核心，整合

周边空心村的资源和功能，打造区域性农村综合服务中心，提供公共服务、文化活动和产业发展等支持，增强空心村的凝聚力和吸引力。村内集约型策略着重优化空心村的土地利用结构和空间布局，通过建设用地节约集约、农用地整治还耕和生态修复提升等措施，提高土地利用效率和生态功能。特色产业引领型策略根据空心村的资源禀赋和区位优势，培育发展具有特色和竞争力的农业产业，增加经济收入和就业能力，吸引人口回流或留守。生态保护型策略针对生态敏感区或重要生态功能区的空心村，实施生态补偿、生态修复、生态旅游等措施，保护和恢复生态环境，提升生态价值。文化传承型策略注重保护和弘扬空心村的历史文化、民俗风情和建筑风貌，实施文化保护、文化创新和文化展示等措施，提高文化吸引力。这些策略将共同推动空心村的发展，实现整治目标，并为社区的可持续发展奠定坚实基础。

3.1　城镇化引领型策略

利用城镇化进程带动空心村的人口、产业和基础设施的更新，促进空心村与城镇的融合发展，提高空心村的经济社会活力和生态环境质量。

3.1.1　规划整合

通过国土空间规划的手段，可以实现城镇和空心村的规划整合。传统的规划往往将城镇和农村分开考虑，导致了城乡发展的不协调和资源的浪费。而通过土空间规划进行整合规划，可以将城镇和空心村纳入同一体系，形成有机衔接的城乡发展格局。这样可以充分发挥城市的辐射带动作用，促进空心村的发展与复兴。

规划整合还包括对空心村的建设用地进行腾退和盘活。在过去的发展过程中，由于农村人口流失和农业结构调整，很多空心村的建设用地闲置或废弃。通过规划整合，可以对这些用地进行重新规划和利用，以满足城镇化进程的需求。这包括将部分用地用于建设城镇的公共设施、住房和产业发展，以提高空心村的功能和吸引力。

同时，规划整合还要求统筹布局城乡建设用地。这意味着要在规划过程中，考虑城市和农村的用地需求，协调安排不同类型的建设用地[76]。例如，合理划定生活空间，提供适宜的居住环境和基础设施；规划生产空间，促进农业、工业和服务业的发展；明确生态空间，保护生态环境和生物多样性。通过统筹布局，可以实现城乡功能互补，实现可持续发展的目标。

明确三类空间界线是规划整合的重要内容。生活空间、生产空间和生态空间是城乡空间的三个关键方面，它们各具特点和功能。明确界线的目的在于有效控制城市的扩张，保护农田和自然资源，以及防止空心村过度扩展和资源浪费。在规划过程中,必须明确规定各类空间的范围和用途,确保城乡发展的协调和可持续性。生活空间是指城镇和居民区的用地,包括住宅、商业、文化等设施的建设,以满足人们日常生活的需要。生产空间是指农村和工业区的用地,用于农业生产、工业制造、商贸物流等经济活动。生态空间是指保护自然生态系统和生物多样性的用地,包括森林、湿地、山水等自然景观。通过明确界线,可以有针对性地规划和管理不同类型的空间,实现城乡发展的均衡和可持续性[77]。

3.1.2 基础设施建设和改善

通过加大对空心村基础设施建设的投入,可以有效改善道路、供水、供电、通讯等基础设施条件,从而提升空心村居民的生活品质和促进其发展环境的改善。道路建设是基础设施建设的关键。在整治工作中,应注重改善空心村的道路网络,包括道路硬化、拓宽和连通等方面的工作。通过修建宽敞平整的道路,不仅能够提高交通便利性,方便居民出行和农产品运输,还可以促进经济活动和社会交流。空心村的供水和供电条件往往相对薄弱,存在供水不足、供电不稳定等问题。因此,应加大投入,改善水源保障和供水设施建设,确保空心村居民有充足的清洁饮用水。同时,加强供电设施的建设和升级,提高供电的稳定性和可靠性,满足居民和农业生产的需求。随着信息技术的发展,良好的通讯网络已成为现代社会的基本需求。在整治工作中,应加强对空心村通讯设施的改善,包括建设更完善的移动网络覆盖和宽带网络接入,提供便捷的通讯服务,加强空心村与外界的联系和信息交流。

基础设施建设和改善是空心村整治工作中的一项重要策略。通过加大投入和改善道路、供水、供电、通讯等基础设施条件,可以有效提升空心村居民的生活品质和发展环境,为空心村的生态修复与景观再造奠定坚实基础。这一系列措施的实施将为空心村的可持续发展提供必要的支持和保障。

3.1.3 服务设施提升

通过增加公共服务设施,如医疗机构、教育机构、文化活动场所等,可以提供更加便捷的服务,满足空心村居民的各类需求,进一步改善空心村的生活品质和社会环境。空心村往往缺乏现代化的医疗设施和医疗资源,居民面临着就医不便、医疗资源匮乏等问题[78]。因此,需要加大投入,增设医疗机构,包括村级诊所、乡镇卫生院等,提供基本的医疗服务和紧急救治能力,方便居民就近就医,保障他们的身体健康。教育机构的增加也是提升服务设施的重要举措。空心村的教育资源往往相对薄弱,居民在教育方面面临着种种困难,如学校离家远、师资不足等。因此,应加大对教育机构的投入,包括学前教育、小学等各个层次的学校建设,提供优质的教育资源和教学环境,方便居民子女接受良好的教育,促进他们的全面发展。文化活动是丰富居民精神生活、传承乡土文化的重要途径。在整治工作中，应增设文化活动场所，如文化馆、图书馆、艺术馆等，提供文化展览、演出、培训等多样化的文化活动，满足居民的精神文化需求，激发他们的创造力和参与度。

服务设施的提升是空心村整治工作中不可或缺的一环。通过增加公共服务设施，包括医疗机构、教育机构、文化活动场所等，可以提供便捷的服务，满足空心村居民的各类需求，提升他们的生活品质和社会环境。

3.1.4　人口流入和定居政策

制定政策措施，吸引人口流入空心村，提回乡养老、回乡创业等优惠政策和优惠条件，以增加空心村的人口规模。

回乡养老政策是吸引人口返乡的重要举措。随着人口老龄化趋势的加剧，回乡养老成为许多老年人的选择和期望[79]。因此，政府可以出台一系列回乡养老的优惠政策和支持措施，如提供低廉的养老居住环境、养老服务补贴、医疗保健支持等，以吸引老年人回到空心村安享晚年。这不仅可以满足老年人返乡养老的需求，还可以为空心村注入稳定的人口，带动当地经济的发展。

其次，回乡创业政策是吸引有创业意愿的人群返乡的关键措施。空心村具有丰富的土地资源和潜力，为创业者提供了广阔的发展空间。政府可以制定创业扶持政策，如提供创业启动资金、减免税收、优先提供土地使用权等，为回乡创业者提供良好的创业环境和支持条件[80]。同时，还可以加强创业培训和指导，提供技术支持和市场信息，帮助创业者顺利开展业务。通过回乡创业政策的推动，可以吸引具有创业激情和创新能力的人才回到空心村，挖掘当地资源潜力，推动经济的多元化发展。

通过营造良好的营商环境和发展机会，进一步吸引人口回流空心村。为实现这一目标，加强基础设施建设是至关重要的一项措施。通过提升交通、通讯、供水供电等基础设施的水平，为居民提供便捷的生活条件和发展支持。良好的交通网络可以便利居民的出行和物资运输，促进空心村与外界的联系和交流。先进的通讯技术能够缩短信息传递的时间和空间距离，提升居民的信息获取能力和创新意识。同时，健全供水供电系统可以保障居民的日常生活和生产用水、用电需求，提高生活质量和经济发展水平。

3.2　中心村整合型策略

中心村整合型策略的要点包括强化中心村吸引力、整合区域资源和功能、优化各村庄的空间布局以及生态恢复和产业化。这些策略的实施有助于提升中心村的发展潜力和吸引力，推动农村地区的可持续发展。

3.2.1　强化中心村吸引力

通过改善中心村的基础设施和公共服务设施，如道路、供水、供电、医疗、教育等，可以提升居民的生活条件和品质。优质的道路交通系统可以提供便捷的交通网络，方便居民的出行和物资流通，促进经济的发展和社会的融合[81]。可靠的供水供电系统可以保障居民的日常生活用水和电力需求，提高生活的便利性和舒适度。高质量的医疗和教育服务设施可以提供居民健康和教育方面的支持，提升社区的人文环境和人力资源素质。制定政策措施是强化中心村吸引力的重要手段。引入新增居住用地指标和配套居住条件，可以吸引更多人口迁入和定居。这意味着中心村将提供更多的居住用地供给，满足人口迁入的需求，并配套提供适宜的居住条件，包括住房建设、社区设施、文化娱乐等方面的支持。通过制定优化政策，如税收优惠、贷款支持、创业扶持等，可以吸引人才和创业者回归中心村，增加中心村的人口规模和活力。这些政策的制定需要综合考虑中心村的实际情况和发展需求，确保政策的科学性和可行性。

强化中心村吸引力是中心村整合型策略中的重要举措。通过改善基础设施和公共服务设施，提升居民的生活条件和品质，以及制定政策措施，引入新增居住用地指标和配套居住条件，吸引人口迁入和定居，可以增加中心村的人口规模和活力。这将为中心村的发展提供坚实支撑，推动农村地区的可持续发展。

3.2.2　整合区域资源和功能

该将中心村与周边空心村的资源和功能进行整合，实现各村的资源优化配置和互补性发展。通过加强区域间的合作与协调，可以充分统筹利用各村的自然资源、人力资源和社会资源，形成更为综合和丰富的资源基础。

在实施整合区域资源和功能策略时，关键在于合理规划各种资源。需要进行农田规划，合理配置土地资源，确保农田的合理利用和保护。通过科学的农田规划，可以提高农田的产出效益，促进农业的可持续发展。其次，水资源的规划和管理也至关重要。合理规划水资源的供给和利用，确保水资源的平衡分配和高效利用，满足农田灌溉、居民生活和产业发展的需求。此外，还需要注重规划和建设文化场所，丰富区域的文化资源。通过打造文化活动中心、活动室、活动场地等文化设施，可以提供丰富多样的文化活动和娱乐活动，满足居民的精神文化需求。通过整合区域资源和功能，中心村与周边空心村可以实现资源的互补性发展。不同村庄之间的资源优势可以相互借鉴和补充，形成资源的综合利用效益。例如，一个村庄可能拥有丰富的农田资源，而另一个村庄则拥有水资源丰富。通过整合农田和水资源，可以实现农田的高效灌溉，提高农作物的产量和质量。此外，整合区域的文化资源，可以促进文化交流与融合，丰富居民的文化生活，推动文化产业的发展。

通过统筹利用各村的自然资源、人力资源和社会资源，加强区域间的合作与协调，实现资源的优化配置和互补性发展，可以打造更为综合和丰富的资源基础，推动中心村和周边空心村的可持续发展。

3.2.3　优化各村庄的空间布局

通过对空间布局进行优化，可以解决村庄空心化问题，引导居住空间向中心村集中，减少分散的村庄空间，从而提升整体的空间效益和功能性[82]。为了实现空间布局的优化，可以采取一系列措施。易地搬迁是一种有效的方式。通过对分散的村庄进行整合和搬迁，将居民聚集到中心村，集中居住和生活，实现村庄空间的集约化和集中化。这样做不仅可以减少村庄的面积，提高土地利用效率，还可以集中配置公共服务设施，提供更便捷的教育、医疗和文化等服务，提升居民的生活品质。村庄合并也是一种重要的优化手段，通过将相邻的空心村合并为一个较大的中心村，可以整合资源、优化规划，实现村庄功能的集中和提升。合并后的中心村可以更好地规划土地利用，合理布局产业区、生活区和公共设施，提高土地的利用效率和资源的利用效益。同时，村庄合并也有利于提升社区的凝聚力和社会关系的互动，促进居民之间的交流和合作。

在空间布局的优化过程中，合理规划土地利用是至关重要的。通过科学的土地利用规划，合理划分土地用途和功能区域，确保土地的高效利用和可持续发展。同时，需要注重保护农田、水源地、生态环境等重要资源，实施合理的生态保护措施，促进生态系统的恢复与发展。

通过采取易地搬迁、村庄合并等措施，引导居住空间向中心村集中，减少分散的村庄空间，结合合理的土地利用规划，可以提高土地利用效率，优化资源配置，实现空间效益和功能的提升，推动空心村生态修复与景观再造工作的可持续发展。

3.2.4　生态恢复和产业化

在实施中心村整合型策略中必须重视生态环境的恢复与保护，以确保空心村的生态系统得到修复和改善，进一步提升自然环境的质量。

为了实现生态恢复的目标，需要采取科学规划和管理的措施。对空心村周边的生态环境进行全面评估，了解植被状况、土壤质量和水源保护等关键因素。基于评估结果，制定具体的恢复计划，包括植树造林、湿地恢复、水域治理等措施，以促进生态系统的稳定和功能的完善。同时，加强环境监测和管理，确保生态修复工作的长期可持续性。除了生态恢复，产业化也是推动中心村发展的重要方面。

通过引入新兴产业和外来投资，我们可以促进农村经济的转型升级，提升村民的收入水平和生活质量。为了实现产业化目标，我们可以发展多样化的农业种植业，引进现代农业技术和设备，提高农产品的质量和产量。同时，农村旅游也是一个潜力巨大的产业领域，通过开发乡村旅游资源、打造特色景点和农家乐等，吸引游客，为村民提供就业机会和增加收入的途径。此外，特色手工业的发展也能够提供就业机会，加强农村经济的多元化。

通过重视生态环境的恢复与保护，修复空心村的生态系统，改善自然环境质量，实现生态修复和可持续发展的目标。同时，通过推动农村产业的发展，引入新兴产业和外来投资，提高农民的收入水平和生活质量，实现农村经济的转型升级。这些措施将为中心村的整合发展提供坚实的基础，推动空心村生态修复与景观再造工作取得更加显著的成果。

3.3 村内集约型策略

村内集约型策略通过规范建设活动、清理整合空间、优化功能布局和提升居住条件等措施，旨在提高空心村的土地利用效率和居住环境，实现村庄的集约化发展。这些策略的实施将有效提升空心村的整体形象和吸引力，促进农村地区的可持续发展。具体而言，以下是几个关键的实施策略点：

3.3.1 规范村内的建设活动

通过规范村内的建设活动，以有效的规划引领和管理措施，来控制村内的建设规模和布局，从而提高土地利用效率。通过明确的规划要求，确保每户家庭只有一个宅基地，并按照一户一宅的原则进行合理布局。同时，需要加强对新建和拆旧工作的管理，确保新建项目符合规划要求，同时适时拆除不符合规定的建筑。这样可以避免无序的乱建乱搭现象，使村庄的建设更加有序和统一。通过科学合理的土地利用规划，充分发挥土地的潜力，提高土地的利用效率。可以通过划定不同用途区域，合理分配土地资源，确保各项功能的有序布局，避免资源的浪费和重复利用。此外，需要加强对土地的管理，严格控制非法占地行为，保护良好的土地生态环境。村内集约型策略需要考虑到村民的生活需求，提升居住环境的品质。这包括改善供水、供电、供气等基础设施的条件，确保村民的基本生活需求得到满足。同时，也需要完善公共服务设施，如学校、医疗机构、文化活动场所等，为村民提供更好的教育、医疗和文化娱乐资源

通过规范村内的建设活动，控制建设规模和布局，可以避免无序的乱建乱搭现象，提高土地利用效率。同时，改善基础设施和公共服务设施，提升居民的生活品质，为村庄的发展和居民的幸福感做出积极贡献。

3.3.2　清理和整合村内的空间

通过清理和整合村内的空间，重新塑造村庄形象，营造整洁有序的村庄景观。针对空心村内部废弃的建筑和乱搭乱建现象，需要进行彻底清理。通过清除废弃的建筑物和乱搭乱建的结构，可以消除安全隐患，改善村内环境质量。同时，也有助于恢复土地的原始状态，为后续的生态修复和景观再造工作创造条件。通过规划和重新布局内部道路和交通网络，可以提高村内交通的便捷性和流畅性。合理规划停车场和人行道，使村内交通有序有规划，方便村民的出行。此外，还需要对空余空间进行合理利用，例如将废弃的空地和建筑用于公共设施或景观绿化，提升空间的利用效率和美观度。通过清理和整合村内空间，村庄的面貌将焕然一新。整洁的村庄景观不仅可以提升居民的生活品质，也对外部形象产生积极影响，吸引更多的人来访和投资。此外，注重绿化和环境美化工作，营造良好的生态环境，为村民提供舒适宜人的居住环境。

通过清理和整合村内的空间，优化交通组织和空余空间，可以改善村内环境质量，塑造整洁有序的村庄景观。这将提升居民的生活品质，吸引更多的人来访和投资，为村庄的可持续发展奠定坚实基础。

3.3.3　优化村内的功能布局

通过调整空心村内的空间结构和布局，可以合理安排各项功能区域，充分利用现有资源，提升村庄的整体功能水平。这一策略旨在满足村民的基本需求，并为村庄的可持续发展提供支持[83]。通过合理规划村庄的功能布局，可以建设公共服务设施，如学校、医疗机构、文化活动场所等。这些设施的建设将为村民提供更便捷的教育、医疗和文化服务，满足他们的基本需求。例如，建设学校可以解决村庄内孩子们上学的问题，提高教育资源的覆盖率和质量。同时，医疗机构的建设可以提供及时的医疗救助，改善村民的健康状况。文化活动场所的建设则可以促进文化交流与传承，提升村庄的文化氛围和凝聚力。优化村内的功能布局还可以充分利用现有资源，实现资源的最大化利用。通过科学规划，将不同的功能区域合理安排在村庄内，使各项功能互为补充，形成良好的功能联动效应。例如，将农田与农业加工区域相结合，实现农产品的加工和价值提升；将生活区域与商业区域相结合，提供便利的购物和生活服务。这样不仅可以提高村庄的综合效益，还能够促进农业产业的发展和农民收入的增加。

通过合理安排各项功能区域，建设公共服务设施，满足村民的基本需求，并充分利用现有资源，可以提升村庄的整体功能水平。这将为村民提供更好的生活条件，促进村庄的可持续发展，打造宜居宜业的乡村环境。

3.3.4 提升和完善村内居住条件

通过改善村内的居住环境和基础设施，旨在提高居民的生活品质，为他们营造更舒适的居住环境。改善供水、供电、供气等基础设施条件是提升村内居住条件的重要方面。确保居民正常的供水供电供气是基础设施建设的首要任务。通过对村内供水管网、电力供应系统和燃气设施进行维护和升级，可以提高供应的可靠性和稳定性，满足居民的基本生活需求。这将有效改善居民的居住环境，提升生活质量。注重生活配套设施的建设也是提升村内居住条件的重要举措。例如，在村内建设便利店，为居民提供日常生活所需的物品和服务，方便他们的购物和生活。此外，建设休闲娱乐场所，如公园、运动场等，为居民提供休闲娱乐的场所，增加社交互动的机会，丰富他们的业余生活。这些配套设施的建设将为居民提供更多的便利和舒适，增强居住体验。通过提升和完善村内的居住条件，不仅可以改善居民的生活品质，还能够提升整个村庄的形象和吸引力。优质的居住环境将吸引更多的人才流入村庄，促进村庄的发展和繁荣。同时，居民的满意度和归属感也将得到提升，进而推动社区的凝聚力和和谐发展。

通过改善基础设施条件和建设生活配套设施，可以有效提高居民的生活品质和居住体验，从而为村庄营造宜居的环境。这将进一步促进村庄的发展和繁荣，吸引更多人才流入，增强社区的凝聚力和和谐发展。通过持续的努力和投入，村庄将焕发出新的生机与活力，成为宜居、宜业、宜游的地方，为居民创造美好的生活未来。

3.4 分类整治策略

根据村庄空心化的程度，将其分为：轻度型、中轻度型、中度型和重度型[16]。其中轻度型是指空置率在10%以下，具备较好的发展条件，整治难度较低的空心村；中轻度型是指空置率在10%~30%，具备一定的发展条件，整治难度适中的空心村；中度型是指空置率在30%~50%，缺乏基本发展条件，整治难度较高的空心村。重度型是指空置率在50%以上，不具备基本发展条件，整治难度极高的空心村。

3.4.1 轻度型空心村整治

在轻度型空心村整治的策略点中，加强村庄规划管理是至关重要的一环。通过制定科学合理的规划，能够有序地引导空心村的发展。一方面，规划能够控制空心村的新建用地规模，防止空心村扩大化发展；另一方面，规划还能够提出对村庄结构、布局、建筑风格等各方面的要求，从而推动整个空心村的规范化建设。因此，制定合理的规划是轻度型空心村整治的关键。

鼓励村民自主整治也是轻度型空心村整治的重要策略。在现有的房屋资源基础上，通过引导和鼓励村民进行房屋整修、改造和提升，可以提高房屋的利用率，使空置房屋得到有效利用。在这一过程中，村庄管理部门可以通过提供技术指导和财政补贴等方式，给予村民更多的支持和帮助，激发村民积极性，推动空心村的复兴和发展。

发展特色产业也是轻度型空心村整治的一个重要策略点。村庄作为农村经济发展的重要组成部分，通过发展特色产业，不仅可以增加村民收入，提高生活品质，还可以促进村庄的发展。特色产业包括旅游、文化、农业等多个方面，村庄可以根据自身的条件和优势选择发展的方向，从而增加村民收入，提高村庄的整体发展水平。

轻度型空心村整治策略涵盖了加强村庄规划管理、鼓励村民自主整治和发展特色产业等多个方面，旨在有效应对空心村问题并促进村庄的可持续发展。规划建设管理部门可以提供技术指导和财政支持，帮助村民克服困难，推动整体整治工作的顺利进行。

3.4.2　中轻度型空心村整治

针对空置率在10%~30%、具备一定发展条件的空心村，旨在实施一系列措施以提升村庄的整体质量和可持续发展。该整治策略的难度适中，需要综合考虑村庄的特点和发展潜力。中轻度型空心村整治包括拆除闲置房屋，将其改造为公共空间，以提高土地利用效率和村庄整体环境的品质。通过合理规划和设计，利用空心村内的闲置空间，可以建设公园、广场、休闲区等，为村民提供公共活动场所，丰富村庄的社会功能。整治需要引入外来资本或技术，活化利用空心村房屋，发展乡村旅游、民宿等产业。通过吸引外来投资和专业经营，可以将空置的房屋改造成乡村旅游景点、民宿等，创造就业机会，增加村庄的经济收入。这不仅能够提升空心村的知名度和吸引力，也能够促进当地经济的发展。整治还需要完善基础设施和公共服务设施，以提升村庄的吸引力。包括改善道路交通、供水、供电、供气等基础设施条件，提高居民的生活便利性和品质。同时，注重发展公共服务设施如学校、医疗机构、文化活动场所等，满足村民的基本需求，提升村庄的整体发展水平。

中轻度型空心村整治策略通过实施村内集约整治、引入外来资本或技术、完善基础设施和公共服务设施等多个方面，旨在提升空心村的发展潜力和吸引力，促进村庄的可持续发展。这将为空心村带来新的活力，改善居民的生活条件，推动乡村经济的繁荣和社会的进步。

3.4.3 **中度型空心村整治**

对于空置率在30%~50%、缺乏基本发展条件的空心村而言，整治难度较高，需要采取一系列策略来应对挑战，推动村庄的可持续发展和提升生态环境质量。通过将空心村与具备较好发展潜力的中心村或邻近村进行合并整治，可以充分发挥各村资源的优势互补，实现规模经济效益和资源的有效整合。联村整治不仅可以提高整治效率，还能推动区域发展的协调性和一体化。中度型空心村整治需要建设区域性的农村综合服务中心，为村庄提供全方位的基础设施和公共服务。这些综合服务中心包括教育、医疗、文化、商业等设施，能够满足村民的各类需求。同时，加强基础设施建设，提升供水、供电、道路等基础设施的完善程度，为村庄发展提供有力支持。此外，中度型空心村整治还应注重恢复耕地或改造为绿化带、公园等生态空间，以提升乡村的生态环境质量。通过合理规划和管理，将闲置土地恢复为耕地，或者改造为绿化带、公园等生态空间，不仅有利于提高土地利用率，也能改善村庄的生态景观和环境质量。这种生态修复和景观再造将为村庄创造宜居的生活环境，提升居民的生活品质。

中度型空心村整治策略通过实施联村并建整治、建设区域性的农村综合服务中心以及恢复耕地或改造为绿化带、公园等生态空间等多个方面，致力于解决空心村整治难度较高的问题，推动村庄的可持续发展和提升生态环境质量。这些措施将为村庄带来新的发展机遇，改善居民的生活条件，促进乡村的繁荣与发展。

3.4.4 **重度型空心村整治**

针对空置率在50%以上、不具备基本发展条件的空心村，整治难度极高。为了解决这一问题，需要采取多方面的策略来推动整治工作，实现乡村的可持续发展和生态环境的保护。实施易地新建整治是重度型空心村整治的重要举措。通过拆迁空心村的房屋和设施，并将居民安置到县城或乡镇的集中安置区，可以重新规划和建设新的村庄。易地新建可以解决原有空心村基础设施老化、交通不便等问题，为居民提供更好的生活环境和基础设施条件。其次，制定合理的补偿标准和安置政策是重度型空心村整治的重要保障。在拆迁和搬迁过程中，应确保搬迁群众的基本生活和合法权益。补偿标准应根据土地和房屋的价值进行公平合理的评估，确保搬迁群众得到应有的补偿。同时，安置政策需要考虑居民的就业、教育、医疗等需求，为他们提供良好的生活条件和发展机会。同时，恢复耕地或改造为生态林地、湿地等生态空间是重度型空心村整治的重要环节。通过恢复荒废的土地，将其重新利用为耕地，可以增加农村的农业产出，改善农民的生计状况。另外，将空心村改造为生态林地、湿地等自然生态空间，有助于保护乡村的生态环境，提升生态系统的稳定性和可持续性。

重度型空心村整治策略的关键在于通过实施易地新建整治、制定合理的补偿标准和安置政策，以及恢复耕地或改造为生态林地、湿地等生态空间等多个方面的综合措施，来解决空心村整治难度极高的问题，推动乡村的可持续发展和实现生态保护。通过拆迁空心村的房屋和设施，实施易地新建整治，可以为居民提供更好的生活条件和发展机会。同时，制定合理的补偿标准和安置政策，保障搬迁群众的基本生活和合法权益。此外，恢复耕地或改造为生态林地、湿地等生态空间有助于保护乡村的生态环境，促进生态系统的稳定和可持续发展。综合而言，这些措施将为空心村带来新的发展机遇，改善居民的生活条件，促进乡村经济的繁荣与发展，同时实现乡村生态环境的保护与提升。

3.5　特色产业引领型策略

特色产业引领型策略是一种利用空心村的资源优势，发展具有区域特色和市场竞争力的产业，实现空心村的经济转型和社会活化的策略。该策略主要包括农业资源引领、自然资源引领和文化产业引领三个方面。农业资源引领是通过整合土地资源，发展特色种养业，提高农产品的质量和附加值，增加农户的收入和参与度[84]。自然资源引领是利用山水、林地等自然资源，发展农业观光和旅游休闲产业，吸引游客前来体验乡村风情和自然风光，提高空心村的生态环境质量。文化产业引领是实施文化保护、创新和展示等措施，提高空心村的文化吸引力，发展文化相关旅游休闲产业，增加空心村的知名度和影响力。

3.5.1　农业资源引领

通过根据空心村的地理位置、气候条件、土壤特性等因素，选择适合当地发展的特色农产品，如蔬菜、花卉、中药材、畜禽等，可以建立标准化、规模化、品牌化的生产基地，以提高农产品的质量和附加值。这种策略不仅有助于改善农产品的市场竞争力，还为空心村带来了新的经济增长点。

农业资源引领策略着重挖掘空心村的地方特色和优势资源，以促进农业产业的发展。通过对空心村的地理条件、气候特点和土壤质量进行综合评估，可以明确适合该地区发展的特色农产品。例如，对于气候温暖湿润的地区，可以选择发展热带水果种植；对于土壤肥沃的地区，可以发展粮食作物或经济作物；对于山区地区，可以发展中药材种植等。这种因地制宜的发展方式，不仅可以提高农产品的品质，还可以满足市场对特色农产品的需求，带动农业产业的升级和发展[86]。农业资源引领策略倡导建立标准化、规模化、品牌化的生产基地，以提高农产品的质量和附加值。通过整合土地资源和农业生产要素，建立现代化的农业生产基地，可以提高生产效率和产品质量，降低成本，增加农产品的附加值。这可以通过引进现代化农业技术和管理经验，建设现代化的农业生产设施，推动农业生产向标准化和规模化发展。同时，通过品牌化策略，打造有口碑和市场认可度的农产品品牌，提高产品的竞争力和附加值。

农业资源引领策略注重建立专业化合作社，以实现农户的联合经营。合作社作为农民自我组织的形式，具有重要的作用。它将农户的资源进行整合，使其形成合作力量，从而实现农业生产的规模化和集约化。通过合作社，农户可以共同采购农业生产资材、共享农机具和设备，合理安排种植和养殖计划，并进行统一的销售和市场推广。这种联合经营的方式不仅能够降低生产成本，提高生产效率，还能够共享风险和收益，增加农户的收入。同时，合作社还可以为农户提供农业技术培训和管理指导，提升他们的专业素养和经营水平。通过建立专业化合作社，农业资源引领策略为空心村提供了可持续发展的途径，促进了农村经济的繁荣和农民生活质量的提升。

3.5.2 自然资源引领策略

这一策略利用空心村周边丰富的自然资源，包括山水、林地、湿地等，开发农业观光和旅游休闲产业，如乡村民宿、生态果园、采摘园、休闲农场、生态公园等，以丰富空心村的旅游产品和服务，吸引游客前来体验乡村风情和自然风光[85]。首先，利用山水、林地、湿地等自然资源开展农业观光旅游，能够为空心村注入新的活力。乡村民宿的建设能够提供独特的住宿体验，让游客亲近自然、感受乡村生活。采摘园则提供了参与农业生产的机会，让游客亲手采摘农作物，感受耕作的乐趣。休闲农场则提供了各种娱乐设施和活动，使游客能够在农田间尽情享受休闲时光。生态公园则通过打造优美的自然环境和生态景观，为游客提供放松心灵、感受大自然的场所。这些旅游项目的开展不仅能够增加空心村的收入和就业机会，还能够丰富游客的旅游体验，提升整个地区的旅游形象。其次，自然资源引领策略注重加强生态保护和修复，以提高空心村的生态环境质量。通过恢复和保护山水、林地、湿地等自然资源，可以提升空心村的生态景观价值，增加生物多样性，改善空气质量，净化水源，营造良好的生态环境。这不仅使空心村成为一个宜居宜游的地方，也为乡村的可持续发展打下了坚实的基础。

自然资源引领策略在空心村的整治工作中扮演着至关重要的角色。该策略通过充分利用周边丰富的自然资源，开展农业观光和旅游休闲产业，以丰富空心村的旅游产品和服务，从而吸引更多游客前来体验独特的乡村风情和自然风光。

3.5.3 文化产业引领

随着现代化进程的推进，乡村地区出现了许多空心村，这些村庄因为长期人口外流和经济发展滞后等原因，逐渐失去了活力和吸引力。为了重振空心村的活力，提高乡村发展质量，当地政府采取了生态修复与景观再造的整治工作实施策略，其中特色产业引领型策略是非常重要的一项。文化产业引领策略作为特色产业引领的一个方向，对于空心村的整治工作有着重要的作用。首先，保护和传承空心村的历史文化遗产是重中之重。这不仅是保护历史文化遗产的重要举措，更能够为空心村赋予独特的文化内涵和价值。可以采取措施，对古建筑、民俗风情、传统工艺等进行保护和修缮，让这些文化遗产得到更好的利用和发展。此外，政府还可以组织专业团队对文化遗产进行研究和整理，以期能够更好地传承和推广[87]。其次，创新和开发空心村的文化产品和活动，是重要的文化产业发展方向。可以鼓励当地农民通过农家乐等形式，开发乡村美食，推广当地特色美食。同时，可以组织文化节庆和文艺表演等文化活动，为游客提供多样化的文化体验。这些文化产品和活动的推广不仅能够丰富空心村的文化内涵，还能够为当地农民提供新的经济收入。展示和推广空心村的文化特色和形象也是非常重要的，可以通过建设文化馆、美术馆、图书馆等公共文化设施，为游客提供更好的文化展示场所。此外，政府还可以利用网络平台进行宣传推介，展示空心村的文化特色和形象。这些措施有助于提高空心村的知名度和影响力，吸引更多的游客前来参观和体验。

通过文化产业的发展，空心村能够获得更高的知名度和影响力，并且推动文化相关的旅游休闲产业的发展。文化产业的发展不仅能够丰富空心村的文化内涵，还能够为当地带来经济效益和社会效益。

4　运行程序

4.1　调查分析程序

4.1.1　场地调查程序

场地调查程序是空心村生态修复与景观再造的整治工作中的关键步骤。它涉及调查并记录空心村的自然条件、社会状况、历史文化等方面的现状数据。通过详细的调查，可以为整治工作提供准确的基础信息和科学依据，以制定合理的修复计划和策略。场地调查程序主要有以下几个步骤：

确定调查目标和范围。根据空心村的整治目的和内容，确定需要调查的空心村的数量、位置、类型等，以及需要调查的自然条件、社会状况、历史文化等方面的具体指标和内容。

制定调查方案和方法。根据调查目标和范围，制定合理的调查方案和方法，包括调查时间、人员、工具、资料等，以及调查方式、步骤、流程等。

实施调查工作。按照调查方案和方法，实施调查工作，收集并记录空心村的自然条件、社会状况、历史文化等方面的现状数据。

在进行空心村生态修复与景观再造的整治工作时，调查和记录空心村的自然条件、社会状况、历史文化等方面的现状数据内容。

调查空心村的自然条件内容调查包括了土地利用、地形地貌、土壤质量、植被覆盖等自然要素的调查[88]。通过对这些自然条件的了解，可以评估空心村所面临的环境问题和生态状况，为后续的生态修复工作提供参考。例如，如果发现土壤退化或水源受到污染，就可以针对性地采取措施进行土壤修复或水源保护，以改善生态环境。

社会状况调查内容包括了人口状况、居民生活方式、经济状况、社会关系等方面的调查。通过了解空心村的社会状况，可以把握当地居民的需求、意愿和参与度，为整治工作的推进提供依据。例如，了解当地居民的经济状况和产业发展情况，可以针对性地推动特色产业的引进或培育，促进乡村经济的发展。

历史文化调查内容涉及对空心村的历史文化遗产、传统乡俗、民间艺术等方面的调查。通过了解和记录空心村的历史文化，可以更好地保护和传承当地的文化资源，为文化产业的发展提供支持。同时，历史文化调查还可以帮助规划和设计整治工作，使修复后的空心村在保留历史特色的同时，融入现代化元素，营造具有独特魅力的乡村景观。

表3-1　空心村场地调查内容清单

调查内容	具体事项
自然条件调查	土地利用情况：耕地、建设用地、闲置地、林地等比例及分布情况
	地形地貌：山地、平原、河流等地貌特征
	水体情况：河流、湖泊、水库等水体的数量、面积、水质情况
	土壤质量：土壤类型、肥力、污染情况
	植被覆盖：植被类型、植被覆盖率
社会状况调查	人口状况：人口数量、年龄结构、职业分布、迁徙情况
	居民生活方式：居住条件、生活习惯、农业生产方式
	经济状况：收入来源、主要产业、就业情况
	社会关系：村民组织形式、社区关系、村民参与度
历史文化调查	历史文化遗产：古建筑、文物、历史事件等
	乡土文化：传统习俗、民间艺术、特色文化活动
	文化资源保护情况：文化遗产保护措施、文化活动开展情况
环境状况调查	空气质量：主要污染源、污染物浓度、

调查内容	具体事项
环境状况调查	水质状况：主要水源、水质指标、
	噪音状况：主要噪音源、噪音水平
设施调查	基础设施：道路、供电、供水、通讯等基础设施状况
	公共服务设施：医疗机构、学校、社区中心等服务设施情况

4.1.2　需求分析程序

在进行空心村生态修复与景观再造的整治工作时，须要分析并确定空心村在生态环境、景观形态、社会经济等方面存在的问题和需求，以便制定相应的整治策略和计划。

（1）生态环境问题分析：通过对空心村的自然条件、生态系统状况和环境质量进行评估和调查，确定生态环境问题的具体表现和原因。可能涉及的问题包括土地退化、水源污染、生物多样性丧失等。通过分析生态环境问题，可以确定相应的生态修复需求，如土地治理、水资源保护和生态系统恢复等。

生态环境问题分析的步骤：a.评估生态系统状况：对空心村的自然资源和生态系统进行评估，包括土地退化程度、水源污染情况和生物多样性丧失程度等；b.分析生态环境问题原因：确定导致生态环境问题的根本原因，如人为活动、不合理的土地利用、环境污染等；C.确定生态修复需求：根据评估结果和问题分析，确定需要进行的生态修复措施，如土地治理、水资源保护和生态系统恢复等。

（2）景观形态问题分析：该分析主要关注空心村的景观状况和形态特征。通过考察村庄的建筑风格、公共空间布局、道路交通组织等方面，确定存在的景观问题，如杂乱无章的建筑布局、景观缺失或破损等[89]。分析景观形态问题有助于确定景观再造的需求，如规划整治建筑布局、修复破损景观、增加绿化覆盖等。

景观形态问题分析的步骤：a.分析景观问题原因：探究导致景观形态问题的原因，如历史原因、不合理的规划、缺乏维护等。b.定义景观再造需求：根据问题分析，确定需要进行的景观再造措施，如规划整治建筑布局、修复破损景观、增加绿化覆盖等。

（3）社会经济问题分析：该分析涉及空心村的社会经济状况和发展问题。通过调查居民的就业情况、收入水平、基础设施状况、公共服务供给等，确定社会经济问题的具体表现，如就业机会匮乏、经济发展乏力、基础设施不完善等。分析社会经济问题有助于确定相应的需求，如发展特色产业、改善基础设施、提供社会服务等。

社会经济问题分析的步骤：a.分析社会经济问题表现：确定社会经济问题的

具体表现，如就业机会匮乏、经济发展乏力、基础设施不完善等。 b.探究问题原因：深入分析导致社会经济问题的原因，如产业结构调整、资源匮乏、缺乏投资等。 c.确定社会经济需求：根据问题分析，确定需要采取的措施，如发展特色产业、改善基础设施、提供社会服务等。

4.2 方案设计程序

4.2.1 规划设计程序

空心村生态修复与景观再造的整治工作中的实施设计程序包括制定整治目标和确定规划原则、方案制定、空间布局和功能规划、实施策略与措施等四个步骤。这一程序旨在实现空心村在生态、景观和社会经济方面的全面改善和可持续发展，需要充分考虑群众意愿和利益诉求，尊重历史文化和乡土风貌，避免一刀切和千篇一律。同时，需要明确各个阶段的任务和时间要求，合理分配资源，建立跨部门、跨领域的合作机制，制定相关政策文件，加强监督和评估机制，确保整治工作的有效性和可持续性。

（1）制定整治目标和确定规划原则

制定整治目标是确保空心村在生态、景观和社会经济方面得到全面改善和可持续发展。这些目标包括恢复生态平衡、提升景观品质和促进社会经济可持续发展等。生态平衡恢复的目标涉及修复破坏的生态系统、保护自然资源和生物多样性，以恢复空心村地区的生态平衡。景观品质提升的目标涉及改善建筑布局、绿化设计和景观规划，以提升空心村的景观品质，创造宜居和美丽的环境。社会经济可持续发展的目标涉及促进空心村的社会经济活动，培育新的产业发展机会，提升居民生活质量和经济繁荣。

确定规划原则是确保整治工作的科学性、可持续性和社会参与性。生态优先原则将生态保护和修复置于首要位置，确保整治工作与环境保护相协调，减少对自然资源的损害。可持续发展原则确保规划设计考虑到经济、社会和环境的可持续性，以满足当前需求并不影响未来世代的发展。社区参与原则鼓励空心村居民、相关利益方和专业人士参与规划决策过程，以确保规划方案符合当地实际需求和利益。多功能性原则通过合理规划空间和功能，使空心村成为具有多功能的社区，包括居住、农业、商业、文化和休闲等多个方面[90]。保护传统文化原则注重保护和弘扬空心村的历史文化，保留和传承传统建筑风格和文化价值。

（2）方案制定

制定生态修复方案旨在改善空心村地区的生态环境质量，恢复受损的生态系统功能。这一方案包括土壤改良、植被恢复和水资源管理等措施。首先，土壤改良涉及采用适当的技术手段修复受污染或贫瘠的土壤，提升其肥力和水分保持能力，为植物生长提供良好的基础条件。其次，植被恢复是通过种植本地特色植物和适应当地气候条件的植物品种，增加植被覆盖和生物多样性。这将有助于修复破坏的植被，改善空心村的生态景观，并提供栖息地和食物链基础。最后，水资源管理是建立合理的水资源管理系统，包括收集雨水、灌溉水的收集和利用。这将满足植物生长的需求，避免水资源的浪费和污染，确保生态修复工作的可持续性。

制定景观再造方案旨在提升空心村的景观形态和品质，创造宜居、美丽的环境。该方案涉及建筑布局、绿化规划和公共空间设计等措施。首先，建筑布局方面，通过重新规划和调整空心村的建筑布局，优化建筑位置和高度，形成合理的空间结构和宜居的居住环境。其次，绿化规划是制定合理的绿地布局、植树造林和花草种植计划，以增加绿色景观的覆盖面积和多样性。这将改善空心村的空气质量、温度调节和美观度。最后，公共空间设计包括设计公园、广场、步行街等，提供居民休闲、交流和社交的场所，增加社区活力。这些公共空间将成为社区居民社交互动、文化活动和休闲娱乐的重要场所。

制定社会经济发展方案旨在促进空心村的可持续发展，培育新的产业发展机会和提升居民生活质量。该方案包括产业发展、基础设施建设和公共服务提升等措施。首先，产业发展方面，规划确定适合空心村的产业发展方向，鼓励发展具有地方特色的农业、手工业、文化创意产业等。通过引入新的产业项目和提升现有产业的竞争力，可以为空心村创造经济增长和就业机会。其次，基础设施建设是确保空心村基础设施完善和现代化的重要举措。包括道路、供水、供电、通信等基础设施的规划和建设，以提高居民生活质量、促进商业活动和方便交通流动。最后，公共服务提升是通过提供更好的教育、医疗、文化和社区服务，提升居民的生活品质。这包括建设学校、医院、图书馆、文化中心等公共设施，满足居民的基本需求并提供更多的发展机会。

（3）空间布局和功能规划

空间布局规划是基于整治目标和方案，对空心村进行合理的空间规划。其中包括功能分区、道路布局和绿地设置等方面的考虑。根据村庄的特点和发展需求，不同区域可以划分不同功能的分区。通过合理的空间布局，可以优化资源利用、提高居民生活质量和增加活动空间[91]。道路布局是确保村庄内部交通流动和联通外部的关键因素，合理设置主干道、支路和步行道等，方便居民出行和活动。此外，绿地设置是重要的生态环境组成部分，通过合理规划绿地空间，可以提供自然景观、生态功能和公共休闲空间，营造宜居的村庄环境。

功能规划设计是为了实现空心村的多功能发展，满足居民的生活需求和促进社会经济发展。在功能规划中，需要考虑不同区域的用地分配和功能设置。居住区应规划适宜的住宅类型和配套设施，满足居民的居住需求。商业区可以设立商业设施、服务业和旅游设施，提供商品和服务，促进商业活动和经济发展。农业区可以规划农田和农业设施，支持农业生产和乡村旅游。文化区则可设立文化设施、公共活动场所和文化展示区，传承和展示空心村的历史文化和民俗风情。通过合理的功能规划，可以使空心村实现多样化的功能，提升整体发展水平和居民的生活品质。

（4）实施策略与措施

整治工作应划分为不同的阶段，并明确每个阶段的任务和时间要求。通过详细的实施步骤和时间计划，可以有效组织资源、协调工作进度，确保各项任务按时完成。此外，针对每个阶段的特点和需求，应制定相应的工作方案和操作指南，明确工作流程和责任分工。

根据整治工作的需求，需要明确所需的资源类型和数量，并进行合理分配。这涉及到人力资源的调配、物资设备的配置以及资金的筹措等方面。同时，建立跨部门、跨领域的合作机制也是重要的措施。整治工作往往涉及多个部门和利益相关方，需要建立协调机制、信息共享平台和合作框架，促进各方资源的共享、协同作业和互惠共赢。

通过制定相关政策文件，可以提供法律和政策支持，明确整治工作的目标、原则和具体要求。这包括制定生态保护政策、土地规划和管理政策、资金支持政策等，为整治工作提供政策依据和保障。同时，要加强政策的宣传和解读，使各方能够理解和遵守相关政策。此外，还应建立监督和评估机制，对整治工作进行监督和评估，及时调整政策和措施，确保整治工作的有效性和可持续性。

4.2.2　实施设计程序

实施设计程序在空心村生态修复与景观再造的整治工作中起着关键作用，通过设计和制定治理实施方案，包括工程设计、项目管理、资金筹措等内容，可以确保整治工作的顺利实施和预期效果的实现。

（1）工程设计

工程设计是整治工作的核心环节，它涉及到具体的技术方案和工程设计图纸的制定。在生态修复方面，工程设计可能涉及土壤改良、水资源管理、植被恢复等内容。针对每个生态修复项目，需要进行详细的工程设计，包括技术选型、工程量计算、工程造价估算等。同时，要考虑生态修复的长期性和可持续性，采用科学的工程设计方法，确保修复效果的稳定性和可持续发展。

在景观再造方面，工程设计涉及到建筑布局、绿化规划、公共空间设计等方面。根据整治目标和规划方案，设计师可以制定具体的景观再造方案，包括景观元素的选择、布局设计、景观材料的选用等^[92]。通过工程设计，可以确保景观再造的美观性、可行性和实用性，提升整个空心村的景观品质和人居环境。

（2）项目管理

项目管理是整治工作的组织和协调过程，旨在确保整治工作按计划、高效地进行。在项目管理中，需要确定项目的组织结构和责任分工，明确各个参与方的角色和任务。项目管理涉及到项目计划制定、进度控制、质量管理、风险管理等方面。项目经理需要协调各方合作，解决项目中出现的问题和风险，并确保整治工作按时、按质量要求完成。

在生态修复方面，项目管理需要关注生态修复工程的施工进度和质量，监督土壤改良、植被恢复、水资源管理等工程的实施情况。在景观再造方面，项目管理需要协调各个施工团队，确保建筑布局、绿化规划、公共空间设计等工程按照设计要求和时间计划进行施工。项目管理还包括对项目资金的管理和使用，确保资金的有效利用和透明度。

（3）资金筹措

对整治项目进行全面评估，确定所需的资金规模和使用范围。根据项目的不同阶段和具体需求，明确资金来源，包括政府投资、社会资本、各种补助和专项资金等。同时，需要制定合理的资金计划，确保资金的分配和使用能够与整治工作的进展相匹配。

通过多方合作、联合融资等方式，拓宽资金渠道，增加项目的融资来源。可以与金融机构、企业、社会组织等进行合作，引入专业投资和管理能力，共同参与整治项目，并分享风险和回报。此外，也可以通过开展公私合作、PPP模式等，吸引私人资本参与整治工作，提高项目的融资效率和可持续性。

建立完善的资金管理和监督机制，确保资金使用的合规性和透明度。制定资金管理制度和相关政策，明确资金的使用范围、审批程序和监督责任。加强财务核算和资金流向的监测，定期公开资金使用情况，接受社会监督。同时，建立风险评估和预警机制，及时发现和解决资金使用过程中的问题，确保资金的有效利用和项目的顺利实施。

4.3　实施监督程序

4.3.1　项目执行程序

空心村治理项目执行程序主要包括工程施工、设施安装和植被种植三个步骤。工程施工是对空心村的建筑物进行拆除、清理和重建，以改善村庄的建筑布局和空间结构。设施安装是为空心村提供必要的基础设施和公共服务设施，以提高村民的生活水平和便利性。植被种植是在空心村周边或内部进行适宜的绿化植物的种植，以改善村庄的生态环境和景观效果。

（1）工程施工。工程施工是指对空心村的建筑物进行拆除、清理和重建等工作，以改善村庄的建筑布局和空间结构。在工程施工中，要遵守相关法律法规和技术标准，保证施工质量和安全。同时，要尊重群众意愿和利益诉求，合理确定拆迁补偿标准和方式，及时发放补偿款或安置房，并妥善处理拆迁过程中可能出现的纠纷和问题。在拆除旧房屋时，要注意保护村庄的历史文化遗产和特色风貌，避免造成不必要的损失。在重建新房屋时，要根据规划设计方案和村民需求，采用节能环保的建筑材料和技术，提高建筑质量和舒适度。在施工过程中，要加强现场管理和监督检查，及时解决施工中出现的问题和困难。

（2）设施安装。设施安装是指为空心村提供必要的基础设施和公共服务设施，包括道路、供水、供电、通信、排水、垃圾处理等基础设施，以及学校、医院、图书馆、文化中心等公共服务设施。在设施安装中，要根据规划设计方案和群众需求，合理配置设施类型和数量，并确保设施功能完善和运行稳定。同时，要加强设施的管理和维护，保证设施的使用寿命和效益。在道路建设中，要注意与周边环境协调统一，优化道路布局和结构，提高道路通行能力和安全性。在供水供电建设中，要注意节约用水用电，提高供水供电质量和可靠性。在通信建设中，要注意提升通信信号覆盖范围和速度。在排水垃圾处理建设中，要注意采用先进的排水垃圾处理技术和设备，减少污染物排放和垃圾堆积。在公共服务设施建设中，要注意满足村民的教育、医疗、文化等多方面需求，提高公共服务水平和效率。

（3）植被种植。植被种植是指在空心村周边或内植被种植是指在空心村周边或内部进行适宜的绿化植物的种植，以改善村庄的生态环境和景观效果。在植被种植中，要根据土壤、气候、水源等自然条件，选择适合当地生长的乡土植物或经济作物，避免引入外来入侵物种或对环境造成负面影响的植物。同时，要考虑植物的功能、形态、色彩、花期等特征，合理配置植物的种类、数量和分布，形成多层次、多样化、富有特色的绿化景观。在植被种植过程中，要加强植物的管理和养护，保证植物的生长健康和美观。

4.3.2 效果反馈程序

空心村生态修复与景观再造的整治工作中的效果反馈程序，是指按照一定的反馈标准，对空心村的治理效果进行评价和分析，并以适当的方式向相关方面进行反馈和建议。反馈标准包括指标体系、评价方法、评价周期等，反馈内容包括优势和不足、问题和建议等。

（1）反馈标准。反馈标准是指对空心村治理效果进行评价的依据和规范，包括指标体系、评价方法、评价周期等。指标体系是指从生态、景观、社会等多个维度，确定一系列量化或定性的评价指标，如绿化覆盖率、生物多样性、村庄美化程度、村民满意度等。评价方法是指根据指标体系，采用科学合理的数据收集和分析方法，如问卷调查、现场观察、专家评审等[93]。评价周期是指根据治理工作的进展和特点，确定合适的评价时间点，如前期调研、中期检查、后期总结等。

（2）反馈内容。反馈内容是指根据反馈标准，对空心村治理效果进行具体的描述和分析，包括优势和不足、问题和建议等。

生态效果的评价和反馈。通过对整治区域的生态指标进行监测和测量，评估生态修复的效果。这包括监测土壤质量、水质情况、植被覆盖率等生态指标的变化。通过对比整治前后的数据，可以评估生态系统的恢复程度。同时，对生态功能的恢复情况进行评价，如水源涵养、水土保持、生物多样性等方面的改善程度。通过这些评估和反馈，可以了解生态修复工作的成效，并根据评估结果进行必要的调整和改进。

景观效果的评价和反馈。对整治后的景观进行评价，包括景观形态、景观质量和景观特色等方面。通过视觉调查、景观测量和观察等方法，评估景观改造的效果。这包括建筑布局的美观程度、绿化植被的生长状况、公共空间的利用情况等。评估结果可以反映出整治工作对村庄景观的改善程度，并提供改进景观设计和管理的参考意见。

社会效果的评价和反馈。社会效果包括村庄社区的发展、居民的生活质量和社会经济的可持续发展等方面。通过对居民的问卷调查、访谈和社会经济数据的统计分析等方法，评估整治工作对社区的影响。这包括社区居民对整治工作的满意度、居住环境的改善、公共服务设施的提升等方面。评估结果可以反映整治工作对社会经济发展的促进作用，并为进一步完善社区服务和提升居民生活质量提供依据。

（3）反馈方式。反馈方式是指将反馈内容以适当的形式传达给相关的主体和对象，包括书面报告、口头汇报、视频展示等。书面报告是指将反馈内容以文字或图表等形式编写成报告，并通过邮件或纸质文件等方式发送给相关部门或机构。口头汇报是指将反馈内容以语言或演示等形式进行汇报，并通过会议或座谈等方式与相关人员进行交流或讨论。视频展示是指将反馈内容以影像或动画等形式制作成视频，并通过网络或电视等方式向相关群体或公众进行展示或宣传。

4.3.3　后期维护程序

后期维护程序，是指对空心村治理成果进行保障和提升的一系列工作，主要包括设施维修、植被养护和活动管理三个方面。设施维修是指对基础设施和公共服务设施进行检查、维修和更新，保证设施的正常运行和使用。植被养护是指对绿化植物进行浇水、施肥、除草、修剪等管理措施，保证植物的生长健康和美观。活动管理是指对乡村旅游活动、农业休闲体验活动、农产品加工销售活动等进行规范和有序的组织和管理，保证活动的安全和效果。后期维护程序的目的是为了实现空心村的生态修复与景观再造，促进乡村振兴与城乡融合发展[94]。后期维护程序的实施需要政府部门、村集体、企业单位等多方参与，明确各自的职责和义务，并建立相应的监督和考核机制。

（1）设施维修。设施维修是指对空心村治理过程中建设或改造的基础设施和公共服务设施，进行定期或不定期的检查、维修和更新，以保证设施的正常运行和使用。设施维修的内容包括道路、供水、供电、通信、排水、垃圾处理等基础设施，以及学校、医院、图书馆、文化中心等公共服务设施。设施维修的方法包括日常巡查、定期保养、应急处理等。设施维修的责任主体包括政府部门、村集体、企业单位等，根据设施的性质和归属，明确各自的职责和义务，并建立相应的监督和考核机制。

（2）植被养护。植被养护是指对空心村治理过程中种植或保留的绿化植物，进行适时适度的浇水、施肥、除草、修剪等管理措施，以保证植物的生长健康和美观。植被养护的内容包括边坡植被、村庄绿化植被、经济作物或林果产品等。植被养护的方法包括人工操作、机械化作业、智能化管理等。植被养护的责任主体包括政府部门、村集体、企业单位等，根据植物的性质和归属，明确各自的职责和义务，并建立相应的监督和考核机制。

（3）活动管理。活动管理是指对空心村治理过程中开展或引入的各类活动，进行规范和有序的组织和管理，以保证活动的安全和效果。活动管理的内容包括乡村旅游活动、农业休闲体验活动、农产品加工销售活动等。活动管理的方法包括制定活动方案、协调活动资源、宣传活动信息、引导活动秩序等。活动管理的责任主体包括政府部门、村集体、企业单位等，根据活动的性质和归属，明确各自的职责和义务，并建立相应的监督和考核机制。

第四章 空心村生态修复与景观再造整治技术

1 适宜性整治技术选择

1.1 选择原则

空心村生态修复与景观再造整治是为了恢复和提升空心村的生态功能和景观价值，促进其可持续发展。在进行适宜性整治技术选择时，需要考虑以下原则和方面。

以人为本，尊重农民意愿和乡村文化。空心村整治过程中，应当充分尊重农民的意愿和建议，尊重他们的生活习惯和传统风俗。空心村是农民的家园，要注重保护和传承空心村的历史文化和乡土风情，避免强行推行统一化、标准化、城市化的整治模式。农民参与整治决策、规划设计、项目实施等过程中，应得到充分的信息和参与权利，使整治过程符合他们的实际需求和利益。

以地为主，因地制宜和分类施策。空心村整治涉及的村庄类型、地理位置、自然条件、社会经济发展水平等因素各不相同，因此需要根据不同空心村的特点和需求，进行科学分类和区域划分[95]。通过综合考虑地域特点和发展潜力，选择最适合的整治方式和技术。例如，对于位于山区的空心村可以采取生态修复和森林植被恢复的技术，而对于水域地区的空心村可以采取湿地恢复和水资源管理的技术。

以生态为先，坚持绿色发展和循环利用。空心村整治应优先考虑生态保护和恢复，遵循自然规律和生态原则。在整治过程中，应采取环境友好的技术和方法，减少对环境的破坏和污染。同时，应充分利用废弃资源和生态系统的自我修复能力，通过回收利用废弃物和有机废料等，实现资源的循环利用和能源的节约利用。

以效为要，注重创新发展和综合效益。空心村整治应注重整治效果的提升和综合效益的实现。在技术选择上，要考虑技术的可行性、效率和成本效益，充分利用科技创新和工程管理的手段，提高整治效率和质量。同时，要综合考虑经济效益、社会效益、文化效益等多方面的综合效果，实现经济发展、社区改善和生态保护的协同推进。

综合性运用，科学决策。空心村整治涉及多个领域和多个利益相关方，需要综合运用多种整治技术，形成整治技术体系。在决策过程中，要利用空心村综合整治系统决策支持技术等手段，进行数据分析、方案评估、风险预测等，提高决策的科学性和有效性。决策过程应充分考虑各项技术的适用性、可行性和综合效益，确保整治工作的科学性和可持续性。

公众参与，广泛动员。空心村整治需要各方的共同努力和支持，应充分发挥公众的主体作用，广泛动员各方力量参与整治工作。对农民应加强宣传教育和培训指导，提高他们的整治意识和能力，使他们成为整治的积极参与者和推动者。同时，要加强与政府部门、社会组织、专业机构等的沟通协调，形成整治合力。整治成果的展示推广也很重要，通过展示成功案例，扩大整治的影响力和示范效应。

1.2 选择方式

在湖南山地丘陵地区进行空心村生态修复与景观再造整治工作时，选择适宜性整治技术需要考虑以下几个方面。

首先，根据空心村的类型、区域、条件等因素进行科学分类和区域划分，确定空心村整治的目标和范围。湖南山地丘陵地区的空心村类型多样，有农业型、工业型、旅游型等，每种类型的空心村面临的生态问题和发展需求也不同[96]。根据空心村的类型和特点，可以制定相应的整治策略和技术选择原则。同时，根据空心村所处地区的地理位置、自然条件、气候特点等，也需要针对性地选择适宜的整治技术。

其次，根据空心村的实际需求和发展潜力，选择最适合其特点的整治方式。湖南山地丘陵地区的空心村在资源利用、环境改善和经济发展方面存在着不同程度的问题和挑战。根据空心村的发展阶段、规模和资源状况等，可以选择最适合的整治方式。例如，一些人口较少的空心村可以考虑易地新建或联村并建，以提高资源利用效率和集聚效应；而一些资源丰富但发展滞后的空心村可以选择整治提升，通过改善基础设施、提升公共服务水平等，促进其发展。

第三，根据空心村的资源状况和环境特征，选择最适合其功能的整治技术。湖南山地丘陵地区的空心村在生态方面面临土壤退化、水体污染、植被破坏等问题。针对不同的资源问题，可以选择相应的整治技术。例如，对于土壤退化问题，可以采取土壤修复技术，包括土壤改良、植被恢复、有机肥料施用等，以提高土壤质量和保护农田生态系统。对于水体污染问题，可以采取水体修复技术，包括生态滤池、人工湿地、生物修复等，以改善水质和保护水资源。同时，还可以采取废弃物处置技术，包括垃圾分类处理、废物资源化利用等，以减少对环境的污染和破坏。

第四，根据空心村的规划设计和决策支持，选择最适合其效益的整治技术。在空心村整治过程中，需要进行规划设计和决策支持，以确保整治工作的科学性和可持续性。例如，可以利用空心村综合整治潜力评价与预测技术，对空心村的发展潜力和整治效益进行评估和预测，从而指导整治工作的方向和重点。同时，可以运用空心村综合整治系统决策支持技术，结合空心村的实际情况和决策需求，进行数据分析、方案评估、风险预测等，提高整治决策的科学性和有效性。

在湖南山地丘陵地区进行空心村生态修复与景观再造整治工作时，选择适宜性整治技术需要综合考虑空心村的类型、区域、条件、需求和潜力等因素。通过科学分类和区域划分，确定整治目标和范围；根据实际需求和发展潜力，选择合适的整治方式；根据资源状况和环境特征，选择适宜的整治技术；并结合规划设计和决策支持，选择最符合效益的整治技术。通过科学的技术选择，可以有效推进空心村生态修复与景观再造整治工作，实现空心村的可持续发展。

2　土壤修复与植被更新

2.1　湖南省山地丘陵地区的土壤情况

湖南地处云贵高原向江南丘陵和南岭山脉向江汉平原过渡的地带。在全国总地势、地貌轮廓中，属自西向东呈梯级降低的云贵高原东延部分和东南山丘转折线南端。东面有山脉与江西相隔，主要是幕阜山脉、连云山脉、九岭山脉、武功山脉、万洋山脉和诸广山脉等。南面是由大庾、骑田、萌渚、都庞和越城诸岭组成的五岭山脉（南岭山脉），西面有北东南西走向的雪峰武陵山脉，跨地广阔，山势雄伟，成为湖南省东西自然景观的分野。湘中大部分为断续红岩盆地、灰岩盆地及丘陵、阶地，北部是全省地势最低、最平坦的洞庭湖平原。因此，湖南省的地貌轮廓是东、南、西三面环山，中部丘岗起伏，北部湖盆平原展开，沃野千里，形成了朝东北开口的不对称马蹄形地形[97]。

湖南省的土壤分为地带性土壤和非地带性土壤。共有9个土类，24个亚类，111个土属，418个土种。地带性土壤主要是红壤、黄壤，非地带性土壤主要有潮土、水稻土、石灰土和紫色土等[98]。

红壤是全省的主要土壤，面积约占全省土地总面积的36.3%，一般土层深厚，酸性强，含有机质少，富含铁、铝，养分缺乏，肥力较低。主要分布于武陵雪峰山以东的丘陵山麓及湘、资两水流域，宜于发展油茶、茶叶、柑桔等经济作物。红壤的形成原因主要是受到气候、地质、地形和植被等因素的影响，经过长期的风化、淋溶和蚀积作用，使原岩中的硅酸盐矿物分解，释放出铁、铝等元素，形成富含铁、铝的黏土矿物和氧化物，呈现出红色或棕红色。红壤的改良措施有以下几方面：一是施用有机肥料，增加土壤的有机质含量，改善土壤结构，提高土壤肥力；二是施用石灰或碱性肥料，中和土壤酸度，改善土壤的化学性质；三是种植深根系作物，如豆科、禾本科等，利用其根系分泌的有机酸和腐殖质，提高土壤中有效养分的含量；四是采取水土保持措施，如梯田、沟渠、林草等，防止水土流失，保持土壤肥沃。

黄壤是湖南省垂直带谱上的主要土壤类型，广泛分布于湘南、湘西和湘西北各县的中低山地区。面积约占全省土地总面积的15.4%，其中怀化44.88万公顷，郴州26.32万公顷，常德9.63万公顷，其他地市也有零星分布。黄壤是由黄色或棕黄色的黏土或粘性黏土组成的土壤，一般层次不明显，酸性反应，自然肥力比红壤高。黄壤的形成原因主要是受到气候、地质、地形和植被等因素的影响，经过长期的风化、淋溶和蚀积作用，使原岩中的硅酸盐矿物分解，释放出铁、铝等元素，并与有机质结合形成黏土胶体，在水分条件较好时呈现出黄色或棕黄色。黄壤的改良措施有以下几方面：一是施用有机肥料和磷钾肥料，增加土壤的有机质含量和有效养分含量，提高土壤肥力；二是施用石灰或碱性肥料，中和土壤酸度，改善土壤的化学性质；三是种植深根系作物，如豆科、禾本科等，利用其根系分泌的有机酸和腐殖质，提高土壤中有效养分的含量；四是采取水土保持措施，如梯田、沟渠、林草等，防止水土流失，保持土壤肥沃。

潮土是由江河、湖泊沉积物形成的土壤，土层深厚，质地适中，养分丰富，适应性较广，大部分已发育为水稻土。潮土（优良旱土）只占全省土地总面积的2.5%。水稻土是湖南省的主要农用土壤，占全省土地总面积的19%。一般层次明显，有犁底层，有机质含量2.3%，铁的活动性很强。水稻土和潮土分布于洞庭湖地区和湘、资、沅、澧四水流域沿岸，适宜发展水稻、棉花、麻类、油菜等农作物。

潮土的形成原因主要是受到气候、地质、地形和植被等因素的影响，经过长期的河流、湖泊的冲刷、淤积作用，使原岩中的硅酸盐矿物分解，释放出铁、铝等元素，并与有机质结合形成黏土胶体，在水分条件较好时呈现出灰色或灰棕色。潮土的改良措施有以下几方面：一是施用有机肥料和磷钾肥料，增加土壤的有机质含量和有效养分含量，提高土壤肥力；二是施用石灰或碱性肥料，中和土壤酸度，改善土壤的化学性质；三是种植深根系作物，如豆科、禾本科等，利用其根系分泌的有机酸和腐殖质，提高土壤中有效养分的含量；四是采取水利措施，如灌溉、排水等，调节土壤水分条件，防止盐碱化和缺水。

石灰土面积占全省土地总面积的6.9%，主要分布于省境西北的武陵山地区，湘中和湘南的石灰岩地区，表土近中性，石灰含量丰富，适宜油桐、乌桕、生漆和柏木等生长。石灰土是由石灰岩或白云岩风化而成的碱性或中性土壤，一般层次不明显，质地松散，富含钙、镁等元素。石灰土的形成原因主要是受到气候、地质、地形和植被等因素的影响，经过长期的风化、淋溶和蚀积作用，使原岩中的碳酸盐矿物分解，释放出钙、镁等元素，并与有机质结合形成黏土胶体，在水分条件较好时呈现出白色或浅黄色。石灰土的改良措施有以下几方面：一是施用有机肥料和磷钾肥料，增加土壤的有机质含量和有效养分含量，提高土壤肥力；二是施用石灰或碱性肥料，中和土壤酸度，改善土壤的化学性质；三是种植深根系作物，如豆科、禾本科等，利用其根系分泌的有机酸和腐殖质，提高土壤中有效养分的含量；四是采取水土保持措施，如梯田、沟渠、林草等，防止水土流失，保持土壤肥沃。紫色土面积约133.33万公顷，占全省土地面积的6.3%，主要分布于衡阳盆地和沅麻盆地，富含磷、钾，宜于经济作物生长。紫色土是由紫色或紫红色的黏土或粘性黏土组成的土壤，一般层次不明显，酸性反应，自然肥力较高。紫色土的形成原因主要是受到气候、地质、地形和植被等因素的影响，经过长期的风化、淋溶和蚀积作用，使原岩中的硅酸盐矿物分解，释放出铁、铝等元素，并与有机质结合形成黏土胶体，在水分条件较好时呈现出紫色或紫红色。紫色土的改良措施有以下几方面：一是施用有机肥料和磷钾肥料，增加土壤的有机质含量和有效养分含量，提高土壤肥力；二是施用石灰或碱性肥料，中和土壤酸度，改善土壤的化学性质；三是种植深根系作物，如豆科、禾本科等，利用其根系分泌的有机酸和腐殖质，提高土壤中有效养分的含量；四是采取水利措施，如灌溉、排水等，调节土壤水分条件，防止盐碱化和缺水。

2.2　废旧房屋拆除及清理

湖南省山地丘陵地区的空心村房屋结构主要以土坯、砖木、砖混房、1至3层平房和楼房为主。这些房屋结构的特点对空心村整治的效果、效率以及整体发展产生了重要影响。

土坯房是山地丘陵地区常见的传统建筑形式之一。这类房屋多采用当地自然资源，如土壤和秸秆等，作为建筑材料，具有较低的造价和简单的施工工艺。然而，土坯房的耐久性较差，容易受到风雨侵蚀和自然灾害的影响，增加了房屋的维护和修复成本。在空心村整治中，拆除老旧的土坯房可以消除安全隐患，改善村庄的居住环境。

砖木结构和砖混房是这类农村地区常见的房屋类型。这些房屋通常由砖墙和木结构组成，具有一定的耐久性和抗震性能。然而，由于建造时间较早、材料质量参差不齐，加之缺乏及时维修和管理，许多砖木结构和砖混房的房屋状况已经严重受损。这些老旧房屋不仅影响了空心村的整体形象，也存在安全隐患。因此，拆除这些废旧房屋，清理危险区域，对于整治空心村、改善居住环境至关重要。

这些房屋多为多年前建造的简易住宅，规模相对较小，布局简单。然而，随着时间的推移，这些房屋面临着老化、损坏和结构不稳定的问题。在拆除过程中，我们应该注意以下几个问题：

（1）拆除工程施工方法首先考虑安全问题，然后考虑经济、人力、速度等，尽量做到安全、节省、高效等原则。

在进行拆除之前，必须进行详细的现场调查和风险评估，确定潜在的危险因素，制定相应的安全措施。这包括但不限于：确定拆除范围、稳固房屋结构、加固承重部分、防止坍塌、采取避免火灾和爆炸的措施等。同时，要确保工作人员具备必要的安全意识和操作技能，并提供必要的个人防护装备。在拆除过程中，需要评估拆除项目的经济成本，包括人力、机械设备、材料和后续处理等方面的费用。通过合理的资源配置和施工方案，确保拆除工程的经济效益最大化。例如，合理选择使用机械设备进行拆除，以提高工作效率和节约人力成本。

根据拆除项目的规模和难度，合理确定所需的人员数量和技能要求。在拆除工程中，需要有专业的工程师和技术人员进行设计和监督，同时要有熟练的操作人员进行实际施工。合理安排工作任务和流程，提供必要的培训和指导，确保人力资源的高效利用和工作质量的保证。根据项目的紧急程度和工期要求，制定合理的施工计划，确保工程进度的合理安排和控制。同时，要根据实际情况合理调配人力和机械设备，以提高工作效率和完成拆除任务的速度。

（2）在进行建筑物或构筑物的拆除过程中，产生的建筑垃圾或建筑废弃物是需要妥善处理的。这一过程涉及两个重要方面：建筑垃圾的填埋场地选择以及建筑垃圾的废物再利用。

首先，对于建筑垃圾的处理，我们必须提前选址好建筑垃圾填埋场地，以避免对环境产生污染和危害。填埋场地的选址应当考虑多个因素，包括地质条件、地下水位、土壤稳定性等。合理选址可以最大程度地减少对周边环境的影响，防止有害物质渗漏进入土壤和水源，保护生态环境的稳定性。此外，填埋场地还需要符合相关的环境法规和规范，采取有效的隔离措施，确保建筑垃圾在填埋过程中不会对环境和人类健康造成潜在风险[99]。

其次，积极探索建筑垃圾的废物再利用是关键。例如，在房屋拆除过程中产生的废弃瓦砾可以被用作修筑泥结石道路的碎石材料，这样可以实现资源的循环利用和减少材料的浪费。由于瓦砾在压碎过程中形成的碎瓦砾具有不规则的形状，这种不规则形状对泥结石道路的稳定性非常有利。碎瓦砾之间的间隙可以相互填充，形成坚固的道路基础，增强道路的承载能力和抗压能力。此外，利用废弃瓦砾作为碎石材料还可以减少修筑泥结石道路所需的材料成本，相比传统的采石方式更具经济性。通过废弃瓦砾的再利用，可以减少对自然资源的开采，降低对环境的破坏，推动可持续发展的目标。

（3）在湖南省山地丘陵地区的农村建房过程中，常用的建筑结构形式包括混凝土或地基石块。然而，在拆除建筑物后，需要对建筑地基内的混凝土或地基石块进行清理工作。这是因为这些建筑材料通常埋入地下的深度较浅，如果不彻底清除，将会对后期的植被恢复或耕作产生不利影响。

首先，如果建筑地基内的混凝土或地基石块没有被清除，它们将成为阻碍植被恢复的障碍物。当农村地区决定进行土地恢复和植被再生时，这些障碍物会妨碍植物的生长和根系的扎根。植物在扎根时需要足够的土壤深度和空间，以及良好的透水性。而混凝土或地基石块的存在会限制根系的延伸，导致植物的生长受阻，甚至无法生存。因此，清除建筑地基内的混凝土或地基石块对于植被的恢复和生态环境的重建至关重要。

其次，如果这些建筑材料不被彻底清除，会对土壤的肥力和农作物的生长产生负面影响。混凝土或地基石块的存在会导致土壤的紧实和通气性的降低，从而影响农作物根系的发育和水分的渗透。此外，建筑材料中可能残留有化学物质或有害物质，对土壤的肥力和农作物的健康产生不利影响。因此，清除建筑地基内的混凝土或地基石块可以恢复土壤的良好结构，提供适宜的生长环境，促进农作物的生长和产量的提高。

（4）清理建筑垃圾后，对清理场地的加固和平整工作至关重要，特别是在湖南省山地丘陵地区，许多农村住宅位于坡地上，前院或后院的地势陡峭。改变原有地质结构后，如果不进行适当的加固和平整，容易引发滑坡或垮塌事故，对人们的生命财产安全造成严重威胁。

首先，加固和平整工作应该从地质调查和分析开始。通过对场地的地质勘察，了解土地的地质构造、土壤性质、地下水情况等因素，评估地质稳定性和潜在风险。根据调查结果，制定相应的加固方案，确保场地的稳定和安全。

其次，加固措施可以包括地质工程技术的应用。例如，在坡地上可以采用挡土墙、护坡、植被覆盖等措施，增强地表的稳定性。对于土壤松散、易发生滑坡的地区，可以考虑采取地下排水系统、地下承台等技术手段，提高地基的稳定性。

此外，通过合理的排水系统设计，控制地下水位，减少对地基的影响，进一步增强地质结构的稳定性。

同时，平整场地也是非常重要的一步。平整工作包括填平凹陷区域、削平凸起部分、平整地面等。通过土方工程，将场地表面的高低差降至最小，减少地势变化对土地稳定性的影响。平整后，可以进行适当的压实和固化处理，增加地面的承载能力，提高整体的稳定性。

在加固和平整过程中，必须严格遵守相关的安全标准和规范，采取科学合理的施工方法。在施工过程中，应加强现场监测，及时掌握地质变化和工程效果，确保加固和平整工作的质量和效果[100]。

另外，在进行加固和平整工作时，环境保护因素应得到充分考虑。处理建筑垃圾和进行加固工程时，必须采取措施以防止环境污染和资源浪费。首先，应进行垃圾分类处理，将建筑垃圾进行有效的分离和处理。通过分类处理，可以合理利用可回收的资源，减少对自然资源的消耗。其次，在进行加固和平整工程时，应选择环保材料和技术。采用环保材料可以减少对环境的污染，并提高工程的可持续性。此外，应推广使用环保技术，例如节能减排技术和环境友好型施工方法，以最大程度地减少对环境的影响。通过采取这些环保措施，可以确保加固和平整工作在保护环境的同时达到预期的效果。

2.3 土壤的重构

2.3.1 空心村土壤重构的意义

土地整治中的土壤重构是通过工程技术手段和生物手段重新构造土壤，以恢复和提高土壤的生产力，并改善土壤环境，使之成为高质量农田的技术[101]。重构土壤的目标是创造适宜的土壤剖面和肥力条件，并确保地貌景观的稳定。为了实现这一目标，土壤重构技术采用了不同的物料，包括土壤和土壤母质，以及矿山废弃物等。这些物料经过适当的处理和混合，用于恢复和改善土壤的物理性质、化学性质和生物性质。通过土壤重构，可以重塑土地的平整度，改善土壤的通透性和保水能力，调整土壤的酸碱度和养分含量。此外，土壤重构还可以改善土壤的结构，增加土壤有机质的含量，提高土壤的保肥能力和抗旱能力。通过这些改进，重构土壤可以成为适宜农作物生长和高产稳产的基础。土壤重构技术在土地整治中起到重要的作用，可以有效地提高土地的可利用性和农业生产的效益，同时减少对自然资源的消耗和环境的影响。

空心村在拆除房屋建筑后，对其基地和场地进行土壤重构，是空心村治理的一个重要环节，具有以下作用和意义：

（1）恢复土壤功能，为植被恢复或其他用途提供良好的土壤基础。土壤重构是指通过人工干预，改善土壤的物理、化学和生物性质，提高土壤肥力和水分保持能力，增强土壤对外界干扰的抵抗力。在拆除房屋建筑后，原有的宅基地和场地往往存在土壤结构破坏、土层紊乱、土质退化等问题，影响土壤功能的发挥。通过土壤重构，可以恢复土壤的正常结构和功能，为后续的植被恢复或其他用途（如农业、林业、旅游等）提供良好的土壤基础。

（2）消除或减轻土壤不利因素，改善土壤环境质量，降低对人类健康和生态安全的风险。在拆除房屋建筑后，原有的宅基地和场地可能存在土壤酸化、盐碱化、污染等不利因素，影响土壤环境质量，对人类健康和生态安全造成威胁。通过土壤重构，可以消除或减轻这些不利因素，改善土壤环境质量。例如，通过调整 pH 值、添加有机质、施加石灰等措施，可以改善土壤酸碱度；通过深翻松土、增加排水设施、种植耐盐植物等措施，可以改善土壤盐碱度；通过清理垃圾、移除污染源、种植吸附植物等措施，可以改善土壤污染程度[102]。

（3）节约资源，减少拆除房屋后的建筑垃圾和废弃土地的处理成本，符合绿色环保理念。在拆除房屋建筑后，如果不进行土壤重构，原有的宅基地和场地将成为建筑垃圾和废弃土地，占用大量资源，增加处理成本，造成资源浪费和环境污染。通过土壤重构，可以利用拆除房屋后产生的建筑垃圾作为填埋材料或再利用材料，在一定程度上节约资源；同时，可以利用原有的宅基地和场地进行植被恢复或其他用途，在一定程度上减少废弃土地的处理成本。

（4）提高土地利用率和价值，增加土地的经济效益和社会效益。在拆除房屋建筑后，如果不进行土壤重构，原有的宅基地和场地将处于闲置状态，降低了土地利用率和价值。通过土壤重构，可以提高原有宅基地和场地的利用率和价值，在一定程度上增加了空心村治理后的经济效益和社会效益。例如，在进行植被恢复后，可以提高生态服务功能，在一定程度上增加了生态效益；在进行其他用途后（如农业、林业、旅游等），可以提高产业发展功能，在一定程度上增加了产业效益。

2.3.2　山地丘陵地区空心村土壤的重构方法

在拆除空心村废弃建筑后，对土壤的重构方法可以采用以下几种：

（1）土壤改良法。这是一种常用的土壤重构方法，通过添加物质或进行物理处理来改善土壤性质，提高土壤的肥力和水分保持能力。土壤改良几种常见的做法包括：

添加有机物质：有机物质对土壤改良具有重要作用。它可以提高土壤的肥力、改善土壤结构和增强土壤保水能力[103]。常用的有机物质包括堆肥、腐殖土和农作物秸秆等。这些有机物质可以通过堆肥处理，然后施加到土壤中，以增加土壤的有机质含量，比如采用堆肥能显著提高土壤有机质含量，施用量为30吨/公顷时，土壤有机质含量达到了21.8克/千克，比不施用堆肥的对照提高了38.5%。有机物质能够提供植物所需的养分，并改善土壤结构，增加土壤的孔隙度和通透性，有利于植物的生长和根系发育。

调节土壤酸碱性：土壤的酸碱性对植物的生长和土壤肥力有着重要影响。如果土壤过酸或过碱，会导致植物养分吸收不良，影响植物的正常生长。针对不同的土壤酸碱性问题，可以采取相应的调节措施。湖南山地丘陵地区土壤主要呈酸性反应，平均pH值为5.2，pH值范围在3.4～8.5之间。其中强酸性和极强酸性土壤最多，占比分别为49.6%和20.5%。对于酸性土壤，可以添加石灰来中和土壤酸性，并提高土壤的pH值[104]。如在湖南省长沙市某果园，对比了施用不同量的石灰对柑橘产量和土壤性质的影响，结果表明施用石灰能显著提高柑橘产量，施用量为750千克/亩时，柑橘产量达到了1.8吨/亩，比不施用石灰的对照增产了22.4%。同时，施用石灰能显著提高土壤pH值，施用量为750千克/亩时，土壤pH值达到了6.5，比不施用石灰的对照提高了0.8个单位。

改善土壤结构：土壤结构对土壤肥力和水分保持能力至关重要。一些土壤可能存在结构紧密、通透性差的问题，导致水分滞留、通气不良等。为了改善土壤结构，可以采取一些物理处理措施。例如，通过翻耕、翻压、松土等方法来疏松土壤，增加土壤的孔隙度和通气性。此外，添加适量的沙子、腐叶土等疏松物质也可以改善土壤的结构。

（2）土壤修复。这是一种针对受到污染或破坏的土壤进行恢复和修复的技术。土壤修复几种常见的做法包括：

土壤物理修复：土壤物理修复主要是通过物理手段来修复土壤。常用的方法包括土壤通风和土壤深翻等。通过这些方法，可以改善土壤的结构和通透性，增加土壤的孔隙度，提高土壤的水分透过性和氧气供应，促进土壤微生物的生长和活动。其中，土壤通风是一种在污染的土壤上打上几眼深井，安装鼓风机和抽真空机，将空气强行排入土壤中，然后抽出的方法。这一般是在受污染的土壤中至少打两口井，安装鼓风机和真空泵，将新鲜空气强行排入不饱和土壤中，以增强空气在土壤中及大气与土壤之间的流动，为微生物活动提供充足的氧气。然后再抽出，土壤中一些挥发性污染物也随着去除[105]。同时，还可通过注入井或地沟提供营养液，从而达到强化污染物降解的目的。另外，土壤深翻是一种将地下的土壤翻到表面，或将表面的土壤翻到地下的方法。一般是使用犁等工具，在播种、插秧之前或收获后进行耕翻作业。耕翻深度要因地制宜，既要考虑当地的土质、耕层、耕翻期间的天气和种植作物等条件，又要考虑劳力、农机具和肥料的情况。

对于原来耕层浅的土地，宜逐渐加深耕层，切忌将心土层的生土翻入耕层。一般深翻的深度为15厘米左右。如山地土层薄，下部为半风化的岩石，或滩地在浅层有砾石层或黏土夹层，或土质较黏重等，则深翻深度可达到30-50厘米；若为沙质土壤，则可适当浅些；深根性果树可适当深一些，浅根性果树可以稍浅。

土壤生物修复：土壤生物修复是利用微生物和其他生物来修复土壤的方法。常见的土壤生物修复方法包括菌种注入、植物修复等。菌种注入是通过向土壤中注入特定的微生物菌种，利用其降解有害物质或促进土壤中有益物质的转化。植物修复是利用具有吸收、积累和转化有害物质能力的植物来修复土壤污染。其中，菌种注入是通过向土壤中注入特定的微生物菌种，利用其降解有害物质或促进土壤中有益物质的转化[106]。湖南山地丘陵地区的土壤进行菌种注入，需要根据土壤受污染情况进行选择菌种，比如土壤受到有机污染物（如石油、农药、挥发性有机物等）的污染，可以选择一些能够分泌降解酶或增强土壤中原有微生物降解能力的菌种，如拟杆菌属（Pseudomonas）、芽孢杆菌属（Bacillus）、放线菌属（Streptomyces）等；如果土壤受到重金属（如铅、镉、铬、汞等）的污染，可以选择一些能够吸收、沉淀或转化重金属的菌种，如硫杆菌属（Thiobacillus）、硫球菌属（Sulfurisphaera）、铁氧化细菌属（Leptothrix）、铜绿假单胞菌（Pseudomonas aeruginosa）等[107]。另外，植物修复是利用具有吸收、积累和转化有害物质能力的植物来修复土壤污染。这种方法可以用于修复受重金属、有机物或放射性元素污染的土壤和水体。一般是选择一些对污染物具有较强忍耐和富集能力的特殊植物，如超富集植物、水生植物等，在受污染的土地或水域上种植或移栽。通过植物根系的吸收、挥发、根滤、降解、稳定等作用，可以净化土壤或水体中的污染物，达到净化环境的目的。然后通过收割地上部或地下部植物带走土壤或水体中污染物。

2.4 修复土地的用途

2.4.1 主要用途

空心村整治后的土地可以用于多种用途，具体取决于当地的规划和发展需求。一般来说，空心村整理出来的土地首先应满足空心村居民的人居环境改善，提升村庄活力，避免空心化扩大。因此，在节约用地和生态环保的前提下，这些整理出来的用地首先要满足空心村公共设施和基础设施改善和各类产业发展的用地需求。对剩余的其他土地应以空心村整治以"宜耕则耕、宜林则林、宜草则草"为原则。特别是空心村腾退的用地往往呈现碎片化，且土壤层较浅，如果盲目的进行复垦为农田，不仅不利于生态环境，同时缺乏经济效益，容易造成二次抛荒。

具体而言，空心村整治后的土地利用可以分为以下几种类型：

适宜耕种的土地可以继续保持农业生产功能，通过土地流转、合作社等方式实现规模化、集约化、标准化经营，提高农业效益和竞争力[108]。同时，可以结合当地特色和市场需求，发展特色农业、休闲农业、观光农业等新型业态，增加农民收入和就业机会。

适宜造林的土地可以进行植树造林或恢复自然林，增加绿色覆盖率，改善生态环境，提高碳汇能力。同时，可以根据林木品种和功能，发展林下经济、森林旅游、森林康养等产业，实现林业与旅游、医疗、文化等多元融合发展。

适宜建设的土地可以按照统一规划和标准建设公共服务设施、基础设施、产业园区等项目，满足空心村居民在教育、医疗、文化、体育等方面的需求，改善空心村居民的生活质量和幸福感。同时，可以根据当地资源禀赋和市场潜力，引进适合当地发展的产业项目，促进产业转型升级和创新发展。

总之，在治理空心村过程中，应充分考虑当地实际情况和群众意愿，科学规划和利用好空心村整治后的土地资源。既要注重保护生态环境和传承乡风文化，又要注重促进经济社会发展和提升民生福祉。只有这样才能实现乡村振兴战略目标。

2.4.2　土地评价与用途选择

（1）评价因子

空心村整治后的土地用途选择，应基于需求和最适宜原则。应综合考虑空心村建设发展需求，生态环境保护要求和土地的自然和社会属性情况，包括土地的坡度、日照、土壤层深度、水源条件、地质条件和区位交通等。结合这些因素，首先要做好土地的适宜性评价，然后以需求为基础来确定其用途。

土地坡度：评估土地的坡度对于不同类型的土地利用的适宜性。对于农田耕作来说，过大的坡度可能导致水土流失和侵蚀，不适宜耕作，而适宜的坡度范围可以提供良好的排水和灌溉条件。一般情况下≤2°一般无水土流失现象；2°～6°可发生轻度土壤侵蚀，需注意水土保持；6°～15°可发生中度水土流失，应采取修筑梯田、等高种植等措施，加强水土保持；15°～25°水土流失严重，必须采取工程、生物等综合措施防治水土流失；25°以上为《水土保持法》规定的开荒限制坡度，即不准开荒种植农作物，已经开垦为耕地的，要逐步退耕还林还草。

日照条件：评估土地的日照时间和光照强度，以确定适宜的农作物种植、养殖或其他用途。不同作物对日照的要求不同，因此评估日照条件对于选择适宜的土地用途至关重要。一般来说，日照时长越长，植物的光合作用越强，生产力越高。湖南山地丘陵地区属于亚热带湿润气候区，年平均日照时数为1400~2000小时，年平均日照百分率为40%~60%。这种气候条件适宜于种植水稻、茶叶、桑蚕、柑橘等短日照植物，也适宜于种植小麦、玉米、大豆等长日照植物[109]。同时，这些地方地形复杂多样，不同的坡度、坡向和海拔会影响日照时长的空间分布。一般来说，坡度越大，日照时长越长；坡向不同，日照时长也不同，南坡的日照时长大于北坡；海拔越高，日照时长越长。这些因素会导致不同地区的植被类型和农业种植结构的差异，在进行土地修复时应充分考虑这个因素。

土壤层深度：评估土壤层深度对于农田耕作和植被恢复的适宜性。较深的土壤层可以容纳更多的根系，提供充足的养分和水分供应，有利于农作物的生长和植被的恢复。不同土壤层深度对植被的生长空间和水分养分供应有不同的影响，一般来说，土壤层深度越大，植被的根系越发达，能够吸收更多的水分和养分，提高植被的抗旱、抗病能力和生物量；不同土壤层深度对植被的耗水特性和水分利用效率有不同的影响，土壤层深度越大，植被的耗水量越大，但水分利用效率也越高；不同土壤层深度对植被的生态功能和服务有不同的影响，土壤层深度越大，植被对土壤固碳、改良、保持、防风沙等功能越强，对气候调节、水文调控、生物多样性等服务越大；不同土壤层深度对农业种植的产量和品质有不同的影响，一般来说，土壤层深度越大，农作物的产量和品质越高，但也要考虑农作物的根系特征、生长需求、耕作方式等因素[110]。

水源条件：评估土地周围的水源供应情况，包括地下水和表面水资源。充足的水源供应对于农田灌溉、养殖和其他水资源依赖的活动至关重要。首先，水源条件决定了植被的分布范围和种类。在水源充沛的地方，植被覆盖面积大，多为喜湿的植物，例如水稻、森林等；在水源匮乏的地方，植被覆盖面积小，多为耐旱的植物，例如旱作物、草原等。在水源充足的地方，植被的生物量高，生长周期长，抗逆能力强；在水源缺乏的地方，植被的生物量低，生长周期短，抗逆能力弱；在水源充足的地方，农业种植可以选择灌溉或雨养两种方式，产量和品质都较高；在水源缺乏的地方，农业种植只能依赖雨养一种方式，产量和品质都较低；在水源充足的地方，农业种植可以实现多样化、综合化、高效化的发展；在水源缺乏的地方，农业种植只能实现单一化、粗放化、低效化的发展。

地质条件：评估土地的地质特征，包括土壤质地、岩石类型和地质构造等。这些因素对于土地的适宜性和稳定性具有重要影响，特别是在建设和工程活动中需要考虑土壤的承载能力和稳定性。

地质条件影响土壤的形成和肥力，不同的岩石类型、风化程度、沉积物质等会导致土壤的类型、结构、厚度、肥力等有所差异，从而影响农业种植的适宜性和产量；地质条件影响水源的供给和利用，不同的地形地貌、岩石透水性、地下水位等会导致水源的分布和数量有所不同，从而影响农业种植的灌溉需求和效果；

地质条件影响气候的变化和稳定性，不同的海拔高度、坡度坡向、山谷形态等会导致气温、降水、日照、风速等气候因子有所变化，从而影响农业种植的生长周期和品质。

区位交通：评估土地所处的交通便利程度和接近度，在湖南山地丘陵地区对用地的区位和交通评价。主要是公路的可达性和与城镇的距离。不管是这类土地用于哪种生产用途，在这类地区交通条件是选址的首要条件之一，同时湖南山地丘陵地区低于广阔，土地的区位直接决定了土地是否具备开发价值。

（2）评价方法

湖南省山地丘陵地区空心村，根据其地理条件，土地整治后的用途主要有农业种植、自然林和村庄建设用地[111]。针对这三个反向采用适宜性评价时，应选择不同的评价因子，同时，评价因子之间应有权重的差异。参照评价后的结果，选择适宜的用途方向。评价采用层次分析法确定不同用途的评价

农业种植用途：选取评价因子包括坡度、日照、土壤层深度、水源条件。使用1到9的比较尺度来进行两两比较，其中9表示两个因子之间的绝对重要性差异最大，1表示差异最小。首先构建判断矩阵：

	坡度	日照	土壤层深度	水源条件
坡度	1	3	2	5
日照	1/3	1	1/2	3
土壤层深度	1/2	2	1	4
水源条件	1/5	1/3	1/4	1

计算得到的一致性比率为0.046，确定每个评价因子的权重系数如下：

坡度	日照	土壤层深度	水源条件
0.310	0.216	0.303	0.171

自然林用途：选取评价因子包括坡度、日照、土壤层深度、水源条件。使用1到9的比较尺度来进行两两比较，其中9表示两个因子之间的绝对重要性差异最大，1表示差异最小。首先构建判断矩阵：

	坡度	日照	土壤层深度	水源条件
坡度	1	1/3	1/3	1/2
日照	3	1	3	3
土壤层深度	3	1/3	1	1/2
水源条件	2	1/3	2	1

计算得到的一致性比率为0.0068，确定每个评价因子的权重系数如下：

坡度	日照	土壤层深度	水源条件
0.413	0.399	0.103	0.085

村庄建设用地用途：选取评价因子包括坡度、地质、区位交通条件。使用1到9的比较尺度来进行两两比较，其中9表示两个因子之间的绝对重要性差异最大，1表示差异最小。首先构建判断矩阵：

	坡度	地质	区位交通
坡度	1	1/3	3
日照	3	1	1/5
土壤层深度	1/3	5	1

计算得到的一致性比率为0.081，确定每个评价因子的权重系数如下：

坡度	坡度	地质	区位交通
0.413	0.297	0.129	0.574

（3）用途选择

土地整治后的用途主要有农业种植、自然林和村庄建设用地。按照上述评价因子和权重对整理出来的土地进行综合判断。

2.5　修复土壤的植被更新

2.5.1　植物选择

植物的生态适应性，即植物是否能够适应当地的气候、土壤、水文等自然条件，以及与当地的原有植被、动物、微生物等的协调性。应优先选择本地的乡土植物，尽量避免引入外来植物，特别是有入侵风险的植物。同时，植物能够为土壤和水资源的保护、生物多样性的维持、碳汇的增加等提供哪些服务和贡献。应选择具有较强的抗蚀、固碳、固氮、富集养分等功能的植物，尽量避免选择对水分和养分需求过高、对土壤和水环境有负面影响的植物。在湖南山地丘陵地区可以选择的乡土植物有很多，具体要根据不同的地形、土壤、气候等条件进行选择，可以参考以下一些乡土植物[112]：

乔木类：香樟、广玉兰、桂花、银杏、杉树、樟树、香花槐、红豆杉、银杏、水杉、樟树、香花槐、红豆杉等。

小乔木类：茶花、山茶、腊梅、紫薇、木棉、金银花、桂竹等。

灌木类：茉莉花、月季花、玫瑰花、牡丹花、连翘、迎春花、金银槿等。

木质藤本类：紫藤花、木通、铁线莲、忍冬等。

草本类：百合花、菊花、荷花、水仙花、风信子等。

另外，在不破坏当地生态系统和平衡的前提下，可适当植物的经济效益，即植物能够为当地居民提供哪些经济收益和社会效益。这些可以调动当地村民的参与积极性和意愿，尊重他们能够从生态修复中受益，促进当地经济发展，为空心村治理带来正向作用。在进行植被更新时可以选择一些有经济价值的树种或果木。如杉树、油茶树、板栗树、核桃树等。

2.5.2　植物种植

植物种植可以通过增加土壤有机质、改善土壤结构、促进水分保持、减少侵蚀、提供食物和栖息地等方式，对受损土壤进行修复和改良。同时，植物种植也可以通过增加植被覆盖度、优化植被结构、提高植物多样性、形成稳定的生态系统等方式，对受损生态系统进行恢复和重建。

植物种植可以通过播种或移植两种方式进行。播种是指将植物种子直接撒播到目标土壤上，让其自然发芽生长。移植是指将已经培育好的幼苗或成株移植到目标土壤上，让其继续生长。两种方式各有优缺点，需要根据不同的情况选择适合的方式。一般来说，播种成本低、操作简单、适应性强，但成活率低、生长速度慢、易受外界干扰；移植成本高、操作复杂、适应性弱，但成活率高、生长速度快、易形成稳定群落。

无论采用哪种方式进行植物种植，在种植过程中，都要注意植物的栽植密度和间距。栽植密度是指单位面积内栽植的植物数量，间距是指相邻两株植物之间的距离。栽植密度和间距会影响植物的生长和根系发育，进而影响生态修复的效果。一般来说，栽植密度过高会导致植物之间竞争过强，影响个体发育；栽植密度过低会导致空隙过多，影响群落稳定；间距过大会导致光照过强，影响水分保持；间距过小会导致通风不良，影响病虫害防治。因此，在确定栽植密度和间距时，要综合考虑土壤条件、气候条件、水源条件、植物特性等因素，以达到最佳的生态修复效果。

2.5.3　管理养护

植物种植的过程，还包括植物种植后的管理和养护工作。管理和养护工作是保证植物种植效果的重要环节，它可以通过提供适宜的生长条件，促进植物的健康发展，增强植物的抗逆能力，防止植物的死亡或退化，从而加快生态系统的恢复和重建。管理和养护工作主要包括以下几个方面：

浇水：浇水是保持土壤水分、满足植物生长需求、减少土壤盐渍化等方面的重要措施。浇水的时间、频率、量等要根据土壤类型、气候条件、水源情况、植物特性等因素进行调整。一般来说，浇水应在早晚或阴天进行，以减少水分蒸发；浇水应均匀深入，以利于根系吸收；浇水应避免积水或干旱，以防止根系腐烂或萎缩。

施肥：施肥是补充土壤养分、提高土壤肥力、促进植物生长等方面的重要措施。施肥的种类、方式、时间、量等要根据土壤质地、养分状况、植物需求等因素进行调整。一般来说，施肥应选择有机肥或缓释肥，以减少对环境的污染；施肥应采用追肥或叶面喷施等方式，以提高肥效；施肥应在生长季节或关键时期进行，以满足植物需求；施肥应适量适时，以防止过量或不足。

除草：除草是清除杂草、减少竞争、保持植被纯度等方面的重要措施。除草的方法、时间、范围等要根据杂草种类、数量、分布等因素进行调整。一般来说，除草应选择人工或机械方式，以避免使用化学药剂；除草应在杂草萌发或开花前进行，以防止其扩散；除草应在栽植区域内进行，以保护周边自然植被。

病虫害防治：病虫害防治是预防和控制病虫害发生、减少损失、保障安全等方面的重要措施。病虫害防治的方法、时间、对象等要根据病虫害类型、程度、危害等因素进行调整。一般来说，病虫害防治应选择生物或物理方式，以降低对环境和人体的危害；病虫害防治应在发现迹象或初期进行，以避免扩散或恶化；病虫害防治应针对有害生物进行，以保护有益生物。

2.5.4　监测评估

定期进行土壤和植被的监测评估，以及时了解修复效果和存在问题，从而进行调整和改进。监测评估是保证生态修复质量和效率的重要手段，它可以通过收集、分析、比较、评价等步骤，对土壤和植被的变化进行科学的判断和反馈。监测评估主要包括以下几个方面：

土壤质量指标：土壤质量是影响植物生长和生态系统功能的关键因素，需要监测土壤的物理、化学、生物等属性，如土壤质地、有机质、养分、pH值、盐分、重金属、微生物等。这些指标可以反映土壤的肥力、结构、水分、污染等状况，以及土壤对植物生长的支持能力和对环境的影响程度[113]。

植物生长状况：植物生长状况是反映植物种植效果和生态系统恢复程度的直观指标，需要监测植物的数量、高度、胸径、冠幅、叶面积等。这些指标可以反映植物的成活率、生长速度、健康状况、抗逆能力等，以及植物对土壤改良和水质净化等方面的贡献程度。

植被覆盖度：植被覆盖度是反映植被群落结构和稳定性的重要指标，需要监测植被在水平和垂直方向上的分布和覆盖情况，如植被类型、种类、密度、多样性等。这些指标可以反映植被群落的组成、丰富度、均匀度、优势度等，以及植被群落对生态系统功能和服务的影响程度。

监测评估应根据不同的目标和要求，选择合适的方法和技术，如采样分析法、遥感监测法、模型模拟法等。监测评估应在不同的时间和空间尺度上进行，如季节性、年际性、区域性等。监测评估应与参照生态系统或设定目标进行对比，如自然恢复区域或历史数据等。监测评估应根据结果进行分析和评价，如综合评价法、指数评价法、因子分析法等。

3　水体修复与利用

湖南省山地丘陵地区的水体类型多样，主要包括河流、溪流、沟渠、坑塘、水库和水井等。在这一区域的村庄与水体之间存在密切的关系，因为水资源对于人类生活、农业生产和生态环境都具有重要意义。水源是村庄生活的基本需求，村庄附近应有足够的水源，如河流、湖泊、水井等，以保障村庄居民的日常用水需求；另一方面，农田灌溉是农业生产的关键环节，水体的接近与可利用性对农作物种植起着重要作用，水体的接近可以方便农田引水灌溉，提供充足的水资源，从而增加农作物的产量和质量。因此，水体是这一区域村庄环境的重要组成部分。

3.1　湖南省山地丘陵地区村庄水体现状

3.1.1　水体类型

（1）河流和溪流

湖南省河流众多，河网密布，水系发达，5km 以上的河流有 5341 条。全省水系以洞庭湖为中心，湘、资、沅、澧四水为骨架，主要属长江流域洞庭湖水系，约占全省总面积 96.7%，其余属珠江流域和长江流域的赣江水系及直入长江的小水系。湖南山地丘陵地区的河流和溪流均属于这些水系。这个区域的河流和溪流一般具有较大的落差和流速，河道较窄而曲折，冲刷能力强。同时这些河流是这类区域重要的生活和生产用水来源。在这类地区的河流和溪流沿线往往是村庄分布较为密集区域，同时也是水体污染的高发区。

湖南省山地丘陵地区河流的污染问题日益突出，部分河段达到劣 V 类水质标准。河流的污染主要来源于农业面源污染、工业废水排放、生活污水排放和畜禽养殖等。其中，农业面源污染是湖南省河流污染的主要原因，主要包括化肥、农药、农村生活污水和畜禽粪便等，导致河流中氮、磷等营养盐含量过高，引发富营养化和水华现象。以湘潭县霞山河小流域为例，该流域是湖南丘陵区典型的小流域，主要受农业面源污染影响。调查结果表明，霞山河河道中 TN 污染最严重，其次是 TP 污染，COD 和 $NH_4\pm N$ 无污染；其中 TN、TP 年入河排放总量为 3704.2kg、612.6kg。流域内三大主要污染源对 TN 贡献率分别为：化肥 46.9%、农药 11.8%、畜禽粪便 41.3%；对 TP 贡献率分别为：化肥 32.9%、农药 0.5%、畜禽粪便 66.6%。由此可见，化肥和畜禽粪便是该流域农业面源污染的主要因素[114]。

（2）沟渠

湖南省山地丘陵地区的沟渠可以分为自然沟渠和人工沟渠两类，它们各有特点和功能，对于湖南省的农业生产和生态环境都有重要意义。

自然沟渠是指由自然力作用形成的沟壑，主要分布在山地丘陵地区的农田内。由于湖南省是主要的水稻种植区，农田灌溉和排水需要，使得自然沟渠在农田中广泛分布。自然沟渠不仅有利于农田水分的调节和利用，还有利于农田土壤的保持和改良，同时也是农村生活用水的重要来源之一。此外，自然沟渠还具有一定的生态功能，为农田提供了多样化的生物栖息地，增加了农田生物多样性。

人工沟渠是指由人工开挖或修建的沟道，主要用于农业灌溉或水库引水。为了充分利用湖南省丰富的水资源，促进农业生产和经济发展，湖南省山地丘陵地区修建了众多水库和灌溉渠道。其中比较著名的有韶山灌区、酒埠江总干渠等。人工沟渠不仅提高了农田的灌溉保证率和灌溉效率，还改善了农田的微气候条件，增加了农作物的产量和品质。

（3）坑塘

坑塘是指村民在山地丘陵上开挖或修建的水坑或水塘，主要用于农田灌溉、养殖水产、生活用水和防火用水等多种用途。坑塘的形成与湖南省山地丘陵地区的自然条件和人文历史密切相关。由于这里地势高低起伏，河流分布不均，雨季多雨，旱季干旱，农田灌溉困难，为了保证稻田的水分供应，村民们就利用山间的洼地或沟谷，修建了各种形式和规模的坑塘。坑塘不仅能够蓄积雨水，还能够调节田间水分，防止洪涝灾害。坑塘除了灌溉功能外，还是重要的养殖载体。在传统农业社会，每个村民小组或自然村都有自己的灌溉坑塘，在坑塘里放养鱼、虾、蟹等水产，形成了"稻鱼共生"的生态系统。稻鱼共生不仅能够增加农民的收入和蛋白质摄入，还能够减少农药化肥的使用，改善土壤和水质，增加生物多样性。有些坑塘还具有消防水源的作用，可以在发生火灾时及时救火。

（4）水库

湖南省山地丘陵地区是一个水资源丰富的地区，众多的河流和起伏的地形为修建水库提供了良好的条件。在这里，水库是一种常见的水利工程，也是一种重要的农业基础设施。水库不仅能够蓄积雨水，还能够调节水文水资源，保障农田灌溉和城乡供水，同时也具有防洪、发电、养殖、旅游等综合效益。

在湖南省山地丘陵地区，多数村庄都有自己的水库，大小不一，形式各异。有的是利用山间的洼地或沟谷修建的小型水库或水塘，有的是利用河流的支流或支渠修建的中型或大型水库。据统计，截至 2020 年 10 月 31 日，全省已建成并运行的水库共 13737 座，总库容 545.45 亿立方米.其中以山地丘陵地区为主要分布区域。例如，在湘西自治州，就有近3000座水库，总库容达到了100亿立方米；在怀化市，就有近2000座水库，总库容达到了60亿立方米。

（5）水井

湖南省山地丘陵地区地势高低起伏，河流分布不均，雨季多雨，旱季干旱，农田灌溉困难。在这样的自然条件下，水井成为了这一地区村民生活用水的重要水源。

湖南省山地丘陵地区地下水资源丰富，为打井取水提供了便利。据统计，湖南省地下水资源总量为391.5亿立方米，占全省水资源总量的23%。其中，山地丘陵地区的地下水主要分布在第四纪沉积层和碳酸盐岩裂隙中，具有良好的开发条件和利用价值。

另一方面，由于缺少河流、溪流或者地表水存在污染，打井取水成为这一地区村民生活用水的重要选择。在山地丘陵地区，河流多为山溪或支流，流量不稳定，易受干旱影响；而地表水如坑塘、湖泊等，则容易受到农业、工业和生活污染，影响水质安全。

3.1.1　水体存在的问题

湖南省山地丘陵地区村庄水体是农村生产和生活的重要资源，也是乡村生态环境的重要组成部分。然而，由于自然条件和人为因素的影响，这一地区的村庄水体面临着许多问题，这些问题主要包括：

（1）水质污染。这是村庄水体最普遍和最严重的问题，由于这一地区缺乏污水处理设施和，大部分污水直接排入水体，导致水质恶化，影响了人畜饮水安全和水生态系统健康。同时这类地方在农业生产过程中，化肥和农药的滥用、化肥、农药、畜禽粪便直接排放造成水体富营养化、水华、藻类毒素等问题。还有一些乡镇企业，生产工艺落后，缺乏污水处理设施，造成水体重金属、有机物、病原菌等污染；农村居民在生活中产生的生活污水、垃圾、油脂等物质也是水体污染物中重要来源[115]。

（2）水利设施失修和破损。在这一地区普遍存在着水利设施建设滞后和维护不力的问题，由于分包到户的农业生产模式和劳动力的流失等原因，许多村庄的水库、塘坝、渠道、灌溉系统等设施存在着老化、破损、堵塞、漏水等问题，影响了水利设施的运行效率和安全性。同时，由于缺乏规划和协调，部分村庄的水利设施与周边环境不协调，造成了土地浪费、景观破坏等问题。

（3）水资源季节性短缺。由于山地丘陵地区地势高低起伏，河流分布不均，雨季多雨，旱季干旱，农田灌溉困难。在这样的自然条件下，村庄水体容易受到降雨量的影响，导致旱季或干旱年份出现水体枯竭或断流的现象。同时，由于人口增长、经济发展、生活改善等因素，村庄用水需求不断增加，导致供需缺口进一步扩大。

（3）土地侵蚀和水土流失。由于山地丘陵地区土壤肥力低、耕地面积少、坡度大，在这样的土地条件下，许多村民为了增加收入，采取了过度开垦、滥伐林木、过度放牧等方式利用土地资源。这些方式破坏了植被覆盖和土壤结构，导致了土地侵蚀和水土流失的加剧。同时，由于缺乏防护措施和治理工程，部分村庄的河道两岸出现了滑坡、崩塌等现象，影响了河道稳定性和安全性。

（4）水生态系统退化。由于上述各种问题的存在和发展，村庄水体受到了不同程度的破坏和污染，导致了水生态系统的退化。具体表现为：①物种多样性降低。由于水质恶化和人为捕捞等原因，许多珍稀或特有的鱼类、甲壳类、植物等物种消失或减少；②生态功能下降。由于水量减少和生境破坏等原因，许多具有净化水质、调节气候、维持食物链等功能的湿地、沼泽、草甸等生态系统退化或消失；③景观价值降低。由于硬化工程和乱建乱占等原因，许多具有美观或文化意义的河流、湖泊、塘坝等景观遭到破坏或改变[116]。

3.2　水体污染治理

3.2.1　村庄水体主要污染来源

农村水体污染是影响农村生态环境和人民健康的重要问题，其污染源主要有以下几个方面：一是生活污水，农村人口众多，生活污水产生量大，而处理设施缺乏，大部分生活污水未经处理就直接排入河流、湖泊、水库等水体，造成水体富营养化、微生物污染、有机物污染等。生活污水中含有大量的氮、磷、硫等营养元素，以及细菌、病毒、寄生虫等病原体，主要的产生包括三个方面：生活污粪水、洗涤废水和餐厨废水。二是工业废水，随着农村工业化和城乡一体化的发展，农村工业废水排放量也不断增加，而监管和处理能力相对薄弱，导致工业废水对农村水体造成污染。工业废水中含有重金属、有毒有害物质、难降解有机物等，对水体的物理性质、化学性质和生物性质都有不利影响。三是农业生产污染，农业生产是农村经济的主要支柱，也是农村面源污染的主要来源。农业生产中过量施用化肥、农药等农用化学品，以及畜禽养殖、农产品加工等活动产生的粪便、废水等，都会通过径流、淋溶等方式进入水体，造成氮、磷等营养盐的富集，引发水华、缺氧等现象；同时也会带入农药残留、重金属、激素等有害物质，危害水生物和人类健康[117]。

湖南省山地丘陵地区，产业主要以第一产业为主，一般缺少工业，因此水体污染的来源主要以生活污水和农业生产污染为主。

3.2.2　山地丘陵地区空心村生活污水的治理

湖南省山地丘陵地区的空心村生活污水相对于其他地区有一些不同的特征。一是生活污水排放量小，但分布范围广，难以集中收集和处理。由于空心村的人口密度低，居民的生活水平低，每户每天产生的生活污水量很少，但由于村庄分散在山地丘陵地区，房屋之间距离较远，没有统一的排水管网和污水处理设施，大部分生活污水直接排放到沟渠或田间地头，造成地表水和地下水的污染。二是生活污水排放时间不固定，水质波动大，难以控制和调节。由于空心村的居民结构复杂，有些是常住的老人、妇女、儿童，有些是节假日回乡的外出务工人员，有些是临时租住的外来人口，他们的生活习惯和用水规律各不相同，导致生活污水的排放时间没有规律性，早晚高峰期和平时相差较大。同时，由于空心村缺乏垃圾收集和处理系统，居民常将厨余垃圾、畜禽粪便等混入生活污水中排放，使得生活污水中的有机物、氮磷等污染物含量较高[118]。三是生活污水处理效果受自然条件影响大，难以保证出水质量。由于空心村多分布在山地丘陵地区，地形复杂多变，气候条件也不稳定，这对生活污水处理技术提出了较高的要求。一方面，山地丘陵地区的土壤渗透性差，雨季易发生洪涝灾害，干旱季节又缺乏灌溉用水源，这给生态处理技术如人工湿地、土壤渗滤等带来了困难。另一方面，山地丘陵地区的气温变化大，冬季寒冷，夏季炎热，这影响了生物处理技术如厌氧沼气池、生物滤池等的微生物活性和稳定性。

（1）空心村的生活污水的户收集

湖南省山地丘陵地区的空心村生活污水在农户端的收集主要考虑生活污水处理端的能力，山地丘陵地区空心村由于自身生活污水规模和基础设施条件等因素限制，在户端生活污水收集时，一是要对农户厕所污粪进行初步处理后再收集，二是要针对一些农家乐或从事餐饮农户所排放的餐厨污水进行初步处理。

对农户厕所污粪的初步处理一般宜采用三格化粪池。三格化粪池是一种常见的农村生活污水处理设施，它由三个相连的池体组成，每个池体都有进水口和出水口，污水在池体中经过厌氧发酵和沉淀分离，将有机物转化为沼气和沉淀物，从而达到减少污染物的目的。三格化粪池的优点是结构简单、运行成本低、可回收沼气和沉淀物，但缺点是处理效率低、出水水质差、易产生臭味。在空心村的三格化粪池建设过程中，为了方便后期维护和管理，一般以户为单位，但对于一些五保户，独居老人等弱势群体，在条件允许情况下可以采用统一收集处理。

（2）空心村的生活污水治理模式选择

湖南省山地丘陵地区的村庄分布一般为小聚居，大分散的空间形态，同时由于地形起伏不定，生活污水的收集难以做到大规模集中收集，一般不具备统一收集到城镇污水处理厂统一处理的条件。部分村庄临近城镇生活污水处理厂可以酌情考虑一并纳入到城镇生活污水处理厂统一处理。对于一般空心村的居住分布情况，宜采用集中式收集模式、多户连片污水分散收集模式和庭院式生活污水收集模式。

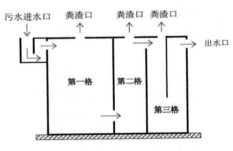

农户隔油池示意图

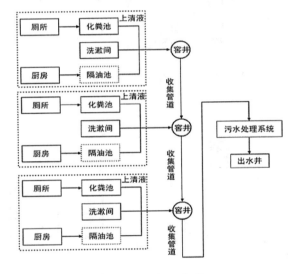

农户隔油池示意图

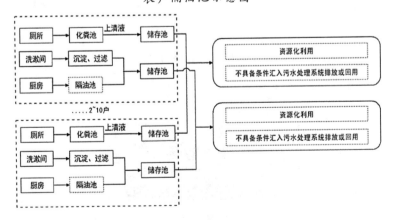

集中式收集模式示意图

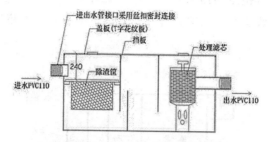

多户连片污水分散收集模式示意图

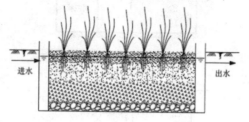

地下水流人工湿地处理系统示意图

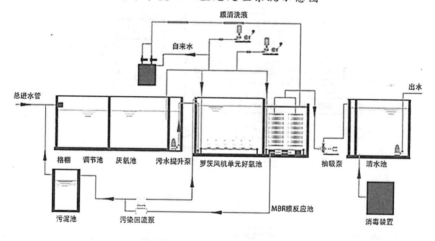

一体化处理设备示意图

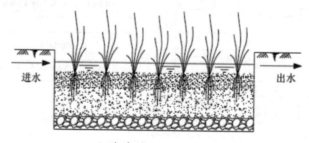

土壤渗滤处理示意图

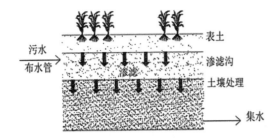

地下水流人工湿地处理系统示意图

集中式收集模式[119]：农村生活污水的集中收集与处理，应根据自然地理条件、经济社会发展水平和村民意愿，因地制宜、审慎决策、灵活布置。对于相对集中居住的单个自然村或相邻几个自然村，应优先考虑统一收集，达标排放。收集方式应尽可能减少管网长度，节约建设资金和维护工作量。污水处理方式应选择适合农村特点的技术，如人工湿地、土壤渗滤等生态处理技术，实现污水减量化、资源化、循环利用。污水收集与处理的具体标准和要求，应参照《村庄整治技术规范》（GB50445-2008）和《镇（乡）村排水工程技术规程》（CJJ124-2008）等相关规定。

多户连片污水分散收集模式[119]：是一种适用于布局分散的村镇中相对集中分布的聚居点或村落的污水收集方式。它是在庭院污水单独收集系统的基础上，根据村镇庭院的空间分布情况和地势坡度条件，将相互毗邻的农户的污水用管道或沟渠成片收集起来，再引入污水处理设施进行分散处理。多户连片污水分散收集系统的优点是可以减少管网长度，节约建设资金和维护工作量，同时也可以实现污水的就地处理和循环利用3。多户连片污水分散收集系统的适用范围一般是：服务人口在5-50人，服务家庭数在2-10户或根据农户地理地形位置在10户以上的一定范围内，污水收集量在0.5 m³/d以上。多户连片污水分散收集系统应符合《村庄整治技术规范》（GB50445-2008）和《镇（乡）村排水工程技术规程》（CJJ124-2008）等相关规定要求。

庭院式生活污水收集模式[119]：庭院排水收集系统是一种环保的排水方式，它可以将厕所化粪池（上清液）和厨房、洗衣、洗浴等生活污水统一收集起来，然后利用自然或人工的方法进行处理，使其出水达到农用或排放标准。这种系统适用于污水量不大于0.5m³/天，服务人口不超过5人，服务家庭户数为1户的庭院。如果是从事"农家乐"等经营活动的庭院，还需要设置隔油池，以防止油脂类物质进入系统。

（3）空心村的生活污水处理方式

湖南省山地丘陵地区的空心村多数为经济条件差，劳动力流失严重的村庄，在选择生活污水处理方式的时候应充分考虑到村庄的经济条件、处理规模、后期维护运行等因素，选择最经济、最适宜的处理方法。一般宜选择人工湿地处理系统、一体化处理设备和土壤渗滤处理。

人工湿地处理系统[120]：是一种模仿自然湿地的工程系统，它利用植物、土壤和微生物对废水进行再次净化。人工湿地不仅能够处理生活污水，还能够恢复受损的自然环境，防止水土流失。人工湿地有两种形式：地下水流和地表水流人工湿地。它们由流动的水、部分微生物和一些适宜的植物组成。目前，地下水流人工湿地一般采用水平或垂直流过砾石和河床的方式，垂直流动系统占地面积较小。用沙子和砾石做的滤池也有类似的效果。人工湿地能够充当过滤器，从水中去除各种污染物（如有机物、营养物质、病原体、重金属）。在人工湿地中，所有类型的病原体（包括细菌、病毒、原生动物和蠕虫）都可以被一定程度上清除。人工湿地系统是一个综合的生态系统，具有处理效果好，建造和运行费用低，维护方便，废水处理可靠，水力和污染负荷冲击缓解，水产、造纸原料、娱乐和教育等效益提供等优点。

一体化处理设备[121]：是一种对生活污水进行机械化处理的预制化设备，它由人工格栅、调节池、生物处理单元、沉淀单元、消毒单元等组成，能够利用自然功能和工程技术，将污水中的有机物、营养物质、病原体等污染物降解或去除，使污水达到一定的水质标准，可以用于农业灌溉或排放到水体中。这种设备适合于居住集中、水源紧缺、土地有限的空心村，具有建设成本较高、运行费用一般、管护较为方便的特点。生物处理单元采用了生物膜法（如MBBR法）对污水进行二次处理，利用悬浮在水中的填料作为微生物的载体，通过曝气和搅拌使填料与污水充分接触，实现有机物的降解和氮磷的去除。生物膜法具有容积负荷高、抗冲击负荷强、出水稳定、产泥少等优点，特别适合于中小型污水处理场所。沉淀单元和消毒单元则用来进一步去除生物处理后的污水中的悬浮物和部分有机物，提高出水的透明度和清洁度，并消灭病毒和大肠杆菌，保证出水符合排放标准。

土壤渗滤处理[122]：是一种对生活污水进行净化和消纳的方法，它通过将经过预处理的污水有控制地投配到渗滤系统中，利用土壤、微生物、植物的多种作用，去除污水中的污染物，使出水达到一定的水质标准，可以用于农业灌溉或排放到水体中。渗滤系统由布水管、砾石堆、特殊土壤层、隔离层、防渗层等组成，布水管和砾石堆使污水均匀分布，特殊土壤层是污水净化的主要场所，具有高含水量、强毛细作用、大吸附容量、高生物活性等特点，隔离层和防渗层则保证了渗滤系统的稳定运行。土壤渗滤法适用于居住分散、水源一般、土地适中的空心村，具有建设成本一般、运行费用低、管理方便的特点。

（3）空心村的生活污水排放

空心村生活污水处理后，尾水的去向和利用方式应根据当地的自然条件、经济发展水平和群众需求，因地制宜、科学合理地选择。一般来说，尾水可以直接排入周围自然水体，也可以通过管道、农田灌溉渠等设施回灌农田，还可以作为景观绿化等中水水源回用。

直接排入自然水体的尾水，应符合排放标准，不对水环境造成污染。将尾水净化后排入河流、湖泊等水体，既保护了水资源，又增加了生态景观。

回灌农田的尾水，应注意控制灌溉量和频次，避免造成土壤盐渍化和重金属积累，利用尾水灌溉农作物或林木，实现了农业生产与生活污水治理的双赢。

回用作中水水源的尾水，应根据用途和标准进行进一步处理和消毒，保证安全卫生，将尾水用于村庄绿化、公园湖泊、小微型景观等，提升了乡村人居环境质量和美感。

3.2.2 农业生产水体污染的治理

湖南山地丘陵地区农村的农业生产水体污染，是由于农业生产过程中产生的各种有机或无机物质，经过地表径流和地下渗漏，进入河流、水库、地下水等受纳水体，导致水质恶化的一种非点源污染。这类污染的主要来源包括农田退水、禽畜粪便、水产养殖废水等，主要污染物有土粒、氮素、磷素、农药、化肥、重金属等[123]。

湖南山地丘陵地区农村的农业生产水体污染，具有面广、分散、来源复杂、随机性强、动态变化大等特征，给监测和治理带来了很大困难。与工业和城市污染相比，农业面源污染防治起步较晚，投入较少，历史积累较多，需要久久为功，持续推进。为了有效控制和减少湖南山地丘陵地区农村的农业生产水体污染，应遵循总量削减与过程控制、污染治理与循环利用、技术研究与工程应用、污染物管理与生态文明建设等有机结合的综合治理思路。

（1）源头减量措施

为了从源头上减少湖南山地丘陵地区农村的农业生产水体污染，应遵循综合治理的思路，结合当地的自然条件、经济发展水平和群众需求，因地制宜采取以下措施：

调整农业种植模式，推行"间套轮"种植，发展生态农业和有机农业，合理使用化肥农药，减少农田退水中的污染物流失；统筹水资源管理，协调给水、排水等水循环利用环节，利用河流、湖泊、湿地、坑塘、沟渠等水生态敏感区进行水体保护和净化，利用雨水自然积存、自然渗透、自然净化等低影响开发技术，储蓄和调节雨水，解决径流污染问题。

保护和改善果园土壤环境，采用果园自然生草技术，增加土壤有机质，活化土壤，改善土壤酸碱度，强化果树根系活力，改善果园生态环境，为天敌提供栖息地，对病虫害进行综合防治，降低农药用量。

分散和规范畜禽养殖行为，采用生物发酵床养殖、沼气+养殖生态农业、草地鸡养殖与保育生态农业技术、稻鸭共育技术等生态养殖技术，加强畜禽粪便和农村固废的收集、储存和无害化处理，推广粪便资源化利用技术，实现种养循环和废物减量化。

规范水产养殖行为，控制养殖密度和投饵量，加强养殖废水的收集和处理，防止直排入河；采用人工生态环境养殖、多品种立体养殖、开放式流水或微流水养殖、全封闭循环水工厂化养殖、水产品与农作物共生互利养殖等技术。

建设一批农业面源污染防治工程设施，如人工湿地、沉淀池、滤沟等，拦截截留农田径流中的悬浮颗粒物和溶解性有机物质；因地制宜采用蚯蚓生态滤池、高效藻类稳定塘、"FILTER"（菲儿脱）污水处理系统、生态厕所等处理技术[124]。

（2）过程阻断

通过建立生态拦截系统，有效地阻断农田径流水中的氮、磷等污染物进入水体。例如，利用稻田生态田埂技术，通过在稻田周围种植高茎叶作物，增加农田的水保能力，减少径流量和污染物的流失；利用生物篱技术，通过在农田边缘种植多年生草本或灌木植物，形成一道屏障，拦截和吸收径流中的氮、磷等营养物质；利用生态拦截缓冲带技术，通过在农田下游设置一定宽度的草地或林地，降低径流速度，增加水土接触时间，促进污染物的沉降、过滤和吸附；利用设施菜地增设填闲作物技术，通过在设施菜地间隙种植绿肥作物或覆盖有机物料，提高土壤肥力和保水能力，减少化肥施用量和农田退水量；利用果园自然生草技术，通过在果树下种植三叶草等多年生草本植物，抑制杂草生长，减少除草剂使用量，增加土壤有机质含量和保水能力，减少地表径流量。此外，在污染物离开农田后，还可以采用生态拦截沟渠技术、人工湿地塘技术、生态 T 型潜坝技术、生态护岸边坡技术、土地处理系统技术等，在沟渠、河道或湖泊等水体中设置一定的拦截结构或植被带，进一步净化和截留农田排水中的污染物。

3.3 水体建设与恢复

3.3.1 河溪的保护与恢复

（1）河道疏浚与清理

山地丘陵地区空心村的河道通常存在着淤积、堵塞、污染等问题，影响了河道的防洪、排涝、灌溉、供水、生态等功能，也影响了周边居民的生产生活和健康安全[125]。疏浚与清理主要需要完成以下几个工作：

对河道中堆积的生活垃圾、建筑垃圾、农业废弃物等进行清理。这些垃圾会影响河道的水质和生态环境，阻碍水流畅通。清理工作应按照分类回收或无害化处理的原则进行处置。可以设置垃圾收集点，在适当的时期定期进行清理，将可回收垃圾进行分类回收，非可回收垃圾进行妥善处理，如焚烧或填埋。清理河道中过度生长的植物、杂木、水草等，以保持河道的通畅性。在清理过程中应保留适量的水生植物和岸线植被，维护河道的生态平衡。可以采用剪枝、砍伐等方式清除过密的植物和杂木，防止其堵塞河道和引发水患。同时，对于具有生态保护价值的植物，应谨慎处理，避免对生态环境造成不可逆转的损害。清理河道中侵占河道空间或影响行洪安全的违法建筑物、桥梁、涵洞等。这些违法建筑物可能导致河道狭窄、水流阻滞，增加洪水泛滥的风险。针对这些问题，应依法依规进行拆除或改造，以恢复河道原有的水流通畅性和行洪安全性。

根据河道的特点和功能要求，确定疏浚的范围和深度，制定合理的疏浚方案和技术工艺。这需要综合考虑河道的宽度、水深、沉积物的类型和分布等因素，以确保疏浚工作的针对性和有效性。根据地形地貌和环境条件，选择适合的疏浚设备和方法，常用的疏浚设备包括挖掘机、吸泥船等，可以根据实际情况选择合适的设备进行作业[126]。同时，还可以利用生物菌剂等环保技术手段来辅助疏浚工作，提高效率和效果。针对淤泥的性质和污染程度，选择合适的淤泥处置方式，根据实际情况，可以选择就地利用淤泥，例如作为肥料或建材的原料；也可以将淤泥进行运输填埋，确保淤泥的无害化处理；此外，还可以采用其他合适的淤泥处理技术，如化学处理、生物处理等，以达到对淤泥的有效处理和环境保护。根据水文水力和生态要求，合理调整河道的断面形式和治导线，通过科学设计和调整河道的断面形状和流线，可以提高水流的流速和排涝能力，同时保持河势的稳定和水流的连通性。这有助于防止河道再次淤积和保护生态环境的可持续发展。

（2）河岸生态修复

河岸对土壤、生物、人类和水生态系统等方面都有重要作用。湖南省山地丘陵地区的河岸因为人类活动和自然地质力量的影响而变化和退化，同时，因为社会发展和基础设施建设水平，该地区的河流建设和管理不够完善。传统的河岸护坡材料主要是石材和混凝土，但这种硬质材料会破坏土壤和水之间的物质交换，影响生态。在空心村的河流治理过程应该采用生态恢复方法。一般包括以下两种方法：

工程生态修复：是一种通过人工干预和技术手段，改善河流河岸的物理结构和水文条件，提高河流河岸的稳定性和防护能力，恢复或增强河流河岸的生态功能的方法。它主要包括水利工程建设、防护工程建设和景观工程建设三个方面。水利工程建设是保证河流水量和水质的基础，也是防洪排涝的重要措施，主要包括开挖渠道、建设水库、引水排水、调节水位流量、减少泥沙污染等措施。防护工程建设是防止河流河岸的侵蚀和冲刷，保护河流河岸的完整性和稳定性的重要措施，主要包括建设护岸护坡挡土墙等加固结构、铺设石笼网植被网塑料袋等覆盖材料、种植乔木灌木草本植物等利用植物根系固土保水的措施。景观工程建设是提高河流河岸的美观性和利用价值，增加河流河岸的生态服务功能的重要措施，主要包括建设步道亲水平台休闲设施等提供人们活动空间的措施、种植花卉草坪藤蔓等增加河流河岸的色彩和层次的措施、引入鱼类鸟类昆虫等动物增加河流河岸的生物多样性和活力的措施。工程生态修复通常适用于发生了严重侵蚀并且需要防洪的河岸地区。在进行工程生态修复时，应注意根据不同地段和功能要求，选择合适的工程类型和技术手段，避免过度干预或破坏自然过程；在使用非生物亲水材料时，应选择具有高透水性和低污染性的材料，如天然材料（木桩、竹笼、鹅卵石）、生态塑料袋、种植混凝土等；在进行植被恢复时，应选择适宜的乔木、灌木、草本植物，并注意搭配多层次的植被结构；在引入动物时，应选择适宜的鱼类、鸟类、昆虫等，并注意保持动物群落的平衡和稳定[127]。

自然生态修复：是指利用自然过程和生物手段，促进河流河岸的自然恢复和发展，增加河流河岸的生物多样性和生态复杂度，提高河流河岸的生态适应性和抗干扰能力的一种方法。它主要包括植被恢复、动物引入和生态管理三个方面。植被恢复是根据不同地段和功能要求，选择适宜的乔木、灌木、草本植物进行造林、绿化、覆盖，形成多层次的植被结构。植被可以有效地保护河岸、岸坡和水滩，防止土壤侵蚀，同时也可以为其他生物提供稳定的栖息地。植被恢复是河岸生态环境修复的重要前提。动物引入是根据不同水域和陆域条件，选择适宜的鱼类、鸟类、昆虫等动物进行放养或引诱，形成多样化的动物群落。动物可以增加河岸的生物多样性和活力，同时也可以促进水体的净化和营养循环[128]。动物引入是河岸生态系统恢复的重要组成部分。生态管理是根据不同季节和情况，进行合理的灌溉、施肥、除草、病虫害防治等管理措施，维护植被和动物的健康生长。生态管理可以保持河岸的生态平衡和稳定，同时也可以提高河岸的抗逆性和适应性。生态管理是河岸生态修复的重要保障。自然生态修复适用于湖南山地丘陵地区没有发生严重侵蚀或不需要防洪的河岸地区。在进行自然生态修复时，应注意尊重自然过程和规律，避免人为干扰或破坏；在引入动物时，应注意保持动物群落的平衡和稳定，并考虑到个别物种或关键物种的需求；在进行植被恢复时，应注意搭配多层次的植被结构，并选择适宜的乔木、灌木、草本植物。

3.3.2 库塘保护与恢复

湖南省山地丘陵地区空心村的库塘主要用于农村生活和生产中用于储水、养殖、灌溉等目的。库塘在农村具有重要的水资源和生态功能，这类地区由于人口流失，农业经济乏力等因素造成缺乏管理和保护，库塘的水质和水环境遭到了严重污染和破坏，影响了库塘的水环境功能和生态服务功能，也影响了周边居民的生产生活和健康安全。为了改善空心村库塘的现状，提高空心村库塘的利用价值，促进空心村库塘的可持续发展，库塘保护与恢复工作的目的主要是打造库塘生态湿地，构建库塘湿地生态系统的完整性及其生物多样性，对优化村庄生活环境、净化农村污染水质，修复农村污染水体、确保水资源安全、实现水资源可持续利用，促进区域水生态文明建设[129]。为了实现这一目的，空心村库塘保护与恢复工作主要采用以下方法：

（1）水质治理

空心村库塘水质治理是指通过消除或减少空心村库塘水体的污染源，提高空心村库塘水体的自净能力，保证空心村库塘水体达到一定的环境质量标准，以维护空心村库塘生态系统的完整性和功能性，优化空心村库塘生活环境，确保水资源安全和可持续利用，促进区域水生态文明建设的一系列活动。空心村库塘水质治理的目标主要是达到《地表水环境质量标准》（GB 3838-2002）II类标准，力争达到I类标准；空心村库塘固体废弃物收集处理率100%，污水收集及排放达标率100%。主要采用以下措施：

截断或转移污水排放口。防止生活污水、畜禽粪便、农药化肥等直接进入空心村库塘水体，造成水体富营养化、有机物过量、重金属超标等问题。逐步实现空心村内及外围保护地带农村村落"雨污分流"，条件具备时建设分散式的小型污水处理设施；全面推广沼气化粪池，人畜粪便污水均经过沼气化粪池处理后由污水暗管收集排入农田进行农业灌溉。

设置预处理设施。对进入空心村库塘的雨水或灌溉水进行预处理，去除其中的悬浮物、颗粒物、有机物等污染物，降低空心村库塘水体的浊度和色度，提高空心村库塘水体的透明度和美观度。设置沉淀池、过滤池、净化池等设施，利用物理、化学或生物等方法进行预处理。

种植或养殖生物净化剂。对空心村库塘内部的有机物、氮磷等营养盐进行吸收或转化，降低空心村库塘水体的有机负荷和营养盐含量，提高空心村库塘水体的溶解氧和氧化还原电位，改善空心村库塘水体的氧化条件和生态环境[130]。种植水生植物或养殖微生物等生物净化剂，利用其代谢作用和根系作用进行生物净化。

清理底泥和漂浮物。减少空心村库塘内部的厌氧分解和腐败，防止底泥和漂浮物对空心村库塘水体造成二次污染，影响空心村库塘水体的气味和色泽，降低空心村库塘水体的品质和功能。定期清理库塘底泥和漂浮物，利用机械或人工等方法进行清理。

改进农业耕作模式。减少农田对空心村库塘水体造成的面源污染，提高农田与空心村库塘之间的隔离效果，增加农田与空心村库塘之间的交流效果，实现农田与空心村库塘之间的互利共赢。禁止使用化肥、化学农药，推广测土配方施肥技术；在农田与水体之间设立湿地、种植乔灌草结合的立体隔离带，采取生物措施净化水质；利用沼气化粪池处理后的人畜粪便污水进行农业灌溉，实现有机肥料和灌溉水的循环利用[131]。

（2）堤岸保护

空心村库塘的堤岸保护是保证库塘水资源利用和生态功能发挥的基础。可以有效地改善空心村库塘的生态环境和社会效益。从生态环境方面来看，可以减少土壤侵蚀和水土流失，提高土壤肥力和水质清洁度；可以增加库塘内外的生物多样性和生态稳定性；可以调节气候变化和减少温室气体排放；可以美化库塘景观和提升人居环境。从社会效益方面来看，可以增加农民收入和农业产值；可以促进农业产业结构调整和农业可持续发展；可以满足农民休闲娱乐和文化教育需求；可以推动乡村振兴和区域协调发展。主要方法包括驳岸工程和植物群落建设。

驳岸工程：是指在库塘堤岸上设置一定高度、宽度和长度的结构物，以防止水土流失、稳定堤岸、改善水质和增加水量。驳岸工程分区域、分阶段进行，根据库塘水岸现状以及地形地貌、水流等自然条件，以生态系统的自组织设计能力为基础，强调以自然型驳岸设计为主。自然型驳岸设计是指利用天然或半天然的材料（如石块、木桩、植物等），按照一定的形式和规则，在堤岸上构建具有生态功能和景观效果的驳岸结构。根据库塘堤岸具体条件的差异，可以采取以下两种类型的混合建设，比如石块-木桩-植物型驳岸：适用于水流较急、波浪较大、堤岸较陡的库塘[132]。在堤岸上先铺设一层石块，以增加堤岸稳定性和抗冲刷能力；然后在石块上插入木桩，以增加堤岸强度和抗侵蚀能力；最后在木桩间种植适宜的植物，以增加堤岸美观性和生态性。还有水泥-植物型驳岸：适用于水流较缓、波浪较小、堤岸较缓的库塘。在堤岸上先浇筑一层水泥，以增加堤岸平整性和耐久性；然后在水泥上种植适宜的植物，以增加堤岸美观性和生态性。

植物群落建设：是指根据水岸实际情况，采用不同的护岸建设模式，完善水岸的湿地生态系统结构。以乡土湿地植物为主，对湿地岸线植物群落进行改造。湿地植物具有净化水质、调节水量、防止水土流失、提供栖息地等多种功能，对于维持库塘生态平衡和提升库塘景观价值具有重要作用[133]。库塘岸线植物群落可按照分布特点分为以下四种类型：

水岸景观防护林带。位于库塘最外围，主要由乔木或灌木组成，具有防风固沙、减少蒸发、美化环境等功能。

挺水植物群落。位于库塘边缘或浅水区，主要由芦苇、香蒲等挺出水面或部分浮于水面的植物组成，具有稳定堤坡、吸收污染物、提供食物等功能。

浮叶植物群落。位于库塘中部或深水区，主要由荷花、睡莲等叶片浮于水面或近水面的植物组成，具有调节温度、遮光抑藻、美化景观等功能。

沉水植物群落。位于库塘底部或深水区，主要由黑三棱、轮叶角果菜等全株或大部分埋于水中的植物组成，具有释放氧气、吸收养分、保持水质等功能。

（3）水体修复

湖南山地丘陵地区空心村的库塘水体修复是一项重要的生态工程，旨在改善库塘水质，恢复湿地生态系统的结构和功能，提升空心村的生态环境和人居条件。为了有效实施库塘水体修复，需要根据功能分区要求，按照可行性、生态学自然恢复、流域综合管理等原则，制定不同的恢复目标，采取不同的措施对湿地进行恢复。

可行性原则主要包括环境的可行性和技术的可操作性。环境的可行性是指库塘水体修复应符合当地的自然条件、社会经济条件和文化传统，不破坏原有的生态平衡和资源利用方式，不引发新的环境问题和社会冲突。技术的可操作性是指库塘水体修复应采用成熟、有效、经济、安全的技术手段，能够适应库塘水体修复的规模、进度和质量要求，能够保证修复效果的持久性和稳定性。

生态学自然恢复原则是指库塘水体修复应尊重湿地生态系统的自身演替规律，分步骤、分阶段进行恢复，充分利用湿地生态系统的自组织设计和自然恢复能力，将人为干扰降到最低水平，恢复库塘水体的生态结构和功能的完整性。具体来说，库塘水体修复应首先控制外源污染物的输入，减少库塘水体中有害物质的含量；其次，通过物理、化学或生物方法改善库塘水体中溶解氧、pH值、营养盐等水质参数，提高水体透明度和稳定性；再次，通过种植或引入适宜的水生植物、动物和微生物种类，增加库塘水体中有机物质的分解和循环，增强库塘水体中食物链和食物网的建立和维持；最后，通过调整库塘水体中各种生物群落的结构和比例，达到生态系统内部平衡和协调。

流域综合管理原则是指库塘水体修复不应局限于退化区域，应考虑整个汇水区域，甚至整个流域，充分考虑集水区域或流域内影响工程项目区库塘生态系统的因子，系统规划设计库塘恢复工程项目的建设目标和建设内容。具体来说，库塘水体修复应与上游集雨区、下游排水区以及周边土地利用方式相协调，避免因为上下游或周边区域的活动而影响或抵消库塘水体修复所取得的效果；同时，库塘水体修复应与流域内其他湿地保护或恢复项目相衔接，形成一个连续、完整、多样化的湿地景观网络；此外，库塘水体修复还应与流域内其他涉及土地利用、资源开发、环境保护等方面的规划或政策相一致，实现流域内各方面利益的协调与平衡。

3.3.3　沟渠的保护与恢复

沟渠是农业生产和农村生活的重要基础设施，对于保障农田灌溉、防洪排涝、改善生态环境、提升农民生活质量等方面具有重要作用。在湖南山地丘陵地区空心村，由于历史原因和管理不善，沟渠普遍存在淤积严重、排灌不畅、水质污染、水土流失等问题，影响了沟渠的正常功能发挥，也制约了农业农村现代化的进程[134]。因此，加强空心村沟渠的治理和修复，是实施乡村振兴战略的重要内容，也是建设美丽乡村的必然要求。沟渠治理和修复的主要措施有：

（1）清淤疏浚：这是沟渠治理和修复的基础性工作，目的是去除沟渠内部的泥沙、垃圾、杂草等障碍物，恢复沟渠原有的断面尺寸和通水能力。清淤疏浚可以采用人工或机械方式进行，根据沟渠的类型和规模选择合适的方法。清淤疏浚后，要及时运走清理出来的泥沙等物质，避免造成二次污染或堵塞。

（2）沟渠整形：这是沟渠治理和修复的关键性工作，目的是改善沟渠的结构和形态，提高沟渠的稳定性和安全性。沟渠整形主要包括修复破损的沟渠边坡和底部，调整不合理的沟渠走向和坡度，增加必要的支撑或加固措施等。沟渠整形可以采用土工布、钢筋混凝土、石笼网等材料进行，根据沟渠的情况选择合适的方案。

（3）植被保护与恢复：这是沟渠治理和修复的持续性工作，目的是利用植被对土壤和水体的调节作用，防止土壤侵蚀和水质恶化，提高沟渠的生态价值[135]。植被保护与恢复主要包括在沟渠周围种植适宜的草本植物、灌木或乔木等，以形成一定宽度的缓冲带或防护林带，同时注意定期修剪和管理植被，避免影响沟渠通水。

3.4　生态景观规划

3.4.1　空心村水景观的建设模式

在湖南山地丘陵地区空心村，水景观建设应该根据不同的功能需求，选择合适的建设模式，以提高水景观的利用效率和美学价值。按照功能的不同，空心村水景观建设的模式[136]可以分为以下三大类：

（1）生态维护型：这种模式主要是为了保护和恢复水生态系统的功能和服务，提高水资源的质量和数量，防止水土流失和水污染，增强水景观的自然性和生物多样性。生态维护型水景观建设的主要措施有：保持河道的自然形态和水流动态，减少人为干扰和开发；利用生态工程技术，如湿地、人工河、生态浮岛等，增加水体的净化能力和景观效果；种植适宜的水生植物和岸边植被，提供栖息和食物资源给水生动物，形成良好的食物链和物种共存关系。

（2）生活游憩型：这种模式主要是为了满足农村居民日常生活和休闲娱乐需求，提高水景观的功能性和人文性，增强水景观的亲和力和吸引力。生活游憩型水景观建设的主要措施有：改善农村供水、排水、灌溉等基础设施，保障农业生产和农村生活的用水安全；设置合理的步道、桥梁、亭台、码头等配套设施，方便农村居民出行、停留、观赏。增加农村居民生活品质和幸福感。

（3）游玩观赏型：这种模式主要是为了展示和传承空心村的乡土文化和特色风情，提高水景观的艺术性和创意性，增强水景观的独特性和魅力。游玩观赏型水景观建设的主要措施有：利用空心村原有或新建的建筑、雕塑、壁画等元素，打造具有地方特色或主题意义的水上景点，展现乡土故事和风貌；运用灯光、音乐、喷泉等技术手段，营造富有变化和氛围的水上表演，吸引空心村居民和游客的目光和情感；结合空心村的节庆活动或旅游主题活动，举办各种形式的水上节庆或竞赛，增加空心村居民和游客的互动和体验。

3.4.2　空心村水体景观的建设内容

空心村水体景观的建设内容包括：景观护坡设计、护岸形式选择、水景观营造和景观点构建。结合生态修复和生态文明、乡村振兴战略，空心村水体景观建设的作用和意义主要体现在：一是提升空心村的生态环境质量，保护和恢复水资源，增强水生态系统的功能和稳定性，为农业生产和农民生活提供良好的物质基础；二是提高空心村的美化环境水平，打造富有特色和魅力的水体景观，营造宜居宜业的人居环境，为农民增加幸福感和归属感；三是促进空心村的产业转型升级，发展以水为载体的休闲旅游、文化创意、手工艺等特色产业，拓宽农民增收渠道，实现农业增效、农民增收、农村增美；四是推动空心村的文化传承创新，挖掘和展示水体景观中蕴含的历史文化和乡土风情，培育文明乡风、良好家风、淳朴民风，提升乡村文化品位和精神风貌[137]。

（1）景观护坡设计

空心村水体景观护岸的设计既要满足其工程需求，防止水土流失和水体污染，又要兼顾护岸的景观功能和生态功能，满足居民对水景观的审美需求，提高居民生活环境质量，并体现人、水相亲的和谐自然观；保持水、土之间的物质和能量交换，为生物提供生长、繁衍的场所，有利于发挥水体的自净能力[138]。景观护岸功能的体现主要通过以下几个方面：

①水生植物和陆生植物的配置。水生植物和陆生植物是护岸景观的重要组成部分，它们不仅能美化环境，还能改善水质，增加氧气含量，调节温度和湿度，吸收有害物质，提供食物和栖息地。在护岸设计中，应根据水体的深浅、流速、光照等条件，选择适宜的水生植物种类，如芦苇、菖蒲、荷花、睡莲等，并与陆

生植物相协调,形成丰富多样的植被层次和色彩效果。

②护岸的结构形式、护坡材料的选择。护岸的结构形式和护坡材料的选择直接影响护岸的稳定性、耐久性和美观性。在护岸设计中,应根据河道的地形地貌、水流特性、工程要求等因素,选择合适的结构形式,如自然驳岸、卵石缓坡驳岸、山石驳岸、生态袋驳岸等,并采用具有自然感和可塑性的材料,如卵石、山石、木桩、金属石笼、土工布垄袋等。

③通过水生、陆生动植物的生存与繁殖吸引飞禽。护岸景观不仅要考虑视觉效果,还要考虑声音效果。通过在护岸上种植各种花草树木,吸引各种鸟类来此栖息、啼鸣、觅食、繁衍,形成一幅动人的画面,并给人以愉悦和宁静的感受。在护岸设计中,应根据当地的气候条件和鸟类习性,选择适合鸟类栖息和食用的植物种类,如柳树、杨树、白蜡树等。

(2)护岸形式选择

河岸护岸工程是为了防止洪水对河道的冲刷,保证岸坡及防洪堤脚的稳定,同时也是一道独特的线形景观,在自然界中极具景观美学价值,并能强化空心村的和乡土的识别性。另外,护岸作为滨水空间,是人们休闲、游憩最频繁的区域之一。从生态方面看,护岸作为水体和陆地的交界区域,在生态系统中具有多种功能:①护岸是水陆生态系统和水陆景观单元相互流动的通道;②在水陆生态系统的流动中,护岸起着过渡作用;③护岸的地被植物可吸收和拦阻地表径流及其中杂质,降低地表径流速度,并沉积来自高地的侵蚀物;④护岸有自己特有的生物和环境特征,是水生、陆生、水陆共生等各种生物物种的栖息地。

空心村硬质型护岸示

河道护岸主要有硬质型护岸和生态型护岸两种形式,护岸形式的选用应综合考虑防洪等工程要求和景观生态要求,做到既能保证河道防洪安全,又能促使滨水区生态可持续发展[139]。

硬质型护岸是用石材、钢筋混凝土等材料还原堤岸形态,以实地情况为依据,将缓坡式、台阶式及后退式堤岸结合起来。如果没有建筑低台地,可以根据淹没的周期性设计更多的亲水性空间。硬质型护岸具有结构稳定、耐久性强、施工方便等优点，但也存在一些缺点，如破坏自然景观、影响水体自净能力、降低生物多样性等。

空心村生态型护岸示

生态型护岸是以保护河道堤岸、还原堤岸原型为主要目的，在表面土层铺上卵石、细砂或是种植草皮等，在水面上种植植被，并采用具有自然感和可塑性的材料，如卵石、山石、木桩、金属石笼、土工布垄袋等。生态型护岸不仅能美化环境，还能改善水质，增加氧气含量，调节温度和湿度，吸收有害物质，提供食物和栖息地。在河道护岸设计中，应根据河道的地形地貌、水流特性、工程要求等因素 [140]，选择合适的结构形式和材料，并考虑以下几个方面：

①水生植物和陆生植物的配置。水生植物和陆生植物是护岸景观的重要组成部分，它们不仅能美化环境，还能改善水质，增加氧气含量，调节温度和湿度，吸收有害物质，提供食物和栖息地。在护岸设计中，应根据水体的深浅、流速、光照等条件，选择适宜的水生植物种类，并与陆生植物相协调，形成丰富多样的植被层次和色彩效果。

②亲水设施的设置。亲水设施是指从岸边延伸到水面上或近水面处的活动场所或设施，如亲水栈桥、亲水平台、停泊区、亲水踏步、亲水草坪等。亲水设施可以将游人引入水面之上或近水面处，以提供水面观景功能，并增加人们与河流之间的互动性。

③滨水景观的营造。滨水景观是指沿河道两侧布置的各种景观元素或小品，如雕塑、景观柱、滨水广场、景观建筑等。滨水景观可以传达人与空间环境的情感交流，改善空间视觉和人的体验感受，使环境更加具有文化气息。

④绿化设计的考虑。绿化设计是指在河道两侧及其周边配置各种花草树木等植被。绿化设计可以增加河道周边环境的美感和舒适度，并对河道内外部环境产生积极影响。在绿化设计中，应根据当地的气候条件和鸟类习性，选择适合鸟类栖息和食用的植物种类。

（3）水景观营造

村庄水景观是一种融合了自然和人文元素的美学表达，它不仅能提升村庄的生态环境和居民的生活质量，还能展现村庄的文化特色和历史传承。然而，村庄水景观的设计和建设并不是简单地将各种元素堆砌在一起，而是需要遵循一定的原则和方法，才能达到理想的效果。

村庄水景观的设计应该以生态为基础，充分考虑植物与水环境的相互适应性和协调性。水是生命之源，也是景观之魂。水景观的设计应该根据水源的类型、数量、质量、流向等因素，选择合适的水体形式、大小、位置、深浅等参数，以保证水体的清洁、安全、稳定和活力。同时，水景观的设计还应该结合植物的种类、特性、需求、分布等因素，选择合适的植物配置、造型、色彩等要素，以保证植物的生长、繁殖、健康和美观[141]。植物与水环境的有机结合，不仅能增加水景观的生态价值和功能，还能增强水景观的层次感和变化感。

村庄水景观的设计应该以文化为灵魂，充分体现村庄的乡土风情和历史文化。乡村是民族文化的重要载体，也是乡愁情感的深刻来源。水景观的设计应该尊重和继承村庄的传统风貌和习俗，反映村庄的地域特色和历史记忆。水景观的设计应该避免盲目地模仿城市或外来的模式，而是应该利用当地的自然资源和人文元素，打造出具有独特魅力和个性的景观。例如，可以利用村庄原有或新建的河流、湖泊、池塘、渠道等水体，结合当地的建筑、雕塑、桥梁、亭台等构筑物，营造出富有乡村气息和文化内涵的水景观。

村庄水景观的设计应该以美学为目标，充分展现水景观的整体美和意境美。整体美是指水景观与周围环境形成一个统一和谐的整体，意境美是指水景观给人以一种超越表象的审美感受。水景观的设计应该遵循一定的美学原则和方法，如对比、平衡、节奏、比例等，以达到视觉上的协调和舒适。同时，水景观的设计还应该注重创造一种富有情趣和意义的氛围和空间，如静谧、活泼、优雅、浪漫等，以引发人们对自然和生活的思考和感悟。

（4）景观点构建

村庄水体景观点的能够提供良好视野和视觉享受的地方，它是水景观的核心元素，也是吸引村民交流和活化村庄文化氛围的重要因素。观景点的布设应该充分利用场地的自然资源和文化资源，如水体、植被、地形、建筑等，结合场地的气候、风向、光照等因素，选择合适的位置和方向，避免造成视线阻挡或反光干扰；应该根据不同的目标群体和活动类型，提供相应的功能设施和空间尺度，如休息、娱乐、教育、展示等，同时考虑安全、舒适、便捷等因素，满足使用者的需求和期待；应该突出水景的独特魅力和变化效果，如水体的形态、颜色、流动、声音等，以及水体与周边环境的关系，如反射、倒影、跌落等，创造出丰富多样和富有层次的水景画面。

湖南山地丘陵地区空心村的水体景观点一个重要的方面就是村庄滨水设施和

村庄亲水空间设施的布设。这两类设施都是与水体紧密相关或依赖于水体存在的建筑或辅助设施，它们不仅能够提高水体的利用率和价值，也能够增加水体的通透性和活力。

村庄滨水设施是指那些位于水体边缘或延伸到水体中的设施，如栈桥、河厅、亭台等建筑及花架、桌椅等休闲设施。这些设施能够让人们更加接近或进入水体，感受水体带来的清凉和愉悦，也能够成为村庄水景观的重要组成部分和主要观景点[142]。

村庄亲水空间是指水体周围的建筑和设施，它们能够让人们更加亲近和享受水体，如水边的步道和亭台等。这些空间能够增强水体的观赏性和可玩赏性，如水边的步道和亭台可以提供垂钓和欣赏的场地，滨水码头和浅水区的台阶可以提供戏水玩耍的场所等[143]。

4　废弃物处理

4.1　空心村废弃物现状情况

湖南省山地丘陵地区空心村，以小聚居，大分散的居住空间分布形态，由于交通、基础设施等条件限制，加之人口流失，在生活、生产中产生的废弃物通常处于自任丢弃、原地闲置状态。由于湖南省山地丘陵地区地形坡度大，雨水充沛，易造成对生态的危害，同时也可能成为当地村民生活和生产的安全隐患。在这类空心村的整治过程中，应根据摸底和调研情况，处置好这些废弃物，排除安全隐患。同时，要考虑环保和资源节约，对于一些废物开展回收利用，作为完善空心村各类设施和环境美化的重要材料来源。

4.1.1　废弃物的主要类型

（1）生活垃圾。是指人们在日常生活中或者为日常生活提供服务的活动中产生的固体废物，以及法律、行政法规规定的，视为生活垃圾的固体废物。生活垃圾的种类繁多，主要有塑料袋、食品包装袋、废纸箱、玻璃和金属罐、厨余垃圾（菜叶、果皮、剩饭菜等）以及燃料残渣等。这些垃圾的来源主要是空心村内部剩余的少数居民或外来人员的日常生活活动，也有少数空心村周边城镇或工业区的倾倒或飘散。生活垃圾的数量和种类会随着季节、节日和经济活动的变化而变化，一般具有易腐败、易散落、易燃烧等特点[144]。

（2）畜禽养殖废弃物。畜禽养殖废弃物主要包括动物的粪便、畜禽养殖舍垫料、废弃饲料、动物毛羽等。这些废弃物主要来源于空心村内部或周边仍然存在的一些规模较小、管理较差的畜禽养殖场所，以及一些散养或放牧的动物。畜禽养殖废弃物的数量和种类随着畜禽品种、数量和饲养方式的变化而变化，一般具有含水量高、有机质含量高、氮磷钾含量高等特点。

（3）农业固体废弃物。农业固体废弃物包括农作物残渣，以水稻、小麦、玉米等农作物收割取出籽实后剩余的秸秆为主；同时也包括农药、化肥等包装袋、储存容器等。这些废弃物主要来源于空心村内部或周边仍然进行的一些农业生产活动，以及一些农业投入品的使用和存放。农业固体废弃物的数量和种类随着农作物品种、种植面积和施用量的变化而变化，一般具有可再生性高、可降解性高等特点。

（4）建筑废弃物。建筑废弃物主要是废弃或遗弃房屋，包括建筑主体以及建筑材料，包括墙土、砖石、门窗，楼板，瓦片，檩条等，还包括建筑内部的废旧家具制品、农具、生活用具等。这些废弃物主要来源于空心村内部因为人口外流而形成的大量闲置或危房房屋，以及一些新建或改造房屋过程中产生的建筑垃圾。建筑废弃物的数量和种类随着房屋数量、结构和功能的变化而变化，一般具有体积大、重量重、成分复杂等特点。

4.1.2 废弃物的处理现状

近年来，湖南省各地均开展了农村生活垃圾一体化治理工作，取得了一定成效，在广大农村地区建立了一些农村生活垃圾处理设施。由于湖南山地丘陵地区的空心村在交通条件、基础设施建设方面相对来说有一定的滞后，造成有的地区空心村的处理设施的建设并没有完全到位，或者运营补偿。这些在空心村的废弃物处置中表现为以下几个方面：

（1）相对于日常生活垃圾的专门收运处理，废弃房屋及其周边环境的一些废弃物未得到充分处理。在空心村中，因人口流失和房屋废弃，废弃房屋及其周边可能堆积了大量的建筑废弃物、家具制品和其他生活用具等。由于缺乏专门的处理手段和机构，这些废弃物往往没有得到有效的清理和处理，导致环境的污染和资源的浪费。

（2）已有的处理设施存在运营状态较差的问题。由于空心村的人口和劳动力流失，缺乏足够的资金和人力来维护生活垃圾处理设施的运营，很多处理设施仅能勉强运转，处于"亚健康"状态。运营状态较差的设施往往无法满足垃圾的及时清理和处理需求，导致废弃物在村庄内堆积，给环境和居民生活带来负面影响。

（3）农业废弃物和养殖废弃物的处置情况也较差。在空心村中，农业生产产生的废弃物如塑料薄膜和农业瓶等往往没有得到妥善回收和处理，被随意丢弃。同时，由于空心村中养殖方式普遍较为散养，家禽和牲畜的排泄物没有得到有效的处理和利用，容易被雨水冲刷进入地表水体，对水质造成污染。

4.2　空心村废弃物处理

4.2.1　生活垃圾的处理

（1）做好生活垃圾源头分类引导

生活垃圾源头分类引导是空心村生活垃圾治理的关键环节，也是实现村庄生活垃圾减量化、资源化、无害化的重要手段。一方面需要通过各种形式和渠道，广泛宣传农村生活垃圾分类的意义、方法和要求，让农民群众认识到垃圾分类对于改善农村人居环境、促进乡村振兴、保护生态环境的重要作用，增强农民群众参与垃圾分类的主动性和责任感。同时，通过开展培训、辅导、示范等活动，教育农民群众掌握垃圾分类的基本知识和技能，提高农民群众的分类水平和质量。另一方面应建立激励机制，鼓励农民群众的分类参与。根据当地经济社会发展水平和财力状况，探索建立符合农村实际的垃圾处理费用收取制度，合理确定收费标准和方式，对按要求进行垃圾分类投放的农户给予一定程度的减免或补贴[145]。同时，通过建立积分制、设立"红黑榜"等多种方式对农户进行评价和奖惩，形成良好的分类氛围和风尚。同时，还要强化组织领导，落实工作责任。各级住房城乡建设、农业农村、发展改革、生态环境、乡村振兴等部门要密切协作配合，加强对农村生活垃圾源头分类引导工作的统筹协调、指导督促、考核评价。各地要明确工作目标和任务分工，落实各级各部门各单位各岗位的责任主体和责任内容。各乡镇要加强对基层党组织和村民自治组织的指导支持，发挥他们在动员组织群众参与垃圾分类中的重要作用。

（2）多方投入，确保资金来源

空心村生活垃圾治理也面临着资金来源的困难。由于空心村人口稀少、经济落后、税收收入低，很难依靠自身财力来实施生活垃圾治理工作。因此，需要通过多方投入，确保资金来源，推动空心村生活垃圾治理工作的开展[146]。可以通过吸引外来投资者或企业来参与空心村生活垃圾治理工作，从而获得资金支持和技术指导。例如，一些地区通过建立合作机制，引进专业的环卫企业来负责空心村生活垃圾的收集、运输和处理，同时给予一定的补贴或优惠政策。这样既可以提高空心村生活垃圾治理的效率和质量，又可以促进当地经济发展和就业创业。利用企业的资源和能力来支持空心村生活垃圾治理工作。例如，一些地区通过建立"一企一村"或"一企多村"的模式，让周边企业承担起空心村生活垃圾治理的责任和义务，同时给予企业相应的权益和奖励。这样既可以增加企业的社会责任感和公益意识，又可以提升空心村生活垃圾治理的水平和效果。通过动员空心村内部或外部的人力物力来筹集资金，用于空心村生活垃圾治理工作。例如，一些地区通过发动留守老人、返乡青年等群体参与到空心村生活垃圾治理工作中，通过自愿捐款、义务劳动、回收利用等方式来减少成本和增加收入。这样既可以增强空心村居民的环保意识和参与感，又可以提高空心村生活垃圾治理的自主性和可持续性。

（3）完善生活垃圾收运设施布点

完善空心村生活垃圾收运设施布点主要包括增加生活垃圾桶投放和完善生活垃圾投放点布局两个方面。增加生活垃圾桶投放是指通过增加空心村生活垃圾投放点数量，提高空心村居民的生活垃圾投放便利性和覆盖率。完善生活垃圾投放点布局是指通过科学规划布局生活垃圾投放点和动员村民参与生活垃圾投放点选址，提高空心村居民的生活垃圾投放合理性和参与度。

增加生活垃圾桶投放的目的是为了解决空心村生活垃圾投放点数量不足、分布不均、容量不够等问题，从而减少空心村居民随意丢弃或焚烧生活垃圾的现象。增加生活垃圾桶投放的方法有以下几种：一是根据空心村人口密度、地形地貌、交通状况等因素，合理确定每个投放点的数量和位置；二是根据空心村居民的生活习惯、分类意识、回收需求等因素，合理确定每个投放点的类型和规格；三是根据空心村生活垃圾的产量、成分、特性等因素，合理确定每个投放点的清运频次和方式。

完善生活垃圾投放点布局的目的是为了解决空心村生活垃圾投放点位置不合理、功能不明确、管理不到位等问题，从而提高空心村居民对生活垃圾投放点的认知和使用。完善生活垃圾投放点布局的方法有以下几种：一是通过科学规划布局生活垃圾投放点，使其符合环境卫生、交通安全、美观舒适等原则；二是通过动员村民参与生活垃圾投放点选址，使其充分考虑村民的意见和建议，增强村民的归属感和责任感；三是通过设置明确的标识、提示、引导等措施，使其明确表达出生活垃圾分类、回收、减量等信息，增强村民的环保意识和行动力 [147]。

4.2.2 畜禽养殖废弃物处理

空心村畜禽粪便的处理方法主要包括针对村民散养家禽家畜的规范和引导，以及对成规模养殖户的综合利用技术推广。针对村民散养家禽家畜的规范和引导是指通过规范和引导，实现圈养，禽畜粪便收集到化粪池或沼气池。对成规模养殖户的综合利用技术推广是指通过推广畜禽粪便的综合利用技术，常用的处理技术主要有厌氧发酵、传统好氧堆肥、微生物堆肥、干燥与除臭等。

（1）村民散养家禽家畜的规范和引导

针对村民散养家禽家畜的规范和引导的目的是为了解决空心村散养家禽家畜

粪便难以收集、管理和利用等问题，从而减少环境污染和资源浪费。针对村民散养家禽家畜的规范和引导的方法有以下几种：一是通过宣传教育、政策扶持、示范引领等方式，提高村民对圈养家禽家畜的认识和意愿；二是通过提供技术指导、设备支持、服务保障等方式，帮助村民建设化粪池或沼气池，并进行日常维护和管理；三是通过建立激励机制、监督机制、协作机制等方式，促进村民将散养家禽家畜粪便收集到化粪池或沼气池，并进行合理利用[148]。

（2）规模养殖户的综合利用技术推广

对成规模养殖户的综合利用技术推广的目的是为了解决空心村成规模养殖户粪便产量大、处理难度高等问题，从而实现资源化、无害化和减量化。对成规模养殖户的综合利用技术推广的方法有以下几种：

厌氧发酵技术：是一种将畜禽粪便转化为沼气和沼渣沼液的技术。厌氧发酵是指在无氧或微氧的条件下，通过微生物的作用，将有机物分解为沼气和沼渣沼液的过程。沼气主要由甲烷和二氧化碳组成，是一种可燃性的清洁能源，可用于烹饪、取暖、照明或上网发电。沼渣沼液是一种富含有机质和营养元素的物质，可用于作为有机肥料施用到农田，或进一步处理成为液体肥料、固体肥料或生物有机肥料。厌氧发酵技术的优点是能够有效地降低畜禽粪便的污染性和危害性，同时实现资源化和能源化。厌氧发酵技术的缺点是需要较高的投入成本和运行成本，以及较复杂的运行管理和维护[149]。

传统好氧堆肥技术：是一种将畜禽粪便转化为有机肥料的技术。好氧堆肥是指在充足的氧气供应下，通过微生物的作用，将有机物分解为有机肥料的过程。有机肥料是一种富含有机质和营养元素的物质，可用于改善土壤结构和提高土壤肥力。传统好氧堆肥技术的优点是简单易行，不需要特殊的设备和条件，只需要将畜禽粪便与秸秆等材料混合堆放，并定期翻动通风。传统好氧堆肥技术的缺点是需要较大的占地面积和较长的堆肥周期，以及容易产生臭味和病原体[150]。

微生物堆肥技术：是一种通过添加微生物菌剂来加速和优化好氧堆肥过程的技术。微生物菌剂是一种含有特定功能微生物或酶的制剂，可用于促进有机物的分解和转化。微生物堆肥技术的优点是可缩短堆肥周期，提高堆肥质量，并减少臭味和病原体。微生物堆肥技术的缺点是需要较高的投入成本和运行成本，以及较严格的运行管理和维护。

4.2.3　农业固体废弃物处理

农业固体废弃物是指农业生产和加工过程中产生的各种固态废物，主要包括秸秆、枝叶、果皮、茎皮、根茬、茶渣、糖渣、酒糟、饲料残渣、畜禽粪便等。农业固体废弃物的产量巨大，据统计，我国每年产生的农业固体废弃物约为10亿吨，占固体废弃物总量的60%以上。农业固体废弃物如果不加处理，不仅会造成资源浪费和环境污染，还会影响农业生产和农村生活。因此，农业固体废弃物处理是一项重要而紧迫的任务。空心村农业固体废弃物的处理主要从以下三个方面开展：

（1）做好宣传引导

增强农民对农业固体废弃物处理的责任感和参与度，从而促进处理工作的顺利开展。做好宣传引导的方法有以下几种：一是通过媒体、网络、村委会等渠道，向农民普及农业固体废弃物处理的必要性和重要性，以及各种处理方式的优缺点和操作方法；二是通过制定和实施相关的法规、标准、补贴等政策措施，对农民进行规范和激励，鼓励农民采取环保和经济的处理方式；三是通过建立和完善相关的服务机构和网络，为农民提供技术支持、设备供应、信息咨询等服务；四是通过选取典型村镇或户主进行示范试点，展示各种处理方式的效果和效益，并进行交流学习和推广复制[151]。

（2）在田间增设农业固体废弃物收集池

解决田间剩余农业固体废弃物难以回收、管理和运输等问题，从而减少环境污染和安全隐患。在田间增设农业固体废弃物收集池的方法有以下几种：一是根据田间剩余农业固体废弃物的种类、数量和分布情况，合理规划收集池的位置、数量和规模；二是根据收集池的功能和需求，选择合适的材料和结构，建设简易而实用的收集池；三是根据收集池内存放的农业固体废弃物的特性和用途，进行适当的分类、覆盖或密封等措施，防止发酵、腐烂或散发异味；四是根据收集池内存放时间和后续处理方式，定期清理或转运收集池内的农业固体废弃物，并进行记录和统计。

（3）推广秸秆还田技术和秸秆气化技术

利用秸秆这一大量且可再生的资源，实现其在土壤改良、有机肥料生产、清洁能源开发等方面的价值[152]。推广秸秆还田技术和秸秆气化技术的方法有以下两种：

秸秆还田技术：是指将收割后的秸秆经过切碎、粉碎或打捆等处理后，撒布在田间，并进行深翻耕作或浅埋覆盖等方式，使其在土壤中分解并释放有机质和养分。该技术可以提高土壤的有机质含量，改善土壤结构和物理性质，增加土壤的通透性、保水保肥能力和抗旱抗涝能力；可以增加土壤的生物活性，促进土壤微生物、蚯蚓等有益生物的繁殖和作用，提高土壤的自净能力和抗病能力；可以补充土壤的氮、磷、钾等主要养分和微量元素，减少化肥的施用量和成本，提高农作物的产量和品质；可以减少秸秆的焚烧、堆放或排放等不利于环境和健康的行为，降低大气污染和温室气体排放，改善生态环境。

秸秆气化技术：是指将干燥后碎裂成小块或颗粒状的秸秆，在缺氧或微氧条件下，在一定的温度和压力下，通过催化剂或添加剂等措施，使其发生部分氧化还原反应，并生成可燃性气体（主要为一氧化碳、氢气、甲烷等）和固体残渣（主要为焦炭、灰渣等）的过程。该技术可以将废弃的农业资源转化为清洁、高效、可再生的能源，满足农村和城市的供暖、照明、烹饪、发电等需求；可以提高能源利用率和经济效益，每吨干燥无灰基（daf）秸秆可产生约500立方米可燃性气体，其发电效率可达25%左右；可以减少对传统能源（如煤、油、天然气等）的依赖和消耗，降低能源成本和安全风险；可以减少对环境的污染和影响，降低二氧化碳、硫化物、氮化物等有害物质的排放，改善空气质量和温室效应。

4.2.4　建筑废弃物处理

湖南山地丘陵地区的空心村中存在着许多废弃的建筑物，这些房屋一旦被废弃，就需要及时进行处理。这些废弃房屋通常都比较破旧失修，结构不稳定，存在安全隐患，可能给周边居民的生活和安全带来威胁。同时，废弃建筑内的物品和建筑材料也会对周边的生态环境产生负面影响。因此，对这些建筑废弃物应该采取适当的处理方式，以确保环境的安全与整洁。处理途径包括以下三种：

（1）就地处理。这意味着将废弃建筑的墙土进行粉碎，然后将其复垦为农田或自然林地。这种处理方式可以有效地减少废弃建筑物的体积，将其变成可再利用的资源。通过粉碎和复垦过程，可以降低废弃建筑的对环境的负面影响，并为农田或自然林地提供更多的土壤养分，促进生态的恢复与保护。

（2）统一收集填埋。这意味着将废弃建筑的砖石、混凝土碎块等进行统一收集，并将其运至村庄建筑垃圾填埋点进行填埋。这种处理方式可以有效地管理废弃建筑物的废弃物，避免其对周边环境造成污染和破坏。同时，通过统一收集填埋，还可以减少资源的浪费，并确保废弃建筑物的处理符合环保要求。

（3）回收利用。对于一些可以回收利用的建筑废弃物，应该采取回收利用的方式进行处理。例如，对废弃建筑物中的檩条、木梁、钢筋等可以进行整理和拆卸，然后进行回收利用[153]。这些可再利用的材料可以用于其他建筑项目或再加工利用，从而减少资源的消耗和环境的负荷。回收利用建筑废弃物不仅有助于资源的循环利用，还可以降低新材料的需求，从而减少对自然环境的压力[154]。

4.3　空心村废弃物利用

4.3.1　资源利用，发展特色产业

（1）收集建筑废材，制作工艺品。在湖南山地丘陵地区的空心村中，存在许多传统的的家具、农具等物品。这些遗产具有独特的文化内涵，反应了一定时期

内的乡土文化，对于保护和传承地方文化具有重要意义。然而，由于废弃建筑物和物品的积累，如果随意丢弃或拆除，将导致不可挽回的损失。因此，将这些废弃物经过修复和处理，制作成各种工艺品是一种可行的解决方案。这些建筑废材可能包括木材、砖石、门窗等材料。通过对这些废弃物进行收集和分类，可以为后续的工艺品制作提供原材料基础。这不仅可以减少废弃物的堆积和环境污染，还可以最大限度地利用这些材料的历史价值和文化内涵。将废弃建筑材料修复和加工，转化为各种工艺品。例如，木材可以被雕刻成精美的雕塑、摆件或家具；砖石可以被重新利用为建筑装饰材料；门窗可以被制作成具有民俗特色的挂饰等。通过对这些废弃材料进行创意和艺术性的处理，可以将它们转化为具有文化价值和观赏性的工艺品。制作出来的工艺品可以有多种用途。它们可以作为一些场所的装饰品，如餐饮、茶楼等，用于提升美感和吸引力。例如，挂饰可以装饰在房屋或公共场所的墙壁上，摆件可以摆放在公共广场或景点，灯具可以为夜间提供照明效果。这些工艺品可以为特定环境的文化活力和艺术氛围，吸引更多的游客和观光者。这些废弃物的在利用可以为空心村带来一定的经济收益。

（2）对农业废弃物进行废材利用。在湖南山地丘陵地区的空心村中，农业废弃物是一个常见的问题。农业生产过程中产生的稻草、玉米秸秆、花生壳等废弃物如果不加处理，会给环境带来污染。因此，将这些农业废弃物进行加工和利用，制作成手工艺品和实用用具是一种解决方案。将稻草、玉米秸秆、花生壳等废弃物收集起来，并进行分类整理[155]。这样可以有效减少废弃物的堆积和对环境的影响。同时，分类整理也有助于后续的加工和利用过程。经过加工和制作，农业废弃物可以被转化为各种手工艺品和实用用具。例如，稻草可以被编织成篮子、帽子、垫子等；玉米秸秆可以被用来制作绳索、编织网等；花生壳可以被利用为装饰材料或制作燃料。通过对这些农业废弃物进行创意和技巧的运用，可以将它们转化为具有实用和观赏价值的产品。制作出来的手工艺品和实用用具具有多重用途。首先，它们可以满足日常生活的需要。编织的篮子可以用于储存物品，垫子可以用于坐垫或地板垫；帽子可以保护头部免受阳光和风雨的侵扰。这些产品不仅实用，而且环保。这些手工艺品和实用用具也可以作为特色产品进行销售，增加收入来源。以农村旅游为例，游客常常对具有地方特色的手工艺品和传统文化感兴趣。通过将农业废弃物加工制作成具有民俗风格和独特魅力的产品，可以吸引游客的关注和购买欲望，从而为空心村带来一定的经济效益。

将湖南山地丘陵地区空心村中产生的农业废弃物进行废材利用是一种可行的解决方案。通过收集、分类、加工和制作，可以将这些废弃物转化为具有实用和观赏价值的手工艺品和实用用具。这不仅可以满足居民的日常需求，还可以作为特色产品进行销售，增加经济收入，促进地方文化的传承和发展。

4.3.2　回收利用，用于村庄建设

通过对空心村废弃物回收利用，用于空心村建设，不仅可以有效地解决空心村的环境问题和经济问题，也可以保护和传承空心村的文化遗产和乡土风情，促进农村的可持续发展。

（1）将废弃建筑材料整理后用于空心村的基础设施建设。利用废弃建筑材料筑路是一种常见的废物利用方式。在空心村中，道路的状况直接影响着村民的出行和交通便利性。通过整理和加工废弃的砖石、砼碎块等材料，可以用于修建村庄的道路。这种方式不仅能够降低修路的成本，还能有效利用已有的资源，减少对新材料的需求。此外，废弃建筑材料具有一定的韧性和耐久性，可以提高道路的承载能力和耐久性，使村庄的道路更加坚固和耐用。

在山地丘陵地区，村庄常常面临着土石流、山洪等自然灾害的威胁。而修筑堡坎是一种常见的防灾措施，可以减少土石流和山洪对村庄的侵害。利用废弃的墙土、砖石等材料修葺堡坎，不仅可以节约成本，还可以有效地利用这些材料，减少环境污染和资源浪费。修葺堡坎可以增加村庄的防洪能力，提升村民的安全感和生活质量。

利用废弃建筑材料进行其他基础设施建设也是一种可行的方式。比如，废弃的砖石可以用于修建村庄的护坡、护墙等；废弃的门窗可以用于修建公共厕所、储藏室等。这样不仅可以充分利用废弃材料，还可以提高村庄的基础设施水平和生活便利性。这些基础设施的建设不仅满足了村民的日常生活需求，还为村庄的发展和改善打下了坚实的基础。

（2）利用废弃建筑材料制作景观小品和装饰物是一种创造性的废物利用方式，可以为空心村增添乡土特色和氛围，美化环境，并提升村庄的美感和吸引力。废弃的建筑材料如旧砖瓦、木头、石头等可以被利用来制作各种形象生动的雕塑、招牌、标识等。这些作品可以展示空心村的乡土文化和风土人情，弘扬当地的传统艺术和工艺技术。例如，利用旧砖瓦可以制作成具有地方特色的砖雕，表现出村庄的建筑风格和历史文化；利用旧木头可以雕刻成木质雕塑，展示村庄的自然风光和人文景观[156]。这些景观小品不仅能够吸引游客的注意，还能增加村庄的乡土特色，为空心村带来独特的魅力。废弃的建筑材料如旧门窗、瓶罐、布料等可以被利用来制作各种色彩艳丽的灯笼、花篮、风铃等装饰物。这些装饰物可以装点空心村的街道和房屋，为村庄增添生机和活力。例如，利用旧门窗可以制作成别具风格的窗花，为村庄的建筑增添亮丽的色彩；利用废弃的瓶罐可以制作成独特的花篮，为村庄的花坛和景观增加色彩和层次感。这些装饰物可以提升空心村的美感。

通过将废弃建筑材料转化为景观小品和装饰物，空心村不仅能够有效利用废

弃材料，还能展示和传承当地的文化。这种创意的废物利用方式不仅减少了环境污染，还为村庄创造了独特的艺术氛围和视觉享受。

通过利用废弃建筑材料制作景观小品和装饰物，空心村能够展现其独特的历史文化和风土人情，提升美感和吸引力。这种创造性的废物利用方式不仅有助于美化环境，还能为村庄的环境美化和提升生活品质作出贡献。

（3）将废弃的用品进行收集和修缮，并放置于空心村的公共空间和场所，供村民休闲使用既能实现废物利用，又能减少村庄建设成本。通过利用旧桌椅、板凳等搭建各种休息区、茶馆、棋牌室等，可以为村民提供一个舒适的聚会和交流场所，同时也增加了村庄的社交活动和社区凝聚力。

收集废弃的用品并进行修缮是一种有效的废物利用方式。许多村庄的废弃用品包括旧桌椅、板凳等，虽然在原有的使用环境中不再适用，但经过修缮后仍然可以发挥作用。通过对这些废弃用品进行修复、清洁和翻新，可以恢复它们的使用价值，延长其使用寿命，充分发挥资源的效益。这样不仅可以避免浪费，还可以减少对新家具的需求，从而减少资源消耗和环境污染。将修缮后的废弃用品放置于空心村的公共空间和场所，可以为村民提供一个休闲和交流的场所。通过搭建休息区、茶馆、棋牌室等，村民可以在其中放松身心、交流互动。这种公共场所的建设不仅能够满足村民的休闲需求，还有助于增加社区的凝聚力和互动交流，促进邻里关系的和谐发展。村民可以在这些场所共享资源，共同参与活动，加强交流和合作，形成一个团结友好的社区氛围。通过利用废弃的用品搭建公共休闲场所，还能够减少村庄的建设成本。废弃的用品通常可以以较低的成本获得，而通过修缮后的再利用，可以避免购买新的家具和设备，从而节省了村庄的建设资金。这对于空心村等经济相对落后的地区来说尤为重要，有助于更好地利用有限的资源，实现经济的可持续发展。

将废弃的用品收集、修缮，并放置于空心村的公共空间和场所，供村民休闲使用，是一种创造性的废物利用方式。它不仅能够实现废物资源的再利用，减少对环境的负荷，还能为村民提供一个舒适的聚会和交流场所，增加社区凝聚力，并减少村庄的建设成本。这一做法在促进可持续发展和提升空心村生活质量方面具有积极的意义。

5　设施提质与完善

5.1　公共服务设施提质与完善

5.1.1　公共服务设施建设现状

（1）农村综合服务平台

2018年9月7日，湖南省发布了《湖南省乡村振兴战略规划（2018-2022年）》提出了推动农村"一门式"基层公共服务全覆盖的目标和任务。2020年湖南省省委一号文件也对农村综合服务平台建设提出了具体要求和措施。湖南农村综合服务平台是指在农村村级服务场所建设的集党务、政务、村务、商务和社会服务于一体的"一门式办理""一站式"综合服务平台，是实现乡村基层公共服务均等化的重要载体。它主要包括以下几个方面：

党务服务。通过建设村级党建信息平台，实现党员信息管理、党费缴纳、党员教育培训、党内组织生活等党务服务功能。

政务服务。通过建设村级政务信息平台，实现农民身份证、户口本、结婚证等证件办理，农业补贴、低保救助、医疗保险等惠民政策查询和申请，农村土地承包经营权确权登记颁证等政务服务功能。

村务服务。通过建设村级村务信息平台，实现村民代表大会、村民小组会议、村民自治规则等村务公开，村级集体经济收支、集体资产管理、集体项目建设等村务监督，村民意见反馈、投诉举报、信访接待等村务互动功能。

商务服务。通过建设村级商务信息平台，实现农产品生产销售、农资供应采购、农业技术咨询等商务服务功能。

社会服务。通过建设村级社会信息平台，实现文化娱乐、法律援助、心理咨询、志愿服务等社会服务功能。

经过几年的不断努力，湖南省山地丘陵地区多地已经完成了农村综合服务平台的建设，有效的提高了这些地区的公共服务和阵地组织建设。

（2）卫生医疗设施

据《湖南省乡村振兴战略规划（2018—2022年）》，2018年至2022年是湖南农村卫生室的建设三年行动计划期间，目标是每个乡镇办好一所乡镇卫生院、每个村按标准至少办好1个村卫生室，加强乡镇卫生院和村卫生室标准化、信息化建设，缩小城乡卫生资源配置差距。

2020年底，全省共设38109个村卫生室，完成了1153个村卫生室"空白村"

标准化建设任务，全省基本消除村卫生室"空白村"。。村卫生室人员48201人，其中：执业（助理）医师12841人、注册护士1874人、乡村医生和卫生员3.35万人。平均每村卫生室人员1.26人。2021年湖南省卫生健康事业发展统计公报显示，2021年，村卫生室诊疗人次5674.60万，比上年增加71.21万人次，平均每个村卫生室年诊疗量1530人次[157]。

（3）教育设施

湖南省人民政府办公厅印发了《湖南省"十四五"教育事业发展规划》，提出要加快推进教育现代化，建设高质量教育体系，推动教育强省建设。其中，要加强农村学校建设，实施农村学校标准化建设工程，改善农村学校办学条件和教育质量，提高农村学校吸引力和竞争力；要加强乡村教师队伍建设，实施乡村教师培养培训工程，完善乡村教师激励保障机制；要加强乡村学前教育发展，实施农村公办幼儿园建设工程，提高农村公办幼儿园覆盖率和质量。

湖南省人民政府办公厅印发了《湖南省人民政府办公厅关于进一步加强乡村小规模学校建设和管理的意见》，提出要优化学校布局，科学设置乡村小规模学校（指不足100人的村小学和教学点）；要改善办学条件，保障经费投入，加强办学条件建设和信息化建设；要提高教育质量，完善管理制度，深化教学改革，建立帮扶机制；要强化师资建设，保障师资配备，加强教师教研。

湖南山地丘陵地区村庄的教育设施，仍存在：相对城市，教育资源和设施水平仍很落后。幼托教育的发展主要以私立为主，缺乏普惠措施。

5.1.2 公共服务设施提质

（1）文化活动设施提质

湖南山地丘陵地区空心村，今年来随着新农村建设、乡村振兴战略实施，在这些村庄，有的已经或者正在建设包含农村综合服务平台的村委会大楼，有的利用原有建筑或废弃学校进行了改建或扩建，因此普遍来看湖南山地丘陵地区空心村一般是有一定的建筑场地可供使用。在这些建筑中，根据相关部门建设要求，一般布置有农家书屋和文化活动室。但这些活动场所的利用率不高或者处于闲置状态。因此在进行空心村治理过程中，应一并考虑对这些长多的提质。

农家书屋：建立健全农家书屋的管理体制，实现统一的集成管理系统，实行免费借阅服务，建立星级评比奖励机制。同时，加强农家书屋与乡村学校、乡镇图书馆、乡村博物馆等其他文化机构的合作和联动，共享资源、互相支持、互相促进，形成乡村文化服务网络。其次，增加农家书屋与农民的互动和沟通，了解他们的阅读兴趣和需求，定期调整图书资源的配置和更新，提供更多符合农民需求的图书和信息服务。利用互联网平台，建立农家书屋的官方账号，发布农家书屋的相关信息、活动、图书推荐等，扩大农家书屋的影响力和知名度，吸引更多的关注和支持[158]。再次，利用农家书屋开展丰富多彩的文化活动，如读书会、讲座、展览、演出等，吸引更多的农民参与和享受文化服务，增强农家书屋的文化引领和文化阵地功能。利用直播技术，邀请一些知名的作家、专家、学者等，在农家书屋进行现场讲座、分享、交流等，让更多的农民能够在线观看和参与，提高农家书屋的文化品质和水平。最后，加强乡村性要素的根植，深化书屋全产业链融合，开发具有乡土特色的文化产品和文创产品，提升农家书屋的文化涵养和品位。利用互联网和直播，开展一些有趣的互动活动，如在线读书会、在线问答、在线竞猜等，增加农民的阅读乐趣和参与感，激发他们的阅读兴趣和习惯。引进社会力量，探索多种运行管理模式，如"农家书屋+民宿""农家书屋+互联网""农家书屋+农家乐"等，形成多样化的文化创意空间。

文化活动室：首先，根据空心村人口构成的特点，针对老人、妇女和儿童这三类人群，优化文化活动室的设施配置，分别配置适合他们的设施和项目，如棋牌室、健身器材、图书阅览室、老年大学等，手工艺室、美容美发室、家政培训室、妇女之家等，儿童乐园、科普教育室、少年宫、图书馆等，以满足他们的文化需求，提高文化活动室的利用率和服务效果。其次，以文化专干人员和文化骨干为主导，吸收文化志愿者，广泛动员和鼓励大中专院校毕业生、村官等积极投身农村文化建设，通过了解空心村人口的文化需求，组建村民文化团体，如合唱团、舞蹈队、戏曲社等，积极开展文化活动，如演出展示、比赛交流、培训学习等，以增强农村文化建设的人力资源保障，提高文化活动的质量和影响力。最后，寻求多方投入，引入社会资金、社会团体参与农村文化活动室的建设，加强农村文化活动室的基础设施建设和设备更新。具体做法是利用政府补贴、社会捐赠、企业赞助等方式筹集资金，通过政府购买服务、委托管理等方式吸引社会资本参与农村文化活动室的建设运营，通过合作共建、资源共享等方式吸引社会组织参与农村文化活动室的内容提供[158]。同时，根据不同地区的自然条件和人口特点，合理规划布局，优化空间利用；根据不同服务项目和内容的需要，及时更换升级音响、投影、电脑、网络等设施设备。

（2）公共空间提质

湖南山地丘陵地区空心村的公共空间建设面临困境，传统的空间功能已经不能适应乡村的新需求，需要对公共空间进行改善和优化。乡村居民对生活有了更高的期待，除了闲聊，还想有更多的娱乐方式。传统的戏曲和祭祀活动，也因为老人的去世和戏台祠堂的破损，逐渐消失在生活中，人们希望重拾这些乡村文化，这就需要相应的设施建设。除了传统文化，随着生活水平的提高和眼界的拓宽，乡村居民也想有一个可以阅读和多媒体娱乐的综合公共空间。

　　湖南山地丘陵地区的空心村因为地形的多样性和居民的分散性，需要对农村公共空间进行不同层级的划分，根据其服务对象和范围，明确各个层级公共空间的日常活动功能，从而提高公共空间的利用效率，增进村组和邻里之间的交流。本文通过分析这一地区的生产生活特征，将农村公共空间分为"村级—社区级—邻里级"三个层级[159]；并且对公共空间的布局进行合理的功能分区，考虑不同群体和不同活动的需求，采用集中式和分散式相结合的布局方式。

　　村级公共空间：村级公共空间是服务全体村民的公共空间，它的服务范围广泛，服务规模较大，需要在选址、功能、空间等方面考虑多种因素。它应重点关注可达性，宜选址在村庄主要交通沿线，方便村民出行和交流。它应具有复合性，能够满足村级各类活动的需求，包括政务服务、文化教育、体育健身、休闲娱乐等。同时，还要兼顾不同人群的活动需求，为老年人、妇女、儿童、残疾人等提供适宜的设施和服务。它应宽阔舒适，既能容纳人数众多的活动场合，又能保证安全疏散。此外，还要突出地域特色和乡土风情，保留传统村落民居和优秀乡土文化的元素，打造具有本土特色和乡土气息的乡村风貌。村级公共空间是农村公共空间中的重要组成部分，对于促进村民日常生活和交往、提升乡村宜居宜业水平、推进乡村振兴战略具有重要意义。因此，在规划建设过程中，应根据不同地区的实际情况和农民群众的实际需求，合理确定村级公共空间的选址、功能和空间等要素，还要注重保护和发展乡村特色和文化。

　　社区级公共空间：社区级公共空间是面向村庄聚落或一定自然空间内的群体的公共空间，它的选址、功能、空间等方面需要考虑步行距离和居民向往等因素。它应以步行距离为主要依据，一般不超过500米或5分钟，以便于居民出行和使用。同时，还应考虑社区的地理位置、人口密度、交通条件、自然环境等因素，选择合适的地块，避免造成资源浪费或服务缺失。它应以满足居民日常生活需求为主要目标，提供基本公共服务、便民利民服务、志愿服务等多元内容。同时，还应根据社区的特色和需求，发挥创新精神，提供特色引导型服务要素，如文化活动、体育健身、休闲娱乐等，增加居民对公共空间的向往和参与。它应合理利用现有资源和设施，优化空间布局和设计，提高空间效率和美感。

　　邻里公共空间：由村民或居民自发形成的开放性场所，是进行公共交往、举行各种活动的重要空间，其规模和位置具有不可确定性，可以是一个晒谷坪、一口水井或一个树荫。这类空间的选址、功能、空间等方面需要在实地调研的基础上与相关村民或居民沟通确定。它应考虑村民或居民的生活习惯、交往需求、活动范围等因素，选择适合聚集、交流、休闲的地点，避免与其他功能用地冲突或影响。同时，还应考虑邻里公共空间的可达性、安全性、舒适性等因素，选择交通便利、环境优美、设施完善的地点。它应以满足村民或居民日常生活和社会交往为主要目标，提供基本公共服务、便民利民服务、志愿服务等多元内容。同时，还应根据邻里的特色和需求，发挥创新精神，提供特色引导型服务要素，如文化活动、体育健身、休闲娱乐等，增加村民或居民对公共空间的向往和参与。它应合理利用现有资源和设施，优化空间布局和设计，提高空间效率和美感。

5.1.3　公共服务设施完善

（1）完善空心村养老设施

湖南山地丘陵地区空心村的人口构成中，老年群体占比较大。同时由于这类地理位置，经济条件和社会资源等因素，一般缺少养老院、日间照料中心、居家养老服务等这类设施，同时这类设施的建设和运营面临着诸多困难和挑战。特别是村庄内的养老设施和服务严重缺乏，因此在空心村整治过程中，应考虑老年群体的养老需求，在整治建设过程中，应配置一定的适老化设施，促进互助养老[160]。

利用废弃房屋，改造成互助养老之家，集中安置独居老人。由于空心村的人口稀少，许多房屋长期无人居住，形成了一定的土地资源浪费。这些房屋可以通过简单的修缮和装修，改造成适合老年人居住的互助养老之家，提供基本的生活设施和服务。这样既可以节约建设成本，又可以利用现有资源，实现资源再利用。同时，将独居老人集中安置在一起，可以增加他们之间的交流和互助，减少他们的孤独感和无助感，提高他们的生活满意度和幸福感。

设置互助食堂，解决养老人员的日常饮食问题。由于空心村的经济条件落后，许多老年人生活困难，缺乏营养和卫生的饮食保障。为此，可以在互助养老之家附近或者其他便利的地点，设置互助食堂，为老年人提供低价或者免费的饭菜。互助食堂可以由政府、社会组织或者志愿者提供资金或者物资支持，也可以由老年人自己参与管理和运营，形成一种自我服务和互助服务的模式。这样既可以保证老年人的饮食健康和安全，又可以增加他们的收入和自尊心。

完善老年活动设施和场所，组建老年活动团体。由于空心村的社会资源匮乏，许多老年人缺乏娱乐和文化活动的机会和空间，导致他们的精神需求得不到满足。为此，可以在互助养老之家或者其他适合的地方，完善老年活动设施和场所，如图书室、棋牌室、健身器材等，为老年人提供丰富多彩的文化娱乐项目。同时，可以组建老年活动团体，如合唱团、舞蹈队、书法协会等，让老年人有更多的社会参与和表达自我的渠道。这样既可以丰富老年人的精神生活，又可以增强他们的社会凝聚力和归属感。

（2）完善空心村幼托设施

由于父母外出务工，空心村儿童多为留守儿童，通常由在家老人照顾。这样的生活方式给留守儿童带来了许多不利影响，如缺乏亲子互动和关爱，影响他们的情感和心理发展；缺乏适当的监管和教育，影响他们的行为和学习习惯；缺乏同龄人的交往和活动，影响他们的社会化和个性发展等[161]。同时，这类村庄的幼儿就读幼儿园也存在问题，由于人口流失和儿童数量减少，幼儿园的服务范围较大，通勤距离远。而且这类幼儿园多为农村私立幼儿园，相关学杂费也为家庭带了负担。这些问题导致空心村儿童在早期教育方面处于劣势，影响他们的认知和能力发展。

在空心村的整治过程中，应考虑儿童居村托管问题，即在村庄内为留守儿童提供日间或全天候的照料和教育服务。具体而言，可以将废弃建筑改造为村庄幼托场所，根据村庄经济条件的不同，选择自筹经费聘请专业人员照顾或自发组织轮流照看。这样既可以利用现有资源，节约建设成本，又可以增加村民之间的互助和参与，提高社会凝聚力。同时，也可以为留守儿童提供更加便捷和贴近的托管服务，减轻老人的负担，保障儿童的安全和健康。实施空心村儿童居村托管，可以有效地改善空心村儿童的成长环境和教育机会。一方面，可以增加留守儿童与专业人员或其他成年人的接触和交流，满足他们的情感和心理需求，促进他们的情感和心理健康；另一方面，可以为留守儿童提供更加丰富和多样的教育内容和活动形式，激发他们的兴趣和潜能，促进他们的认知和能力发展。此外，还可以增加留守儿童与同龄人或其他年龄段儿童的交往和互动，培养他们的社会化技能和个性特征。总之，在乡村振兴背景下，考虑空心村儿童居村托管问题是解决空心村儿童问题的重要途径之一。通过将废弃建筑改造为村庄幼托场所等措施，可以有效地改善空心村儿童的成长环境和教育机会，促进空心村的复兴和发展。

（3）完善电商和商业设施

完善电商和商业设施对于空心村具有重要的必要性。一方面，可以满足空心村留守人口的消费需求，提高他们的生活质量和幸福感。由于本身的城乡差异，空心村缺乏现代的商业服务。网络购物、快递均难到村，对年轻人和有网购需求的群体不友好。完善电商和商业设施，可以让空心村留守人口享受到城市化的便利和多样化的选择，增强他们的消费能力和信心。另一方面，可以促进空心村特色产业的发展，提高农民收入和就业机会。由于电商和快递不能到村，一些乡土特产、农产品销售难以出村，收益差。完善电商和商业设施，可以帮助空心村拓展市场渠道，提升产品知名度和竞争力，增加农民收入。同时，也可以吸引年轻人回乡创业就业，参与电商运营、物流配送、产品加工等环节，增加就业机会[162]。

完善电商和商业设施对于空心村具有可行的条件。一方面，互联网技术的普及和发展为电商提供了技术支撑。随着移动互联网、5G网络、物联网等技术的不断进步和普及，电商平台越来越多样化和便捷化，为农民开展电商活动提供了技术支撑。另一方面，国家政策的扶持和引导为电商提供了政策保障。近年来，国家出台了一系列政策措施，支持农村电子商务发展，这些政策措施为农民参与电商活动提供了政策保障。

完善电商和商业设施对于空心村需要采取具体的措施。一方面，要结合当地的自然条件、历史文化、民俗风情等特色，选择适合发展的农产品或手工艺品，形成一村一品或一镇一业的产业集群。这样既可以充分利用当地资源优势，又可以打造特色品牌，提高附加值。二方面，要利用互联网平台，开展电商培训，提高农民的电商技能和意识，帮助他们建立网店，拓展销售渠道，提升产品知名度和竞争力。这样既可以增强农民的自主创新能力和市场适应能力，又可以降低经营成本和风险。三方面，要加强电商基础设施建设，完善物流配送网络，降低运输成本和时间，提高服务质量和效率。这样既可以保证产品的质量和安全性，又可以提高客户满意度和忠诚度。四方面，要建立电商协会或合作社等组织形式，实现农民、企业、政府的多方合作，促进资源共享和利益联结，解决电商发展中的资金、技术、人才等问题。这样既可以形成规模效应和协同效应，并可以借鉴先进经验和模式。

5.2 道路优化与完善

5.2.1 乡村道路的优化与完善

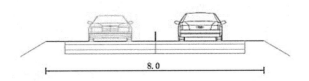

乡道宽度及横断面形式示意图

乡村道路一般指农村公路，在村庄这一层面通常主要包含乡道和村道，是村庄、居民点之间和通往外界的主要交通通道。在湖南山地丘陵地区的空心村，随着今年来农村公路建设，大部分乡村道路均应硬化，但仍旧存在一些问题，比如道路的宽度较窄，路面的平面线形过于曲折，纵断面线形起伏较大，不能满足当前农村车辆发展的需求，因此在整治过程中针对这些存在的问题应进行优化与完善。

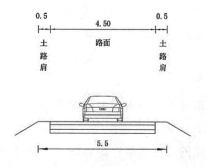

村道 5.5 米宽度及横断面形式示意图

（1）道路宽度。乡道和村道是农村公路的重要组成部分，它们对于促进农村经济社会发展，提高农民生活水平，保障农村交通安全和便利，具有重要的作用。因此，乡道和村道的设计应保证必要的路幅宽度，满足不同等级公路的相关设计要求。

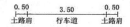

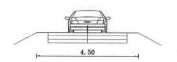

村道 4.5 米宽度及横断面形式示意图

一般来说，乡道的设计应满足三级公路的相关设计要求；村道应满足四级公路的相关设计要求。乡道按照三级公路设计标准采用双车道公路，车道宽度为 3.5m；村道按照四级公路标准，车道宽度为 3.0m（双车道）或 3.5m（单车道）。硬路肩宽度为 0.75m（一般值）或 0.25m（最小值），土路肩宽度为 0.5m（一般值）或 0.25m（双车道最小值）或 0.5m（单车道最小值），路基宽度为两侧各加 0.5m。根据当前国土空间规划的相关技术标准，建议乡道宽度不超过 8.0m，村道不超过 5.5m。

针对空心村范围内的乡道，根据资金和技术等条件，可采用沥青混凝土路面。沥青混凝土路面具有平整、耐久、防尘、防滑、降噪等优点，能提高乡道的舒适性和安全性，这样才能更好地服务于农村交通运输和农民生产生活。

（2）道路平面线形优化与完善

湖南山地丘陵地区空心村的公路，一般受到地形和社会经济发展水平限制，缺乏必要的道路线形设计。在整治过程中，针对这类公路的线形的优化要贯彻减少占地，保护耕地，重视环境保护，充分利用旧路资源的原则，节约成本，同时还要注重与环境和自然景观相协调。

这类地区公路的圆曲线半径应符合《公路路线设计规范》（JTGD20-2017）和《小交通量农村公路工程设计规范》（JTG/T 3311-2021）的规定。具体如下表：

空心村公路的圆曲线最小半径

设计速度（km/h）		40	30	20	15
圆曲线最小半径（一般值）（m）		100	65	30	20
圆曲线最小半径（极限值）（m）	I_{max}=4%	65	40	20	15/20（10）
	I_{max}=6%	60	35	15	—
	I_{max}=8%	60	30	15	—

注："一般值"为正常情况下的采用值；"极限值"为条件受限制时可采用的值；"I_{max}"为采用的最大超高值，"/"前数值为双车道下极限最小半径，"/"后数值为单车道下极限最小半径，括号内数值为当交通组成中无中型载重汽车和中型客车时，单车道可采用的极限最小半径。

湖南山地丘陵地区空心村的公路由于地形限制，在设计时如果不能满足上述要求，则需要设置超高。同时，考虑到山地丘陵地区的公路蜿蜒曲折，应保障合理的停车视距、会车视距与超车视距。设置超高，以及停车视距、会车视距与超车视距的相关参数要求均应符合《公路路线设计规范》（JTGD20-2017）和《小交通量农村公路工程设计规范》（JTG/T 3311-2021）的规定。

（3）道路纵断面线形优化与完善

湖南山地丘陵地区地形起伏，在进行空心村整治过程中，可考虑公路纵面线形的优化。一方面由于这类地区的公路在修建的时候，没有考虑到当前农村车辆的普及程度，另一方面，这类地区中有的地方在冬季会存在，路面雨雪湿滑的现象。因此，应根据发展需要和实际情况，适当优化和完善公路的纵断面线形。

这类地区公路的最大纵坡和最小坡长应符合《公路路线设计规范》（JTGD20-2017）和《小交通量农村公路工程设计规范》（JTG/T 3311-2021）的规定。具体如下表：

空心村公路的最大纵坡

设计速度（km/h）		40	30	20	15
最大纵坡（%）	一般值	7	8	8	11
	极限值	8	9	10	12（14）

注：1、积雪冰冻地区最大纵坡不应大于8%，村镇路段纵坡不宜大于5%。

2、农村公路的纵坡不宜小于0.3%；对于长路堑路段或横向排水不畅的路段，采用平坡或小于0.3%的纵坡时，其边沟应做纵向排水设计；横向排水良好、不产生路面积水的路段，设计时可不考虑最小纵坡坡度的限制。

3、四级公路（Ⅱ类）经论证并在保证安全的前提下，最大纵坡可采用括号中数值。

空心村公路的最小坡长

设计速度（km/h）	40	30	20	15
最小坡长（m）	120	100	60	45

湖南山地丘陵地区空心村的公路在设计时，竖曲线最小半径与竖曲线长度、不同纵坡坡度最大坡长应符合《公路路线设计规范》（JTGD20-2017）和《小交通量农村公路工程设计规范》（JTG/T 3311-2021）的规定。

5.2.2 村庄内部道路的优化与完善

根据湖南山地丘陵地区空心村的村庄规模与布局优化村庄道路布局，因地制宜选择道路宽度与断面。规划道路应明确重要控制点标高、坡度、断面形式等建设要求。村庄干路应满足双向行车要求，红线宽度一般在4.5~8米；支路应满足单向行车和错车要求，红线宽度在3~5米；入户路应满足1.5~3米；巷路应满足步行宽度要求。有条件的村庄，根据需要规划建设道路绿化带和照明设施，滨水道路应与绿化带统筹设置。

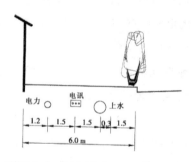

村道内部道路横断面示意图

村庄内部道路在改造优化时，根据实际情况可以考虑布置一定宽度的人行道，同时根据村庄基础设施的建设需要，在一些干道应考虑满足敷设管线的要求，例如埋设电力、电讯电缆、给水管。

（1）车行道。湖南山地丘陵地区空心村的内部空间有限，因此在进行内容道路的完善和优化时对内部道路车行道的布置应灵活处理，一般情况下内部道路的为混合式车行道，即机动车和非机动车混行，受限于空间尺度，车行道的宽度可灵活处理，但至少要满足一条车行道的宽度，宜不小于3.5米，净空高度不小于4米，不能满足条件时应设置警示提醒牌，同时根据道路宽度，在只有一车道的地段应择址设置错车位。

湖南村镇常用的麻石条路面示意图

（2）人行道。在村庄内部的主干道，根据宽度和人流的情况，应考虑设置人行道，强化道路安全。人行道的设置应按照每股人流不少于0.75米，且最小宽度不小于1米考虑，净空要求不应低于2.5米。人行道的可根据实际情况，采用简易硬化或铺装，做好防滑和排水设计。

（3）入户路和巷道在硬化平铺装时，在材质的选择上可以灵活处理，可以选择本地建材或利用空心村整治中的一些废旧建材，资源再利用，做到既美观又经济实用。

5.2.3 道路设施的优化与完善

随着社会经济发展，人们对出行交通的便利性要求提高，应在空心村整治过程中适当考虑完善和优化道路交通设施。在具体实施工程中应考虑空心村内部的停车位设置和相关交通标识牌设置。

（1）停车设施。空心村停车设施的优化与完善对于改善村庄交通秩序、提升居民生活质量具有重要意义。通过改造农户前坪庭院与入户路、支路、干路的衔接，引导村民将车辆停放至自家前坪，可以有效减少乱停车现象[163]。这种措施不仅可以提高空间利用效率，还能够美化庭院环境，改善居民的生活环境。清理空心村内的路边空闲场地，并根据条件的不同选择合适的停车位铺设方式。这些空闲场地可以被改造成水泥硬化停车位、生态停车位或者碎石铺装的简易停车位。通过增加公共停车位的数量，可以减少村庄内部道路上的随意停车现象，提高道路的通行能力和交通安全性。对于空心村内外的大型车辆停放不便问题，可以设置专门的大型车辆停车场地。利用空心村的空闲地，规划和建设大型车辆停车场，为大型车辆提供充足的停车空间。这样一来，不仅可以解决大型车辆停车的问题，还能够减少村庄内部的拥堵情况，提升交通流畅度。

（2）道路交通标识牌。在湖南山地丘陵地区的空心村内部道路交通改造中，优化和完善交通标志牌是解决道路问题的重要手段。增设安全提示牌可以提高空心村内部道路的交通安全性[164]。由于空心村内部道路交错、岔路较多，外来车辆容易迷路或走错路。因此，在关键路口和转弯处设置道路指示牌，指示前进方向和重要目的地，帮助车辆和行人准确找到目的地。同时，可以增设反光镜和提示牌，提醒驾驶员注意道路状况、行人通行等。这些安全提示牌和标志可以有效减少迷路情况和交通事故的发生。其次，增设安全防护措施是为了防止道路交通意外事故的发生。湖南山地丘陵地区的空心村道路起伏大、路窄，存在高差路段和坡长坡陡的情况。这容易造成车辆坠落事故和下坡时的交通事故。因此，在相应的路段上应增设防护栏和减速带，起到安全防护的作用。防护栏可以设置在道路两边的高差路段，以防止车辆坠落；减速带可以设置在下坡路段或人员密集区域，引导车辆减速慢行，降低交通事故风险。另外，增加道路照明设施是为了提供夜间行车和行人活动的安全保障。空心村道路是村民日常生产和生活的重要设施，增设路灯照明设施可以提高夜间道路的可见性，减少夜间交通事故的发生。在道路宽度允许的情况下，可以在居民点路段设置路灯，照亮道路；在居民点内道路较为狭窄的路段，可以贴墙安装照明灯，提供足够的照明效果。这样一来，村民在夜间的出行和活动时将更加安全和便利。

5.3 公用设施提质与完善

5.3.1 给水设施提质与完善

在湖南山地丘陵地区空心村的居民大多依靠打井取水或者利用高差建设蓄水池来满足生活用水需求。这种方式不仅水质难以保证，而且水量不稳定，容易受到干旱或者污染的影响。因此，在对这些空心村进行改造时，必须重视生活用水问题，采取科学合理的供水方案。

首先，应该根据空心村所处的地理位置和人口规模，判断是否有条件接入城乡一体化供水管网。如果有条件，应该优先选择集中供水的方式，以保证水源的质量和数量。如果没有条件，应该根据当地的水资源状况，选择合适的水源地，并进行必要的水质检测和处理。例如，在一些水源充足且质量良好的地区，可以考虑建设小型自来水厂或者净水设备，通过管网向村民提供安全卫生的自来水；在一些水源较少或者质量较差的地区，可以考虑利用雨水收集、地下水开发、河流提取等方式，通过简易过滤、消毒等处理后，通过管网或者桶装水向村民提供基本的生活用水。

其次，应该根据空心村的实际情况和未来发展规划，合理设计供水管网的布局和规模。在一些居住较为分散的空心村，在改造时应该尽量集中居民住宅，并结合村镇规划进行整体布局。在一些居住较为密集的空心村，在改造时应该充分考虑居民用水需求和峰值负荷，并结合地形地貌进行合理布局。在管网设计时，应该优先考虑成本效益和运行维护，并根据需要设置加压泵房、阀门井、消防栓等设施。在管网施工时，应该遵循技术标准和安全规范，并尽量减少对环境和居民生活的影响。

（1）水源选择。湖南山地丘陵地区的供水水源包括地表水、地下水、溶洞水和泉水，考虑到重金属和水质硬度问题，这类地区的村庄水源应优先考虑地表水、泉水。在选择水源之前，应对区域内的水资源情况进行全面的调查和收集，参考水利、卫生、环保、地矿、城建等相关部门和单位的资料，以确定合适的水源[165]。选择水源时，应遵循水质优良、易于卫生保障，水量充足，符合当地水资源统一规划管理的要求，并按照优先保障生活用水的原则，合理协调与其他用水之间的关系等基本要求。地下水源和地表水源的水质或者能够经过特殊处理达后能符合地下水源水质符合《地下水质量标准》（GB/T14848）的要求，地表水源水质符合《地表水环境质量标准》（GB3838）的要求，或符合《生活饮用水水源水质标准》（CJ3020）的要求。如单一水源不能满足需求，可采用多水源或调蓄等方式。

一体化净水设备示意图

（2）净水方式选择。山地丘陵地区空心村的给水工程中，净水方式有以下几种：①构筑物常规净水工艺。这种方式是在水源地或水厂建造一系列的构筑物，如混凝池、沉淀池、过滤池、消毒池等，通过不同的物理和化学方法，将水中的杂质和有害物质分离或杀灭，使水质达到生活饮用水标准。这种方式适合规模较大、用水量较稳定的村镇供水工程，但需要占用较多的土地和投资。②一体化净水设备。这种方式是将混凝、沉淀、过滤、消毒等工序集成在一个设备内，形成一个紧凑的整体，通过自动控制系统，实现水质的净化。这种方式适合规模较小、用水量较灵活的单村供水工程，但需要注意原水和出水的浊度等参数是否符合设备的要求[166]。③预处理+一体化净水设备。这种方式是在一体化净水设备前增加一些预处理工艺，如预沉、粗滤、慢滤等，以去除水中的较大颗粒或较高浊度的物质，降低对一体化净水设备的负荷和影响，提高净水效果和设备寿命。这种方式适合原水浊度较高或变化较大的情况，但需要增加预处理设施的占地和投资。

（3）输配水工程。在输配水工程中，常用的管网布局形式有树枝管网和环状管网。在空心村整治过程中，应根据居住空间分布形态和社会经济条件综合考虑采用管网布局形式，一般情况下，由于空心村的经济水平差，人口分布密度不均，采用树枝状管网为宜。湖南山地丘陵地区地势起伏，且供水管道距离远，因此会出现供水水压不足的情况。因此，应结合实际情况设置输配水泵站、高位调节水池或水塔。输配水泵站需要在输配水管网中设置的增压设备，包括泵房、泵组、电气控制系统等；高位调节水池或水塔是用于保持和调节输配水管网中的水量和水压的构筑物，一般位于高地或山顶，可采用重力式供水。

输配水泵站示意图

（4）消防用水。湖南山地丘陵地区的空心村，很多村落内部居住密集，建筑拥挤，难以满足防火间距，建筑防火等级普遍偏低，存在火灾隐患问题较为普遍。在空心村整治过程中，除了保留村庄周边一部分坑塘作为消防水源外，应考虑消防栓的布置。在布置生活供水管道过程中，应考虑在自来水主干管上接入一定数量的消防栓，在村庄的主要街道、十字路口、公共建筑、易燃易爆场所等重要部位，保护半径不应大于150m，间距不应大于120m[167]。

5.3.2 排水设施提质与完善

（1）污水排放。空心村生活污水的排放，应按照前述水体修复的要求，须根据居住分布空间形态，首先考虑不同的生活污水收集模式，然后在布局管网和污水处理设备，经处理达标后排放至河流、沟渠或坑塘。

湖南传统村落的雨水收集方式（张谷英村）

（2）雨水排放。传统农村的人居环境中，雨水的排放一般较为简单，直接流入沟渠、坑塘或河流。这种方式虽然简便，但也存在一些问题，如雨水未经处理就直接排入水体，可能造成水体污染；雨水未能充分利用，造成水资源浪费；雨水排放通道不畅，容易引发内涝等灾害。在空心村整治过程中，应根据空心村的实际情况和地理特点，因地制宜地制定雨水排放方案。一方面需要疏通排水通道，防治内涝。这包括清理沟渠、坑塘或河流中的垃圾、淤泥等障碍物，保证雨水顺畅排出；修建或改造雨水管网和泵站等设施，提高雨水排放效率；设置合理的雨水口和检查井等设施，方便雨水排放和管理。另一方面，在空心村整治过程中会出现大面积的地表硬化，会降低这些地面水体下渗能力。因此，在这类硬化地面应做好明沟和暗沟的布置，防止积水。同时空心村内各类巷道、入户路、干支路，由于地面硬化，也会造成积水问题，应在改造这类设施时一并做好排水沟的修建。

除了做好雨水排放工作外，还应充分利用雨水资源，提高空心村的生态效益和经济效益。根据地势和地表径流分布，可以将雨水汇集到周边坑塘，作为景观水体、消防水源或农业生产用水。也可以采用屋顶收集、路面渗透等方式，将雨水收集到储存设施中，用于日常生活或灌溉等用途。此外，还可以利用生态工程技术，如人工湿地、生态滤池等方式，对雨水进行净化处理，并将净化后的雨水回用或回补到自然环境中。

5.3.3 电力电讯设施提质与完善

电力电讯设施是空心村整治过程中需要重点完善和提质的基础设施之一。电力电讯设施不仅关系到空心村的生产生活条件，也关系到空心村的信息通讯能力和社会服务水平。传统农村的电力电讯设施一般较为简陋，存在供电不足、变压器老化、线路混乱、光纤缺乏等问题。这种方式虽然能够满足基本的用电用讯需求，但也存在一些问题，如供电不稳、线路故障多、通讯信号弱、网络速度慢等。

在空心村整治过程中，应根据空心村的实际情况和地理特点，因地制宜地制定电力电讯设施提质与完善方案。一方面需要完善设备，增加供电和通讯能力。这包括新增生活变压器，提高变压器容量和效率，保证空心村的用电质量和安全；增加光纤线路，提高光纤覆盖率和带宽，保证空心村的通讯质量和速度。另一方面需要规整线路，清理各类线路，进行线路归总捆扎，清理村庄内部蜘蛛网状线路布局。这既可以提高线路的美观度和安全性，也可以减少线路的损耗和故障。

6　景观再生设计

6.1　空心村景观再生设计的原则及方式

湖南省山地丘陵地区是一个典型的空心村分布区域，由于地形复杂、生态脆弱、土地整治难度大，对空心村的景观再生设计提出了更高的要求。景观再生设计是指在保护和恢复自然生态系统的基础上，根据场地特征和功能需求，创造出具有美学价值和文化内涵的人居环境。

6.1.1　空心村景观再生设计的原则

在湖南省山地丘陵地区空心村整治过程中，景观再生设计应遵循以下几个原则：

（1）保护和恢复自然生态系统。这是景观再生设计的基础和前提，也是实现可持续发展的关键。在空心村整治中，应尽量减少对自然环境的干扰和破坏，保持土壤、水源、植被、动物等自然要素的完整性和多样性，增强生态系统的稳定性和适应性。同时，应采取水土保持、植被恢复、生态修复等措施，提高空心村的生态功能和环境质量，改善水文气候条件，防止水土流失和灾害发生。

（2）尊重和传承乡村文化。这是景观再生设计的灵魂和特色，也是体现人文关怀和社会责任的重要内容。在空心村整治中，应坚持尊重每一个地域的独特特色、保护传统的乡土文化原则，是更好地突出地域个性、尊重当地乡村居民们生产生活方式的一个人性化原则。乡土文化是当地人在历代的生活过程中所形成的习惯积累，受世世代代的传统思想、家族文化和时代信息的传播、经济发展和政策的影响会发生相应的变化，主要包含的是当地的历史传统、民俗风情风物等，都是当地老百姓十分宝贵的精神财富。在景观再生设计中，应充分挖掘和利用这些文化资源，将其融入到空间形态、建筑风格、材料选择、色彩搭配等方面，营造出富有乡土气息和历史韵味的景观环境[168]。

（3）兼顾美观与经济实用。这是景观再生设计的目标和标准，也是平衡生态效益和经济效益的关键。在空心村整治中，应根据场地条件和功能需求，合理规划空间布局和功能分区，优化土地利用效率，提高空间品质和舒适度。同时，应注重景观美学原则和方法的运用，创造出具有视觉吸引力和感染力的景观形象，满足人们对于美好环境的审美需求。此外，在景观再生设计中，还应考虑到经济实用性，即在保证景观质量和功能性的前提下，尽量降低建设成本和维护费用，选择适宜耐用且易于获取的材料和技术，提高景观再生设计的可操作性和可持续性。

（4）可持续性发展原则。这是景观再生设计的理念和导向，也是实现人与自然和谐共处的基础。在空心村整治中，应遵循可持续性发展原则，在满足当代人需求的同时不损害后代人利益，在促进经济社会发展的同时保护自然环境，在改善人类福祉的同时维护生物多样性。具体而言，在景观再生设计中应注意以下几点：一是遵循循环利用原则，在场地内部或周边寻找可利用资源，并将其有效回收利用；二是遵循节能减排原则，在场地建设过程中尽量减少能源消耗和污染排放，并利用可再生能源或清洁能源；三是遵循适应变化原则，在场地设计过程中充分考虑未来可能出现的变化和不确定性，使场地具有一定的弹性和灵活性；四是遵循参与共治原则，在场地设计过程中充分听取和尊重当地居民和相关利益方的意见和建议，并鼓励他们参与到场地建设和管理中，增强他们对场地的归属感和责任感。

6.1.2　空心村景观再生设计的方式

在湖南省山地丘陵地区空心村整治过程中，景观再生设计的方式主要包括保护与传承、改造与提升以及创新。这些方式旨在保留和发展地域的景观特色，使空心村的景观具有独特的地方风貌。

（1）保护与传承是景观再生设计中重要的方式之一。保护地域景观的独特特色需要注重自然和人文两个方面。在自然方面，要保护和发扬地域的自然环境，包括地貌、地质、气候、生物和水源等多个环境要素[169]。这可以通过保护自然景观、植被恢复、生态修复等措施来实现，以提高空心村的生态功能和环境质量。在人文方面，要保护和传承当地的历史、文化和传统影响带来的文化背景。这可以通过保护传统建筑、民俗风情、乡土文化等元素来展示当地的文化特色和精神财富。

（2）改造与提升是景观再生设计中的重要方式。改造的目的是传承当地的自然和文化特色，使之成为具有本地传统特色的现代化村庄景观。提升则是在保护原有古老装饰风格的基础上进行改造，注重传承地域文化，并适应当地人现代生产生活的最佳环境。在改造与提升的过程中，需要通过规划设计和系统化的措施，寻找并强化当地的地域文化符号,使空心村的景观具有地域特色和传统风情。

(3)创新是景观再生设计中的一种重要方式。创新的方式可以发扬地域景观特色,以创新的方法规划和设计农村的景观。这包括引导和规范农村住宅建设形式,充分发挥地域的景观特色,进一步推动农村的可持续发展。在创新的过程中,需要注重整体规划,确立长远的发展目标,并制定相应的发展规划和具体措施。创新的设计方法和理念可以带来新的农村建设思路,促使空心村在发展中更加注重保护自然环境、传承地域文化,并实现经济社会的可持续发展。

6.2 空心村住区景观再生设计

6.2.1 地域特色的建筑单体造型

建筑单体造型是指建筑物的外部形状和结构,它是建筑物最直接的视觉表现,也是反映地域特色和文化内涵的重要载体。在湖南山地丘陵地区空心村居住区景观再生设计中,建筑单体造型要充分考虑当地的自然环境和人文传统,既要适应当地的气候条件和地形特征,又要体现当地的建筑风格和民俗风情[170]。具体来说,可以采取以下几种方法:

(1)保留和利用原有的空心村房屋结构和形式,对其进行修缮和改造,使其具有更好的功能性和舒适性,同时保持其原有的历史风貌和文化记忆。例如,将原有的石头房屋改造成民宿、农家乐等项目,既保留了当地石头文化的特色,又增加了旅游收入和就业机会。

(2)参考和借鉴当地传统建筑元素和符号,对新建或改建的房屋进行创新设计,使其既具有现代感和美观性,又富有地方色彩和文化内涵。例如在住宅楼的外立面上采用了红白相间、尖顶金属瓦片等元素,在保持当地建筑风格基础上增加了现代感。

(3)引入和融合外来或异域的建筑元素和符号,对原有或新建的房屋进行创意设计,使其既具有开放性和多样性,又富有创新性和吸引力。例如,在湖南山地丘陵地区的村庄,利用当地丰富的石头资源和独特的石头文化,打造了一系列以石头为主题的景观项目,如石头博物馆、石头艺术园、石头民宿等。这些项目既展示了当地石头的形态和功能,又融入了外来或异域的建筑元素和符号,形成了一种独特的石头文化。

6.2.2 建筑的色彩布局

建筑的色彩布局是指建筑物在外部表面上所呈现出来的色彩效果及其分布规律。它是建筑物最直观的视觉特征之一,也是表达建筑物气质和情感的重要手段。在湖南山地丘陵地区空心村居住区景观再生设计中,建筑的色彩布局要充分考虑当地的自然环境和人文氛围，既要协调与周围景观相融合，又要突出与周围景观相区别。具体来说，可以采取以下几种方法：

（1）选择与当地自然环境相协调或相对比的色彩作为主色调或点缀色彩，使建筑物与周围景观形成一种统一或对比的效果。例如，在湖南省赤城县云州乡集中安置区内，选择与当地自然环境相协调或相对比的色彩作为主色调或点缀色彩，使建筑物与周围景观形成一种统一或对比的效果。例如在村庄住宅楼在外立面上采用红白相间的色彩，既与周围的山水风光相协调，又与周围的老旧房屋相区别，形成了一种鲜明的视觉效果。

（2）选择与当地人文氛围相契合或相反衬的色彩作为主题色彩或装饰色彩，使建筑物与周围的文化气息形成一种和谐或对比的效果。例如在外立面上采用了灰色、白色、蓝色等色彩，既与当地的文化相契合，又与当地的农耕文化相反衬，形成了一种别致的文化效果。

（3）选择与当地特色或优势相关或无关的色彩作为创意色彩或个性色彩，使建筑物与周围的景观形成一种独特或多样的效果。例如在外立面上采用黑色、白色、红色等色彩，既与当地的自然特色相关，又与当地的其他景观无关，形成了一种独特或多样的创意效果。

6.2.3　建筑组合与空间形态

建筑组合与空间形态是指建筑物在空间中所呈现出来的组织方式和空间关系。它是建筑物最重要的空间特征之一，也是影响建筑物功能和美感的重要因素。在湖南山地丘陵地区空心村居住区景观再生设计中，建筑组合与空间形态要充分考虑当地的自然条件和人文需求，既要适应当地的地形特征和交通条件，又要满足当地人的生活需求和审美情趣。具体来说，可以采取以下几种方法：

（1）选择与当地自然条件相适应或相突破的建筑组合方式和空间形态，使建筑物与周围环境形成一种顺应或挑战的效果。例如，在一些空心村中采用错落有致、高低错位、曲线变化等组合方式和空间形态，在顺应当地山水风光和交通条件的同时，也突破了传统农村住宅建设形式，形成了一种顺应或挑战的效果。

（2）选择与当地人文需求相满足或相超越的建筑组合方式和空间形态，使建筑物与周围社会形成一种服务或引领的效果。例如在房屋改造成民宿、农家乐等项目中，采用开放式、多功能、灵活变化等组合方式和空间形态，在满足当地人和游客的生活需求和休闲需求的同时，也超越了传统农村住宅生活方式，形成了一种服务或引领的效果。

（3）选择与当地特色或优势相关或无关的建筑组合方式和空间形态，使建筑物与周围景观形成一种独特或多样的效果。例如，采用集中式、分散式、线性式等组合方式和空间形态，在展示当地石头特色和优势的同时，也与周围其他景观形成了一种独特或多样的效果。

6.3 空心村道路景观再生设计

6.3.1 道路线形的景观设计

在湖南山地丘陵地区空心村道路的线形景观设计中，需要综合考虑地形和周围环境情况，以确保道路的连贯性、协调性和舒适性，同时与自然环境相协调，营造统一、连续的开放感。

（1）线形设计应考虑道路的功能和使用需求。道路的线形设计需要满足行驶的力学要求，包括道路的坡度、曲线半径、横断面形状等。在山地丘陵地区，道路的线形设计应充分考虑地势起伏和弯道的情况，合理选择坡度和曲线半径，以确保车辆的安全行驶和舒适性[171]。

（2）线形设计还要满足使用人的视觉和心理的舒适性要求。道路线形的变化和转折可以增加行车的趣味性和变化性，使驾驶人员感到愉悦和享受。通过合理的线形设计，如适度的曲线、平缓的坡度和流畅的过渡，可以减少行车的冲击感，提高行车的舒适性和安全性[172]。

（3）线形设计也需要与周围的自然环境协调一致。山地丘陵地区的自然景观独特而美丽，道路线形设计应充分考虑地貌和植被等自然要素，尽量避免对自然环境的破坏和破碎化。可以通过选择自然起伏较小的地段或采取渐变的线形过渡，使道路与周围的山川、林木相融合，形成和谐统一的景观。

（4）在湖南山地丘陵地区空心村整治的主题下，线形设计还应充分考虑空心村的特点和文化背景。可以借鉴当地传统村落的布局和风格，如蜿蜒曲折的小巷和通往重要场所的主干道，以展现空心村的历史和文化魅力。在线形设计中融入当地特色元素，如当地的传统建筑风格、民俗文化符号等，既能营造独特的道路景观，又能强化当地的文化传承。

6.3.2 路面的景观设计

在湖南山地丘陵地区空心村道路面景观设计中，路面材料的选择要充分考虑当地的自然条件和人文需求，既要适应当地的气候条件和使用条件，又要满足当地人的安全需求和审美情趣。具体来说，可以采取以下几种方法：

（1）与环境背景的协调性。在路面材料的选择上，应当考虑与周围环境的紧密结合，以使路面与自然环境和建筑风格相协调。沥青路面是一种常用的选择，可以在沥青磨损层中混入与周围环境相协调的材料，当沥青被磨损，材料暴露出来时，路面与周围环境融为一体。此外，通过在路缘、车行道和分隔带使用不同颜色的沥青或其他路面材料，可以减轻黑色路面的视觉扩张，增强公路的装饰性和视觉诱导性。

（2）地区代表性的材料应得到重视。在湖南山地丘陵地区的空心村整治中，可以考虑使用具有地方特色和代表性的材料，例如天然石料和砖瓦等。这些材料能够突出地区的独特文化和自然环境，为道路景观增添独特的魅力。通过使用经久耐用的材料，如自然石，不仅可以增加路面的美观性，还可以提高路面的耐久性和可持续性，减少维护和修复的频率和成本。

（3）注重路面材料的质感和纹理。选择具有良好质感和纹理的路面材料，可以增强道路的触感和视觉效果。在山地丘陵地区的空心村整治中，可以考虑使用具有天然纹理的石材或砖瓦等材料，以营造与自然环境相呼应的视觉效果。通过合理的纹理设计和铺装方式，使路面更具艺术性和美感，为居民和游客带来愉悦的视觉体验。

6.3.3　道路绿化的景观设计

在湖南山地丘陵地区空心村道路绿化景观设计中，植物种类和配置方式要充分考虑当地的自然条件和人文需求，既要适应当地的气候条件和生态条件，又要满足当地人的环保需求和审美情趣。具体来说，可以采取以下几种方法：

（1）树种选择与植被协调：在湖南山地丘陵地区空心村道路绿化设计中，树种的选择是关键因素之一。应当选择适应当地气候条件和土壤环境的树种，以确保它们能够健康生长并与周围环境相协调。考虑到该地区的山地丘陵地形特点，可以选择一些具有强大适应性的树种，如松树、柳树和槐树等。这些树种在湖南山地丘陵地区生长良好，并且能够承受该地区的气候变化和土壤条件。此外，还可以结合当地的文化特色，选择一些具有地方代表性的树种，以展示地区的独特魅力[173]。

（2）功能性与生态平衡：绿化设计不仅要追求美观，还要注重功能性和生态平衡的考虑。道路绿化可以提供多种功能，如防护、降噪和净化空气等。在选择植物种类时，应优先考虑具有这些功能的植物，例如常绿灌木和草本植物。它们可以形成有效的防护屏障，减少噪音的传播，并吸收空气中的有害物质。同时，绿化设计应注重保护和促进当地生态系统的平衡。合理选择植物种类，提供适宜的栖息地和食物资源，有助于保护和增加野生动植物的多样性。

（3）路肩和坡脚的处理：在道路绿化设计中，路肩和坡脚的处理对于整体绿化效果至关重要。路肩可以通过种植草坪和地被植物来增强美观性，并且起到稳定土壤、减少水土流失的作用。在选择草坪植物时，应优先选择适应当地气候和土壤条件的草种，如地毯草和禾本科植物等。此外，坡脚的处理也应注重美化和防护功能。可以通过种植适合坡地生长的植物，如灌木、攀援植物等，来增加坡脚的绿化效果，并减少水土流失和坡面侵蚀的风险。此外，对于较陡的坡度，可以采取适当的固土措施，如设置护坡结构或建造花墙，以确保坡面的稳定性和安全性。

6.4 空心村农业景观再生设计

6.4.1 农田斑块布局

农田斑块布局是是农田景观最重要的空间特征之一，也是影响农田景观功能和美感的重要因素。在农田斑块布局中，要遵循景观异质性原则，即大小不同，种类不同的斑块镶嵌布局，满足景观多样性和观赏性。景观异质性原则是指在一个给定的空间范围内，景观元素的种类、数量、形态、位置等方面存在着差异和变化，形成了景观的复杂性和多样性。景观异质性原则有利于提高景观的生态功能和美学价值，因为它可以增加景观中的物种多样性、生境多样性、结构多样性和功能多样性，同时也可以增加景观中的色彩多样性、形态多样性、风格多样性和情感多样性[174]。

（1）农田斑块大小。在湖南山地丘陵地区空心村农田景观再生设计中，应综合考虑农田斑块的大小，以实现生态和经济效益的最佳平衡。大型农田斑块可以提高生物多样性和农业生产效益，而小型农田斑块则可以增加景观的多样性和美感。最优的农田景观应由几个大型农作物斑块组成，并与分散在基质中的其他小型斑块相连，形成一个有机的景观整体。这种组合可以在保持农业生产效率的同时提供丰富的生态功能。大型农田斑块可以提供广阔的耕作区域，适合农业机械的操作，提高作业效率。同时，大型农田斑块可以提供较大的生境面积，容纳更多的野生动植物，提高生物多样性。然而，湖南山地丘陵地区的农田斑块的大小往往受制于自然地理条件、社会经济条件和农业生产组织形式。合理规划田块的形状和大小，可以更好地适应农业生产的需要，提高土地利用效率。田块的长度主要考虑机械作业效率、灌溉效率和地形坡度等因素。较长的田块可以提高机械作业的效率，减少作业时间和成本。

（2）农田斑块数量。在湖南山地丘陵地区空心村农田景观再生设计中，农田斑块的数量和分布应该综合考虑景观多样性、农业生产效益和生态稳定性。大尺度斑块数目的规划应根据农田景观适宜性确定，而小尺度农田景观斑块的数量则应根据田块规模和地形特点来确定。通过科学合理的农田斑块规划，可以实现农业生产的高效利用、生态系统的保护和景观的多样性。在农田景观规划设计中，大尺度斑块数目的规划应由农田景观适宜性来决定。根据当地的自然条件、土壤质量和气候特点，科学合理地确定大型农田斑块的数量。较少的大型斑块可以提高农业生产的效率和机械作业的便利性，同时保持一定的景观多样性。然而，在小尺度的农田景观规划中，农田斑块的数量取决于田块的规模。特别是在山区和丘陵地区，由于地形的复杂性和土地利用的限制，农田斑块的数量会增加。这样的设计可以更好地适应地形变化和土地利用要求，保持农田景观的多样性和生态稳定性。多样化分布的农田景观相较于单一景观具有更高的生态稳定性。它可以减轻病虫害的发生和蔓延，因为病虫害往往在单一农田斑块中容易传播和扩散。而在多样化分布的农田景观中，不同作物和植物种类的交错种植可以有效地降低病虫害的发生风险，保护农作物的健康生长。此外，多样化的农田景观还可以改善田间小气候条件，提供适宜的生长环境，促进农作物的生长发育。

（3）农田斑块位置。在湖南山地丘陵地区空心村农田景观再生设计中，农田斑块的位置选择应基于土地适应性原则。连续的农田斑块布局能够提高农业生产效率、减少碎片化现象，并促进生态系统的连通性和物种迁移。农田斑块的位置应该基于土地适应性原则来确定[175]。这意味着根据当地的地形、土壤质地、水资源和气候条件等自然因素，合理安排农田斑块的布局。在湖南山地丘陵地区，地形多样且复杂，土地利用受到一定限制，因此需要更加细致的规划和布局。为了保证农业生产的连续性和高效性，建议将农田斑块设计为连续的形式。这样的布局有助于减少耕地碎片化和分散化现象，提高农作物的种植效率和机械化作业的便利性。连续的农田斑块可以形成较大的种植面积，减少不必要的移动和调整，提高农业生产的连续性和效益。此外，连续的农田斑块还能够更好地利用农田基质和生态资源。通过合理的农田斑块布局，可以形成相对较大的种植面积，减少边界面积和边际效应，提高土地的利用率。同时，连续的农田斑块有利于保持和恢复生态系统的连通性，促进物种的迁移和交流，有助于维护生物多样性和生态平衡。

（4）农田斑块的基质。在湖南山地丘陵地区空心村农田景观再生设计中，斑块基质的优劣直接关系到农作物的生长量和经济效益。斑块基质条件包括土壤质地、土地平整度和耕作方式等因素。为了提高农业生产效益和可持续发展，需要针对不同基质条件进行相应的土壤改良设计、施肥设计以及合理的耕作方式安排。首先，对于质地较差的斑块基质，如黏土壤、砂质土壤等，需要进行土壤改良措施。土壤改良的目标是改善土壤结构、增加土壤肥力和水分保持能力。可以采用添加有机质、石灰调节土壤酸碱度、深翻等方法，改善土壤质地和营养状况。此外，根据土壤检测结果合理施肥，提供植物所需的养分，有助于提高作物产量和质量。其次，土地平整度对农业生产有着重要影响。平整的土地利于机械化作业、灌溉和排水，有助于提高作物生长环境。在农田景观再生设计中，应优先选择相对平坦的土地用于农作物种植，避免过陡或过斜的地坡。对于坡度较大的土地，可以采取梯田等防止水土流失的措施，改善土地利用效益。另外，耕作方式也是农田斑块基质优化的关键。通过合理的作物轮作和间作方式，可以提高土壤的肥力和养分利用效率。作物轮作可以减少病虫害的发生，防止土壤养分的过度耗损，提高土壤的持久生产力。间作方式可以利用不同作物的生长特点，使土壤养分得到更充分的利用，增加农田斑块的多样性，提高生态稳定性。

6.4.2 农田廊道设计

农田廊道是一种重要的景观元素，作为连接农田斑块的纽带起着关键的作用。廊道可以是道路、河流、防护林、灌溉沟渠等，它们在生态方面具有多种功能，如保护生物多样性、过滤污染物、防止水土流失、防风固沙等。在农田景观中，合理规划和设计廊道对于增强生态系统的健康和功能发挥具有重要意义[176]。通过增加廊道的数量和宽度，可以提供更多的生境和栖息地，吸引和保护各种野生动植物。廊道为它们提供了迁徙、觅食和繁殖的通道，有助于维持生物多样性和生态平衡。在设计廊道时，应考虑使用乡土植物，这些植物对当地生态环境更适应，能够提供更好的食物和栖息条件，进一步促进物种的繁衍和繁荣。

山地丘陵地区的农田容易受到水土流失的影响，而廊道的设置可以作为自然的防护屏障。河流和灌溉沟渠可以引导和收集农田中的水流，减少水流冲刷和土壤侵蚀。同时，防护林和植被覆盖的廊道可以起到固土保持的作用，减少水土流失的风险。廊道沿途的植被可以吸收和吸附大气中的污染物和颗粒物，起到净化空气的作用。对于农田中的农药和化肥等农业污染物，廊道的设置可以起到过滤和降解的作用，减少对周边环境的负面影响。

在设计农田廊道时，需要考虑廊道的数量、宽度和连续性。增加廊道的数量可以提供更多的生态连接和生境，增强生物多样性和生态功能。同时，廊道的宽度也需要充分考虑，以确保其能够容纳足够的植被和野生生物。保持廊道的连续性是确保其功能发挥的关键，可以通过合理规划和设计来避免廊道中断和分割，保证其在整个农田景观中的有效性。

农田景观中的廊道包括河流、防护林、树篱、乡村道路、机耕路和沟渠等，其中，农田林网是农业景观中的廊道网络系统，对农田景观的影响最为显著。它被认为是农田景观的重要组成部分。农田林网可以调节温度、湿度和风速，降低日照强度和蒸发量，减少农作物的水分消耗，增加土壤含水量，缓解干旱危害。同时，农田林网可以增加空气中的负离子和氧气含量，促进光合作用和作物生长。农田林网可以减少风速和风力，降低风蚀和水蚀的强度，减少土壤流失和营养流失。同时，农田林网可以增加土壤有机质和肥力，改善土壤结构和通透性，提高土壤保水能力和抗旱能力。农田林网可以提高作物的产量和品质，增加经济收入。同时，农田林网可以提供林木产品和副产品，如木材、果实、药材、饲料等，增加经济收益。此外，农田林网还可以提供生态服务价值，如美化环境、净化空气、调节气候等，增加社会效益。

丘陵型农田林网以山脊、山坡、山谷等为主要位置，在耕地周边或内部形成与地形相适应的防护林带。山区型农田林网以山顶、山坡、梯田等为主要位置，在耕地周边或内部形成与地形相适应的防护林带[177]。

根据当地实际情况，在不影响耕地面积和粮食安全的前提下，适度开展中小规模的农田防护林建设，在符合国土空间规划等有关规划和用途管制的前提下，合理规划建设覆盖率达到10%以上的稀疏型防护林网络。选择中低矮乔木或灌木为主要树种，并适当增加多层次搭配树种，在保证经济效益的前提下尽量扩大覆盖面积。建议单行或双行树种配置时，每行宽度控制在3米以内；多行树种配置时，每行宽度控制在2米以内；总体宽度控制在6米以内。

优先选用乡土树种。乡土树种具有适应性强、生长快速、繁殖容易、管理简单等优点，并能保持乡村自然景观特色。层次树种可以充分利用空间资源，增加林带的防护能力和生物多样性如选择选择具有强大保水肥田能力的树种，如毛竹、茶树、桂花、木麻黄等。还可以选择经济树种，增加经济收益，提高农民收入，增加绿化积极性。如果树、油茶、核桃、杉树等。

6.5　空心村庭院景观再生设计

庭院景观是指在住宅周边或内部，利用土地、水体、植物、建筑等元素，创造出具有美感和功能的空间。庭院景观不仅能够提高住宅的品质和价值，而且还能够满足居民的休闲、娱乐、观赏等需求。庭院景观与庭院经济密切相关，庭院经济是指农户利用庭院空间，从事种植、养殖、加工等生产活动，增加收入和改善生活的一种农业经营形式。

6.5.1　庭院景观的特点

与住宅相协调。庭院景观是住宅空间的延伸和补充，应与住宅建筑风格、色彩、材质等相协调，形成统一和谐的整体效果。

与环境相适应。庭院景观应考虑当地自然条件、气候特点、资源禀赋等因素，选择适合当地生长发育的植物和材料，避免使用外来树种或不耐旱耐寒耐盐碱等不适应性强的树种。

与文化相契合。庭院景观应反映当地历史文化、民俗风情、乡土风貌等特色，体现居民生活方式、审美情趣、价值取向等内涵。

与功能相结合。庭院景观应满足居民休闲娱乐、生产经营等多方面需求，在保证功能性的同时，增加美感和趣味性。

6.5.2 庭院景观的设计原则

突出主题。每个庭院都应有一个明确而独特的主题或风格，如田园风格、现代风格、东方风格等，并围绕主题进行设计规划。

创造层次。通过高低错落、虚实对比、明暗变化等手法，在水平方向和垂直方向上创造出丰富而有序的空间层次。

形成对比。通过色彩、形态、质感等元素，在统一中寻求变化，在平衡中寻求突出，在单调中寻求丰富，在复杂中寻求简洁。

增加动感。通过水流声音、风铃声音、鸟鸣声音等声音元素，在静止中寻求动态，在沉闷中寻求活泼，在平淡中寻求韵律。

考虑季节变化。通过选择四季有花有果有叶有枝的植物，在时间上寻求变化，在永恒中寻求新鲜，在单调中寻求多彩。

6.5.3 空心村不同类型的庭院景观设计

根据湖南山地丘陵地区空心村的民居空间布局模式和当地村民的生活习惯、经济条件，将改造引导的农户庭院景观分为三种类型，即方便实用型、经济效益型和环境美化型。

（1）方便实用型庭院景观

湖南山地丘陵地区的空心村的居民通常以农业为生，因此他们的庭院景观需要注重实用性，以满足日常生活的需求和提高生活的便利性。方便实用型庭院景观的设计应从多个方面考虑。首先，庭院中的基础设施需要合理布局，以方便居民使用[178]。例如，庭院应该有供水设施，可以设置水龙头或水井，以便居民获取所需的清洁用水。此外，洗衣和洗菜的设施也是必要的，可以设计一个合适的洗衣台和洗菜池，让居民能够在庭院中方便地完成家务活动。考虑到当地居民的饮食习惯和经济条件，选择适合种植的农作物，如青菜、豆类、辣椒等。这些蔬菜可以为居民提供新鲜的食材，满足他们的日常需求，并减少购买的成本。同时，在庭院中种植一些常用的草药，如薄荷、罗勒等，可以用于烹饪或药用，方便居民的使用。可以将庭院划分为不同的功能区域，如休闲区、种植区、储物区等。休闲区可以设置一些座椅和遮阳设施，供居民休息和聚会使用。种植区可以合理划分，将不同种类的农作物分开种植，方便管理和采摘。储物区可以设置储物柜或储物棚，用于存放工具、种子、肥料等农业用品。方便实用型庭院景观的设计也可以考虑当地的传统文化和生活习惯。例如，可以根据当地的节日和习俗，在庭院中设置一些传统文化元素以营造浓厚的乡土氛围。

（2）经济效益型庭院景观

在湖南山地丘陵地区的空心村中，因此他们通过庭院景观的规划和设计来追求一定的经济效益，可以提高农户的收入。经济效益型庭院景观注重种植高附加值的经济作物和观赏植物，以及养殖高收益的动物。在庭院景观的规划中，农户可以充分利用自身的技术特长和市场需求，选择适宜的作物和养殖品种。例如，在湖南山地丘陵地区，农户可以种植具有当地适应性和市场需求的果树，如柑橘、樱桃和葡萄等。这些果树不仅可以提供可观的经济收入，还能丰富庭院的景观效果。此外，农户还可以种植一些具有药用价值的中草药，如川贝、当归和黄芪等，农户可以通过合作社、农产品市场或电商平台等途径进行销售，提高经济效益。除了种植经济作物，农户还可以考虑养殖高收益的动物。农户可以养殖鱼虾、蜜蜂和蚕桑等。养殖鱼虾可以利用庭院中的水源，充分利用土地资源，提供可观的收益。同时，养蜜蜂可以生产优质的蜂蜜，蚕桑则可以提供丝绸原料，这些产品都具有较高的经济价值。农户可以学习相关的养殖技术和管理方法，选择适宜的养殖品种，通过科学的养殖管理，提高养殖效益。农户需要考虑庭院的合理利用和空间布局，确保各种经济作物和养殖品种之间的协调性和互补性[179]。此外，根据当地气候和土壤条件，选择适宜的栽培和养殖技术，以提高产量和品质。

（3）环境美化型庭院景观

在湖南山地丘陵地区的空心村中，环境美化型庭院景观在改善农户居住环境，提升生活品质，并注重与周围自然环境的和谐融合。湖南山地丘陵地区具有丰富的自然资源，农户可以选择当地适应性强的常绿植物、落叶植物和花卉植物来打造多层次多色彩的庭院景观。常绿植物可以在冬季保持绿色，增加庭院的生机和色彩；落叶植物可以在秋季落叶，营造出季节变化的美感；而花卉植物则可以增添庭院的色彩和芬芳气息。可以利用水体、石材、雕塑等元素来增加庭院的美化效果。水体如小型喷泉、池塘或人工溪流可以为庭院增添水景韵味，并起到降温、增加湿度的作用。石材的运用可以营造出自然的山水风景，打造出具有山地特色的庭院景观[180]。同时，适量设置一些雕塑或装饰物，可以为庭院增添独特的艺术氛围。在庭院景观的规模上，农户可以根据自身的土地资源和经济条件进行合理布局。庭院景观不需要过于庞大，适度的规模能够更好地利用有限的空间资源，同时便于管理和维护。

6.6　空心村绿化景观再生设计

空心村绿化景观再生设计旨在将多功能的园林绿地，有序地安排，以改善乡村气候，提高人民生产生活质量，并营造干净整洁，优美宜人的乡村环境。空心村绿化要重视"四旁"的绿化，即河边、路边、房边、村边的绿化，并利用低洼或荒地，配合水域进行绿化。绿化设计要解决"选什么"和"怎么选"的问题，即在设计范围内选择合适的植物材料，进行恰当的植物配置。绿化设计要考虑地区的光照和光时，风向的阻与导，道路的方向，建筑的布局，场地的光照和小气候，绿化的布局和形态，林荫道和林荫场，草坪和花圃，树篱和树丛等因素[181]。

6.6.1 绿化布局形式

山地丘陵区空心村绿化布局形式的选择，应根据不同的地域特征、村落类型、绿化目标和功能等因素，综合考虑各种布局形式的优缺点，灵活运用和有机结合，以达到最佳的绿化效果。根据前文介绍的四种绿化布局形式，可以将其分为以下几种情况：

（1）块状绿地布局为主

块状绿地布局适用于平坦或微起伏的地形，以及居住密度较高或较低的村庄。这种情况下，可以将村庄内部或周边的闲置土地、废弃宅基地、农田边角等利用起来，建设各种类型和风格的块状园林绿地，如公园、广场、花园、果园、菜园等。这样既可以增加村庄内部的绿色面积，提高生态效益和景观效果，又可以方便居民使用和管理。例如利用村内外的闲置土地，建设了多个块状园林绿地，如油溪桥庄园、甲鱼养殖池、果林等。

（2）带状绿地布局为主

带状绿地布局适用于有明显水系或道路网的地区，以及居住分散或集中的村庄。这种情况下，可以利用河流、道路等线性要素，在其两侧或一侧设置带状园林绿地，并通过横向纵向或环绕方式构成一个完整的网络系统。这样既可以利用现有资源节约土地开发成本，又可以增强村庄与周边环境之间的连通性和整体性。例如利用河流和道路，在其两侧建设了带状园林绿地，并通过桥梁和步道相连，形成了一个环山而行的生态廊道。

（3）楔形绿地布局为主

楔形绿地布局适用于有明显城乡结合部或自然过渡带的地区，以及居住集中或分散的村庄。这种情况下，可以利用河流、起伏地形、放射干道等结合市郊农田、防护林布置楔形园林绿地，并由宽到窄由郊区伸入市区。这样既可以将郊区的自然风貌和城区的人文风情相结合，改善城市小气候，增加城乡互动，又可以保护农业生产和生态功能。例如利用河流和放射干道，在其两侧建设了楔形园林绿地，并与周边农田和防护林相连，形成了一个城乡一体化的农业公园。

（4）混合式绿地布局为主

混合式绿地布局适用于各种类型和规模的村庄，在不同层次上进行综合考虑和设计。这种情况下，可以充分发挥各种类型园林绿地的优势，满足多样化的需求和目标，并注意与周边环境协调统一。例如在不同位置设置了块状、带状和楔形园林绿地，并通过桥梁、步道、景观节点等方式相互连接，形成了一个多元化的乡村景观体系。

6.6.2　绿地分类设计

（1）宅旁绿地。

宅旁绿地是住宅内部空间的延伸，虽然没有像公共绿地那样强调娱乐和游览功能，但它与居民的日常生活息息相关。这类绿地在住宅区内分布广泛，直接与居民的住宅相邻，对居住环境的影响非常明显。宅旁绿地的总面积较大，主要用于满足居民休息、幼儿活动和处理杂务等需求，与居民的日常生活接触最频繁，其质量对居民的影响最为重要[182]。

在湖南山地丘陵地区的空心村中，宅旁绿地的布置方式应根据住宅建筑的类型、层数、间距和建筑组合形式的不同而灵活变化。例如，在南向开门的联立式住宅的前院可以划分成院落，围以绿篱、栅栏或矮墙，院内种植不同季节开花结籽的花卉、果树、药材、蔬菜、观赏树木和特种经济树木等。这样的设计不仅能够使院落在不同季节都呈现出绿色、美丽、果实丰盈和芳香的效果，还能够为住户带来经济收益。

对于宅旁的其他地段，应多种植主干高、枝叶茂密的常绿树，也可以选择落叶树，以在夏季提供完全的树荫遮挡，同时在冬季能够接受一定的阳光照射。这种绿化布置方式在住宅群中可以营造出到处都是翠绿成荫、花果满园、芳香扑鼻的优美舒适的居住环境。特别是在湖南的炎热地区的住宅，可以充分利用垂直绿化的方法，减少建筑物的阳面，达到降温的效果。东西墙面可以种植攀缘植物，而东南面可以搭设棚架，种植攀缘植物和果树等，作为遮阳和户外活动的场所。

在空心村的住宅旁进行绿化布置，一方面为居民创造一个卫生、优美的休息环境，另一方面尽可能地结合生产，以获得经济效益[183]。在规划和种植树木时，需要注意到大部分居民大部分时间都在室内，因此树木对室内环境的影响是不可忽视的。在实践中容易产生两种偏差：一是树木离住宅太近，当树木长大后，茂密的树荫会使室内变得阴暗不舒适；二是树木离住宅太远，这对节省用地是不利的。确切的间距应根据具体情况来决定，包括树木分支的高低、树冠的开展程度、生长速度、树叶的大小，以及住宅建筑的高度、朝向和地下管线埋设的位置等因素综合考虑。一般情况下，乔木应离建筑物有窗户的一面距离为3-5米，灌木为1.5米；离无窗墙面的乔木应为2米，灌木为1米；离地下给排水管线的乔木应为1-2米，灌木则可以没有限制。

（2）道路绿化

在湖南山地丘陵地区的空心村道路绿化设计中,需要考虑地域特色、植物选择、植物配置和植物搭配等方面的因素。

湖南山地丘陵地区的空心村道路绿化设计应该充分考虑当地的地域特色和植被文化。在选择植物种类时,应以当地乡土植物为主,这不仅有利于适地适树的要求,还能代表地域风情和植被文化。当地适应性强的外来树种也可以适当采用。此外,根据道路污染程度和社会文化背景,选择抗性强、易于管理、病虫害较少的树种是很重要的原则。

在植物配置方面,需要符合司机行车和行人行走的安全要求,避免对交通产生干扰。植物群落的配置应符合自然发展规律,包括高于季相变化的人工植物群落和人工诱引的复合植物群落,以实现植物之间的合理搭配和共生共荣。同时,可以充分利用植物本身的特征,如树形、花色、叶色、枝、果等,结合道路的文化特点,形成特定环境的景观效果。此外,可以将速生树种与慢生树种有机搭配,以满足近期和远期的生态景观需求。

植物搭配在道路绿地设计中扮演着重要的角色。通过植物的点缀美化,可以增加景观的生趣。植物搭配应该适宜得体,使得道路绿地成为宜人的景观。对于绿地较多的区域,可以广植果木和松柏等树种;对于绿地较少的区域,则适宜种植草地和花卉。在植物搭配设计时,要根据草木花卉的习性、形态、花色、叶状等特点,因地制宜地选择不同高度的植物,形成不同功能和审美需求的空间。此外,还要结合其他环境设施的布局,利用植物起到遮挡、隐蔽、庇荫、分隔、观赏、衬托点缀等作用,打造层次丰富的乡村道路绿地景观,发挥植物在景观和功能方面的最大效益[184]。

针对不同的主要道路绿化,可以通过在断面上不同组织、不同色叶色、花色、树型、树种的选用来形成不同的特色。可以运用草坪、花坛、修剪树篱、整型树木、垂直绿化以及大、小乔木的搭配,使得绿化更加丰富多彩。在同一条道路上,乔木和灌木的种植可以成组变化,不一定局限于传统的等距离、单一品种的布置方法。

(3)防护绿地

卫生防护林在空心村的设计中起到保护居住区免受生产区的污染物影响的作用。这种防护绿地一般布置在两个区域之间或是某些有害物质排放较多的地段之间。根据污染源对空气污染的程度和范围,可以确定防护林带的宽度。在污染区内,不宜种植瓜果蔬菜、粮食和食用油类作物,以免食用后引起慢性中毒,但可以选择种植棉花、麻类和工业油料作物等。在靠近污染源或噪声较大的一侧,可以布置半透风式林带,利于有害物质缓慢地透过树林被过滤吸收;在另一侧布置不透风式林带,以阻挡有害物质的扩散。

设计护村林时，不一定将村子团团围住，而是要考虑与盛行风向垂直或有一定偏角（如30°），每条林带的宽度不小于10米。此外，如果居民点位于山沟或河流沿岸，还可以布置水土保持林，以防止土壤冲刷。在选择防护林带的树种时，应尽量选择速生树种，以便早日发挥防护效果。

针对湖南山地丘陵地区的特点，可以根据当地的地理条件和风向确定护村林的布局。在山地丘陵地区，风向可能因地形而变化，因此需要根据实际情况来选择护村林的位置和布局。在山谷、沟壑等地形险要处，可以布置防风林，起到阻挡冷风和减轻风速的作用。在丘陵地带，可以选择合适的位置来布置护村林，以保护居民免受强风的侵扰[185]。

此外，考虑到湖南山地丘陵地区的水土流失问题，还可以在空心村的防护绿地设计中加入水土保持林的元素。水土保持林的布置可以沿着山沟、河流的沿岸，通过植被的根系来固定土壤，防止水土流失和山体滑坡等自然灾害的发生。

7　建筑整治与改造

7.1　空心村建筑整治与改造的基础要素

7.1.1　空心村建筑的状况和特征

在湖南山地丘陵地区的空心村，现有村庄建筑主要包括村民住宅、公共建筑和生产建筑，这些建筑建设年代各异，风格和结构各不同，同时三种类型的建筑存在一定程度的混合。分析这些建筑，总得概括起来包括以下几个现状特征：

（1）空心村的建筑风格各异，相互难以协调。由于历史的原因和个人喜好的影响，空心村中的建筑风格各异，缺乏统一的规划和设计。这类建筑的修建主要由农户自己或者聘请农村工匠进行，由于对建筑专业知识的匮乏，建筑的结构、功能布局和外立面等全凭经验，这导致了建筑外观、色彩、材料等方面的差异较大，整体上缺乏协调性和一致性。这种异质性的建筑风格不仅影响了空心村的整体形象和景观效果，也反映了建筑设计和规划的混乱状况。

（2）空心村的建筑施工工艺落后，建筑结构差。由于长期以来的经济发展滞后和技术水平不高，空心村的建筑施工工艺相对落后。许多建筑采用传统的施工方法和材料，如砖木结构、土坯墙等，这些结构容易受到自然灾害和老化的影响，缺乏耐久性和安全性。同时农村的建筑在建筑结构方面缺乏专业性，仅凭工匠经验，有的建筑在承重、抗震等方面差，不仅影响了建筑物本身的稳固性和使用寿命，也对居住环境的安全性产生了负面影响。

（3）空心村的建筑缺乏设计，空间组织混乱。在空心村的建筑中，缺乏科学合理的设计和规划，许多建筑的布局和空间组织显得混乱无序。建筑物之间的间距和位置没有经过精心的规划，缺乏合理的道路和街巷系统，导致了交通不便和通行混乱。在一些居民点内部，由于布局不合理，很多住宅建筑采光和通风差，建筑防火间距不足。同时建筑内部的功能分区和空间布局也较为杂乱，缺乏灵活性和舒适性，不利于居民的生活和工作。

（4）空心村的建筑使用率低，存在大量的空置建筑。由于人口流失和城市化的影响，空心村中的居民数量减少，导致许多建筑物无人居住或使用率较低。这些空置建筑不仅浪费了资源，也对环境产生了一定的负面影响。此外，由于建筑物的长期闲置，缺乏适当的维护和管理，使得建筑物的状况进一步恶化，加剧了空心村的衰败。同时，这些地方的村庄建筑在修建时存在盲目攀比和无计划性，修建的建筑层数多，总建筑面积大，超过了实际使用需求，内部闲置空间多，且得不到应有的装修，毫无居住舒适性可言。

7.1.2 空心村建筑改造的原则

湖南山地丘陵地区的空心村在建筑进行改造时，既要提高村民的生活水平和幸福感，又要保持村落的历史风貌和自然环境，是一个需要综合考虑的问题，应遵从以下几点原则：

（1）以村民为主体，尊重村意愿

空心村建筑改造的目的是为了让村民受益，因此应该以村民为主体，充分听取他们的意见和需求，尊重他们的习惯和传统。空心村建筑改造应该通过民主协商、集体决策、公开透明等方式进行，避免强制推行或搞一刀切。空心村建筑改造应该兼顾各方利益，平衡好公共利益和个人利益，合理安排好征地拆迁、补偿分配、产权归属等问题。空心村建筑改造应该激发村民的主动性和参与性，鼓励他们投入劳动、资金或技术，形成共建共享共治的良好氛围。

（2）保留当地建筑特色，体现乡土元素

空心村建筑改造的目标是为了让村落更美丽，因此应该保留当地建筑特色，体现乡土元素。空心村建筑改造应该尊重当地的自然条件、历史文化、民族风情等因素，避免盲目模仿或迎合外来审美，应尊重并保留当地的建筑特色和传统风貌，使改造后的建筑仍然具有独特的地域特色和乡土文化元素。通过保留传统建筑形式、使用当地特色材料、传承传统工艺等方式，使改造后的建筑与周边环境相协调，与当地文化相融合，塑造独特的乡村风貌。空心村建筑改造应该突出当地的非物质文化遗产、民俗活动、特色产业等内容，增加村落的文化内涵和吸引力。

（3）注意成本控制，利用废旧材料

空心村建筑改造的前提是要可持续发展，因此应该注意成本控制，利用废旧材料。空心村建筑改造应该根据实际情况制定合理可行的规划方案，并加强监督管理和质量检测，应注重成本控制，避免浪费或超支，充分利用当地的资源和废旧材料，以降低改造成本并减少环境影响。建筑改造应该充分利用现有的闲置或废弃的建筑物或设施，并进行适度修缮或改造，避免大拆大建或破坏原有结构。充分考虑建筑的经济性和可持续性，利用废旧材料进行再利用和再生利用，减少资源浪费，并对环境造成的负面影响进行最小化。

（4）优化建筑空间，完善功能

空心村建筑改造的效果是要让生活更便捷，因此应该优化建筑空间，完善功能。空心村建筑通过重新布局内部空间，优化房间的大小和功能分区，提高建筑的空间利用率。同时，根据村民的需求和功能要求，完善建筑的功能设置，考虑到居住、工作、社交等多个方面的需求，打造舒适、便利和多功能的建筑环境。改造应该根据不同类型和用途的建筑物进行分类规划，并按照功能分区、景观布局、交通组织等原则进行优化设计。应该根据现代生活需求和乡村特色提供相应的设施和服务，并与周边环境和邻居之间形成良好的关系，应该根据不同季节和时间调整使用方式和效果，并考虑节能环保和安全防灾等因素。

（5）整体规划和局部改造要相结合

空心村建筑改造的范围是要让整个村落更协调，因此应该整体规划和局部改造要相结合。空心村建筑改造应该对整个村庄的发展进行规划和设计，包括道路、绿化、公共设施等方面的规划；对具体建筑物或建筑群的改造。整体规划与局部改造相互关联、相互支持，使得改造后的空心村既具备整体的协调性和一致性，又能满足各个建筑单体的需求和特点。同时应该从全局出发制定统一的目标和标准，并加强与上级政府、专业机构、社会组织等方面的沟通协作，争取政策支持和资源补助。空心村建筑改造应该从细节入手实施具体的项目和措施，并加强与下级组织、群众代表、能人志愿者等方面的动员参与，形成工作合力和社会共识。

7.1.3 空心村建筑改造的意义

乡村建筑是自然环境和风土人情的体现，也是乡村文化的载体。在社会经济变迁的过程中，湖南山地丘陵地区空心村的许多建筑失去了原有的功能，如果不加改造，就会逐渐消失。为了保留乡土的特色和记忆，我们需要对建筑进行新的赋能。"山水相映，乡愁可见"是我们对乡村的向往，美丽乡村的背后，设计师遵循的原则是人与自然的和谐相处。乡村建筑的改造不只是功能的更新，更是文化振兴、产业振兴和环境改善的推动力[186]。

（1）对文化振兴的意义

乡村是传统文化的重要载体，文化振兴是在农村发展过程中非常重要的方面。文化振兴旨在保持物质文明和精神文明的平衡发展，促进农村文化的繁荣和乡风文明的培育。

湖南山地丘陵地区的空心村往往有许多传统建筑，这些建筑承载着乡村的历史、文化和风貌。然而，由于社会发展和现代化进程的影响，许多乡村建筑面临废弃或者被取代的命运。通过对这些建筑进行改造和修复，可以保留它们的原始风貌和历史特色，从而传承乡村的文化记忆。

通过对空心村建筑的改造，可以为乡村注入新的活力和精神内涵。改造后的建筑呈现出独特的文化氛围和风貌，彰显了乡村的特色和个性，使空心村焕发出新的文化气象。在改造过程中，可以注重传统建筑技艺的传承和培训，培养乡村建筑师、工匠等专业人才，使他们能够继承和发展传统建筑技艺。同时，改造后的空心村建筑也可以作为展示当地文化的场所，举办传统工艺展览、艺术展演等活动，吸引更多人了解和参与乡村文化的传承，通过赋予乡村建筑新的功能，使之能够满足当代人们对于文化体验的需求。比如在改造过程中，可以将空心村建筑转变为农家乐、民宿、艺术工作室等具有文化内涵和观光价值的场所，吸引更多的游客和文化爱好者前往空心村，推动当地旅游和文化产业的发展。

（2）对产业振兴的意义

在湖南丘陵山地地区，部分空心村拥有一定人文和自然资源，可以发展旅游产业。乡村建筑改造可以促进这些空心村旅游业的发展，推动农副产品的销售，创造就业机会和经济收入，提升乡村的形象和文化体验。通过乡村建筑的改造，这类空心村产业得以多样化发展，为乡村振兴注入了新的活力和机遇。

如今，城市居民对于自然观光、休闲旅游和体验式观光的需求不断增加。部分空心村拥有独特的自然风光和传统建筑，以及慢节奏的生活方式，成为城市居民放松和远离喧嚣的理想选择。空心村建筑改造后的民宿、乡村酒店、庄园式农业等，为乡村旅游业提供了更多高品质的住宿和休闲场所，满足了游客对于乡村体验的需求。这进一步促进了乡村旅游业的发展，带动了周边农副产品的需求和销售。游客往往更倾向于在当地购买特色农产品，而通过改造后的乡村建筑，可以为这些产品的展示和销售提供更好的条件。例如，改造后的民宿中常常设有农产品展示区，供游客购买当地特色农产品。这不仅增加了农产品的销售渠道，还提高了农民的收入，推动了乡村产业的发展。改造后的乡村建筑涉及到设计、建筑施工、运营管理等多个环节，创造了就业机会，吸引了更多的农民回归乡村发展。同时，空心村建筑改造后带动了相关产业的发展，如餐饮业、手工艺业、文化演艺等，为乡村创造了更多的经济收入和就业机会。通过改造，乡村建筑焕发出新的生机和活力，展示了乡村的独特魅力和文化特色。改造后的乡村建筑如民宿、图书馆、酒吧、展览馆等，为游客提供了与乡村文化互动的平台，丰富了乡村的文化体验。这不仅吸引了更多游客来到乡村，也增加了游客在乡村停留的时间和消费，进一步推动了乡村产业的发展。

（3）对环境改善的意义

空心村建筑改造对其环境方面可以产生积极的影响，涉及自然环境和人文环境两个方面。空心村建筑改造通过使用新的建筑材料和先进的建筑技术，有效减少了能源消耗和碳排放，从而对节能减排起到了积极作用。

相比于传统的落后建筑手段，改造后的空心村建筑采用了更先进的材料和工艺，减少了对自然资源的消耗，有利于改善乡村的自然环境据统计，我国建筑能耗占全社会能耗的近40%，其中农村建筑能耗占比约为10%。农村建筑普遍存在保温性差、供暖方式落后、燃料结构不合理等问题，导致冬季取暖能耗高、碳排放大。因此，实施农村建筑节能改造是实现碳达峰、碳中和目标的重要措施之一。通过提高空心村农房外墙、屋顶、门窗等围护结构的热工性能，提高供暖系统的效率，推广清洁能源和可再生能源等方式，可以显著降低空心村建筑的单位面积能耗和碳排放强度。根据已完成的农房改造的案例测算，实施了围护结构热工性能改造的农宅，在取暖季时的平均室温较未实施改造时提高了4~7摄氏度，而取暖煤耗降低27%~44%，节能效果显著[187]。

乡村建筑改造提升了乡村的人居环境和审美体验。改造后的空心村建筑注重设计和美学，为乡村带来了新的审美感受。通过优化建筑布局、改善空间功能和增加舒适设施，空心村建筑改造提升了人们居住的舒适度和生活质量。空心村建筑改造有利于提升农民的居住品质，增强农民的文化自信和幸福感。农民是乡村振兴战略的主体，要让农民在乡村生活得更好更舒心。空心村建筑改造不仅要满足农民基本生活需求，还要兼顾农民个性化、多样化需求。通过引入现代设计理念和技术手段，在保留传统风貌和文化特色的基础上，创新农房形式、功能、空间等方面，使农房既具有现代感又富有乡土气息。同时，在空心村农房周边开展人居环境整治提升行动，推进农村厕所革命、垃圾污水治理、庭院绿化美化等工作，打造清洁整洁、宜居宜业的美丽乡村。

7.2　居住建筑的整治与改造

7.2.1　建筑外立面的美化改造

（1）门窗改造。门窗是建筑外立面的重要组成部分，也是建筑与室内外环境交流的重要通道。门窗改造的目的是提高建筑的节能性能、安全性能和美观性能，同时体现乡土元素和传统文化[188]。门窗改造的方法有：

替换成节能门窗。节能门窗是指具有较高的隔热、隔音、防尘、防风等性能的门窗，可以有效地降低建筑的能耗，减少温室气体排放，保护环境。节能门窗的材料有塑钢、铝合金、断桥铝等，可以根据当地的气候条件和资源条件选择合适的材料。湖南山地丘陵地区属于亚热带季风气候，夏季高温多雨，冬季寒冷干燥，昼夜温差较大。因此，在选择节能门窗时，应该考虑其隔热性能和密封性能，以保持室内温度和湿度的稳定。

统一门窗风格，体现乡土元素。在改造过程中，应该尊重当地的传统风格，避免使用与周围环境不协调或缺乏特色的门窗。在设计门窗风格时，应该融入当地的民俗、艺术、建筑等元素，如湘中东地区的大门常用青条石做门套，上设砖雕门罩；苗族地区的木制门窗常用彩绘或雕刻装饰等。

（2）墙面改造。墙面是建筑外立面的主要部分，也是展示建筑风貌和文化内涵的重要载体。墙面改造的目的是提高建筑的耐久性能、美观性能和文化品位，同时保留和传承乡土元素和传统文化。墙面改造的方法有：

清理、修补墙面。对于旧墙面存在的污垢、裂缝、脱落等问题，应该及时进行清理、修补，恢复墙面的完整性和平整性。清理、修补墙面时应该使用与原墙面相同或相近的材料和颜色，避免出现色差或接缝。湖南山地丘陵地区的墙面材料多为红砖、瓷砖、白灰砂浆等，因此，在清理、修补时应选择相应的石料、水泥、沙子等，并注意与原墙面的质感和色调相协调。

引导统一墙面材质，优先使用绿色环保墙面材质。统一墙面材质有利于形成良好的村庄整体面貌，在进行墙面改造时，考虑墙面的耐久、耐脏特性，同时可以使用绿色环保墙面材质有效地降低建筑对自然资源的消耗和对环境的污染。在选择墙面材质时，应该考虑其抗风化、抗渗透、抗裂缝等性能，同时尽量采用可再生、可降解、无毒无害的材料。这些材料不仅能够减少对环境的影响，还能够增加建筑的通风透气性和保温隔热性，提高室内舒适度。

（3）立面装饰构建。在外立面增加装饰构建，可以丰富立面空间，增加立面层次，提高立面美感，同时体现乡土元素和传统文化[189]。经济性和实用性优先，构建类型包括：

墙面装饰条。墙面装饰条是指沿着墙面水平或垂直方向设置的线形构件，可以起到分割、衬托或强调墙面效果的作用。墙面装饰条可以使用木制、砖砌、水泥等材料制作，并根据当地的文化特征进行彩绘或雕刻等处理。

门窗框。门窗框是指围绕门窗开口设置的构件，可以起到保护、装饰或强调门窗效果的作用。门窗框可以使用木制、石制、水泥等材料制作，并根据当地的文化特征进行彩绘或雕刻等处理。

栏杆。栏杆是指沿着阳台、楼梯或屋顶边缘设置的构件，可以起到防护、装饰或强调空间效果的作用。栏杆可以使用木制、铁制、竹制等材料制作，并根据当地的文化特征进行彩绘或雕刻等处理。

勒脚。勒脚是指沿着屋顶下沿设置的构件，可以起到防水、装饰或强调屋顶效果的作用。勒脚可以使用木制、瓦片、水泥等材料制作，并根据当地的文化特征进行彩绘或雕刻等处理。

（4）结合屋顶防水，美化屋顶形式。屋顶是建筑外立面最高部分，也是展示建筑风格和文化内涵最重要部分。屋顶改造既要考虑防水功能和节能功能，又要考虑美观功能和文化功能。屋顶改造方法有：

考虑到农村防水维护和施工技术水平，在注重经济性和实用性前提下引导村民屋顶形式统一为坡屋顶，并体现乡土元素和传统文化。坡屋顶是我国南方地区最常见的屋顶形式之一，具有良好的排水性能和适应性能，能够有效地防止雨水渗漏和积水。

在坡屋顶上增加山墙或檐口叠涩等构件，在增加屋顶稳定性和防水性能同时增加屋顶空间感和美感。

山墙是指在坡屋顶两侧垂直于屋面的墙体，通常用于封闭房间或隔断空间。山墙可以增加屋顶的稳定性和防水性能，防止风雨侵入房内。同时，山墙也可以增加屋顶空间感和美感，如在山墙上开设窗户或天窗，增加采光通风功能；在山墙上装饰图案或文字，增加文化氛围。

檐口叠涩是指在坡屋顶下沿设置多个小型檐口，并按一定角度错落排列的构件。檐口叠涩可以增加屋顶防水性能，使雨水沿檐口流下而不滴落墙面。同时，檐口叠涩也可以增加屋顶美感，使屋面呈现出丰富多彩的立体效果。

7.2.2　建筑内部功能的优化改造

（1）厨房改造。湖南山地丘陵地区空心村农户厨房一般而言是缺乏舒适性的。传统的农户厨房，多以草木为燃料，烟多灰多，设施简陋，缺乏排烟设备，容易产生油烟和灰尘。随着经济的发展这类地区的部分农户开始采用瓶装液化气为燃料，但厨房简陋、布局不合理、不能排油烟的问题仍旧存在[191]。因此对厨房的改造应从以下几个方面做起：

调整厨房布局：确保操作空间充足，方便烹饪和储存食物。合理的布局可以提高工作效率，并使厨房更加舒适和实用。将厨房与其他房间隔开，形成独立的功能区域，避免油烟和噪音的扩散，提高居住的舒适度和卫生度。装饰厨房的墙壁、地板、窗帘等。

安装通风设备：湖南农村厨房常常存在油烟和异味的问题，为了改善室内空气质量，我们可以安装油烟机和排气扇等通风设备。油烟机可以有效地吸收和过滤油烟，排气扇则可以将室内空气排出室外。这样可以有效地减少烟雾和异味对厨房和整个居室的影响，保持空气清新和健康。

保证厨房窗户的畅通：除了通风设备，我们也应该注重保证厨房窗户的通风。保持窗户的畅通可以提供自然通风的途径，让新鲜空气流入厨房，同时将烟雾和异味排出。农户可以根据实际情况选择窗户的开启方式，如推拉窗、百叶窗等，以便根据需要调节通风量。

（2）卫浴改造。湖南山地丘陵地区空心村农户卫生间和浴室的特点是：空间小，设施简陋，卫生条件差，容易滋生细菌和病毒；缺乏自来水和排污管道，使用不方便，也不环保，会造成水资源浪费和污染[192]。卫生间和浴室没有明确的分区，影响居住的舒适度和隐私性。那么可以从以下几个方面进行改造：

扩大空间，优化布局：针对湖南农村卫生间和浴室空间小、设施简陋的问题，我们可以通过合理规划空间的大小和形状来扩大空间，并优化布局。可以利用墙角、窗台等空间安装储物柜、置物架等设施，使卫生间和浴室看起来更宽敞、整洁、美观。此外，还可以考虑采用卫浴隔断或浴帘等方式划分区域，提高隐私性和舒适度。

改善设施，提高卫生：在卫生间方面，安装自来水管道、排污管道、水龙头和马桶等设备是必要的。自来水管道的安装能够解决水源供应问题，排污管道的设置能够有效排放污水，保持卫生间的清洁和干爽。选择符合卫生标准的卫生设备，如马桶和水龙头，能够提高卫生条件。在浴室方面，安装淋浴器、热水器等设备，提供舒适的洗浴体验。

节能环保，提高效率：在卫生间和浴室改造中，节能环保是一个重要考虑因素。选择节水型马桶和淋浴器等设备，能够有效节约水资源，减少水费支出。此外，可以考虑安装节能型热水器，提高热水利用效率，减少能源消耗。

划分区域，提高品质：合理划分卫生间和浴室的功能区域，能够提高居住的舒适度和隐私性。通过安装卫浴隔断、玻璃隔断或浴帘等装置，将卫生间和浴室的功能区域划分清晰，避免异味和噪音的扩散，提高居住品质。

7.2.3 建筑结构的加固与完善

（1）地基与基础加固。空心村已有建筑物的地基和基础问题较多，主要表现在墙体开裂、基础断裂或拱起、建筑物下沉过大、地基滑动以及地基液化失效五个方面。一旦发现这些现象，要及时查找出地基和基础中的问题，对地基进行合理的处理，以改善地基的受力及变形性能，提高其承载力。

对已有建筑物地基土进行处理的方法主要有挤密法和灌浆法。挤密法是利用机械或人工方式，在地基土中形成一定形状和尺寸的孔洞，然后将水泥浆或其材料灌注到孔洞中，使之与周围土体紧密结合，从而提高地基土的密度和强度。灌浆法是利用高压水泥浆或其他材料，在地基土中形成一定形状和尺寸的灌浆体，以改善地基土的物理性质和力学性能[193]。

对建筑基础的处理主要有基础单面加宽、基础双面加宽和基础四面加宽。根据具体情况在在原有建筑物一侧或两处或四周增加新的承载结构，以分担原有结构的荷载，并减小地基沉降。

（2）墙体改造与加固。湖南山地丘陵地区空心村建筑一般有土坯、砖木、砖木或纯木结构。土坯、土砖和纯木结构建筑在出现问题时，一般不提倡加固而是进行拆除、重建。对于砖墙结构建筑可对墙体进行加固。

砖墙开裂是砖砌体结构中常见的问题，给建筑物的安全和美观带来不利影响。因此，当发现砌体结构出现裂缝以后，应及时分析裂缝的类型，找出裂缝的原因，并采取相应的加固措施[194]。一般来说，砌体结构的裂缝可以分为以下三种类型：温度裂缝，即由于砌体材料和环境温度的变化，导致砌体产生热胀冷缩的应力，超过了砌体的抗拉强度，从而形成裂缝。温度裂缝通常呈竖直或水平方向，分布均匀，宽度较小。沉降裂缝，即由于地基不均匀沉降或地震等原因，导致建筑物产生不同程度的位移和变形，使砌体受到拉伸或剪切作用，从而形成裂缝。沉降裂缝通常呈斜向或弧形，分布不均匀，宽度较大。受力裂缝，即由于建筑物受到外力或内力的作用，导致砌体承受超过其承载能力的荷载，从而形成裂缝。受力裂缝通常呈水平或垂直方向，分布有规律，宽度不一[195]。

对于不同类型的裂缝，应采取不同的加固方法：

温度裂缝：温度裂缝的根本原因是砌体材料和环境温度的不协调，因此，在砌体结构中应增设温度变形缝，以减小温度应力。温度变形缝的设置应根据建筑物的长度、高度、方向、材料等因素进行合理设计。此外，还可以在屋面增设保温隔热层，以减少屋面对砌体结构的温度影响。

沉降裂缝：沉降裂缝的根本原因是地基不均匀沉降或地震等原因，因此，在处理沉降裂缝之前，应先检测裂缝是否已经稳定。如果裂缝已经稳定，则可以在裂缝中灌抹水泥浆，并在裂缝两端铺贴钢丝网，再抹水泥砂浆面层，以恢复砌体结构的完整性和强度。如果裂缝仍在发展，则应将工作重点放在地基加固上。地基加固的方法有多种，如挤密法、灌浆法、桩基法等，具体选择应根据地基土的性质、沉降情况、经济条件等因素进行综合考虑。

受力裂缝：受力裂缝的根本原因是建筑物受到超过其承载能力的荷载，因此，在处理受力裂缝时，应采取提高砌体承载力的加固方法。提高墙体承载力的加固法有多种，如扶壁柱法、组合砌体法等。扶壁柱法是在原有建筑物一侧或两侧增加新的承载结构（如钢筋混凝土柱），以分担原有结构的荷载，并减小地基沉降。

组合砌体法是在原有建筑物内外两侧增加新的材料（如钢板、钢筋网片等），与原有材料共同承担荷载，并提高整体刚度和强度。

（3）梁板改造与加固。混凝土梁是建筑物中重要的承载构件，如果其承载力不足，会影响建筑物的安全和使用寿命。空心村建筑的混凝土梁承载力不足的原因可能有多种，如施工质量差、设计缺失、使用不当、意外事故、改变用途和耐久性损失等。混凝土梁承载力不足的表现形式有构件的挠度过大，裂缝过宽、过长，钢筋严重锈蚀或受压混凝土有压坏迹象等。遇到这些情况时，应及时重视，正确分析造成承载力不足的原因，选择合理的加固方案，做到针对性强、适度有效，切忌"过犹不及"。常用的混凝土梁的加固方法有：增大截面积加固法、增补受拉钢筋加固法、置换混凝土加固法和预应力加固法。

增大截面积加固法：是在原有混凝土梁的上下或两侧增加新的混凝土层，以增大梁的截面积，提高梁的抗弯强度和刚度。这种方法适用于受弯破坏或挠度过大的混凝土梁。增大截面积加固法的关键是保证新旧混凝土之间的粘结性能，一般采用预埋钢筋或粘贴钢板等方式来实现。

增补受拉钢筋加固法：是在原有混凝土梁的受拉区域增加新的钢筋，以增强梁的抗弯承载力。这种方法适用于受拉钢筋不足或锈蚀严重的混凝土梁。增补受拉钢筋加固法的关键是保证新旧钢筋之间的连接性能，一般采用焊接或机械连接等方式来实现。

置换混凝土加固法：是将原有混凝土梁中损坏或劣化的部分混凝土剔除，并用新的高强度混凝土填充，以恢复或提高梁的承载力。这种方法适用于受压区域混凝土有压坏迹象或含水率过高的混凝土梁。置换混凝土加固法的关键是保证新旧混凝土之间的粘结性能，一般采用预埋锚杆或粘贴碳纤维布等方式来实现。

预应力加固法：是在原有混凝土梁上施加一定程度的预应力，以改善梁的受力状态，提高梁的承载力和刚度。这种方法适用于各种类型和破坏形式的混凝土梁。预应力加固法的关键是保证预应力施加和传递的可靠性和稳定性，一般采用外张法或外束法等方式来实现。

7.3　公共建筑的整治与改造

7.3.1　公益用途建筑整治与改造

公益性用途是指改造后的建筑主要以服务社会为目的，如办公建筑、公共设施建筑、研学营地和纪念馆等。公益性用途的空心村建筑改造是一种以人为本，关注当地文化和社区发展的改造方式。它既要保留原有建筑的历史和文化价值，又要满足现代人的功能和舒适需求[196]。它既要体现乡村建筑的特色和风格，又要融入当地的自然和社会环境。它既要为当地居民提供便利和服务，又要为外来游客提供认识和体验当地文化的机会[197]。具体来说，空心村建筑改造后用于公益性用途的内容和要求主要包括以下几个方面：

功能设计：功能设计是空心村建筑改造后用于公益性用途的核心内容，也是衡量改造效果的重要标准。功能设计要根据不同类型的公益性用途确定不同的功能分区，并考虑功能分区之间的关系和流线。例如，办公建筑要设置办公区、会议区、休息区等，并考虑通风、采光、隔音等因素；公共设施建筑要设置接待区、展示区、活动区等，并考虑安全、便捷、美观等因素；研学营地要设置教学区、住宿区、餐饮区等，并考虑教育、娱乐、卫生等因素；纪念馆要设置展览、收藏区、教育区等，并考虑历史、文化、情感等因素。功能设计还要注意功能分区的多样性和综合性，使每一个进入建筑的人都能找到自己想要的功能分区，并能在不同功能分区之间自由切换[198]。

7.3.2　商业用途建筑整治与改造

商业用途是指改造后的建筑主要以盈利为目的，如民宿、餐厅、工作室等。公益性用途是指改造后的建筑主要以服务社会为目的，如办公建筑、公共设施建筑、研学营地和纪念馆等。商业用途的空心村建筑改造是一种以市场为导向，关注经济效益和空间体验的改造方式。它既要保留原有建筑的历史和文化价值，又要满足现代人的功能和舒适需求。它既要体现乡村建筑的特色和风格，又要融入当地的自然和社会环境[199]。它既要为当地居民提供就业和收入，又要为外来游客提供消费和娱乐的机会。具体来说，空心村建筑改造后用于商业用途的内容和要求主要包括以下几个方面：

地域考察：地域考察是空心村建筑改造后用于商业用途的前期内容，也是制定改造方案的基础条件。地域考察要根据原有建筑的地理位置和周边环境进行全面深入的调研和分析，并考虑当地的自然特征、人文特征、市场特征等因素。例如，要了解原有建筑的历史背景、建筑风格、结构形式、材料来源等；要了解当地的气候条件、地形条件、植被条件等；要了解当地的居民特点、生活方式、消费习惯等；要了解当地的旅游资源、竞争对手、目标客群等。地域考察的目的是为了找出原有建筑和当地环境之间的联系和差异，并根据市场需求确定改造后的商业定位和目标。

功能规划：功能规划是空心村建筑改造后用于商业用途的核心内容，也是衡量改造效果的重要标准。功能规划要根据不同类型的商业用途确定不同的功能分区，并考虑功能分区之间的关系和流线。例如，民宿要设置接待区、客房区、餐饮区、休闲区等，并考虑私密性、舒适性、便利性等因素；餐厅要设置厨房区、就餐区、卫生间区等，并考虑卫生性、美观性、氛围性等因素；工作室要设置办公区、展示区、储藏区等，并考虑灵活性、创意性、实用性等因素。功能规划还要注意功能分区的多样性和综合性，使每一个进入建筑的人都能找到自己想要的功能分区，并能在不同功能分区之间自由切换。

7.3.3 改善人居环境建筑整治与改造

改善居民生活质量的空心村建筑改造是一种以人为本，关注当地文化和社区发展的改造方式。它既要保留原有建筑的历史和文化价值，又要满足现代人的功能和舒适需求。它既要体现乡村建筑的特色和风格，又要融入当地的自然和社会环境。它既要为当地居民提供便利和服务，又要为外来游客提供认识和体验当地文化的机会。具体来说，乡村建筑改造后用于提高居民生活质量的内容和要求主要包括以下几个方面：

功能设计：功能设计是空心村建筑改造后用于提高居民生活质量的核心内容，也是衡量改造效果的重要标准。功能设计要根据不同类型的提高居民生活质量的用途确定不同的功能分区，并考虑功能分区之间的关系和流线。例如，学校要设置教室区、图书馆区、操场区等，并考虑教育性、安全性、趣味性等因素；图书馆要设置借阅区、阅览区、咨询区等，并考虑知识性、舒适性、便捷性等因素；展览馆要设置展示区、讲解区、互动区等，并考虑文化性、美观性、氛围性等因素。功能设计还要注意功能分区的多样性和综合性，使每一个进入建筑的人都能找到自己想要的功能分区，并能在不同功能分区之间自由切换。

人文关怀：人文关怀是空心村建筑改造后用于提高居民生活质量的特殊内容，也是体现改造理念和价值的特殊手段。人文关怀要根据原有建筑的历史文化内涵和当地居民的生活需求进行深入理解和尊重，并在改造过程中体现出来。例如，可以在改造后的建筑中保留或展示原有建筑的历史痕迹、文化符号、故事传说等；也可以在改造后的建筑中增加或提供与当地居民相关的服务设施、活动项目、教育资源等。人文关怀的目的是为了让改造后的建筑不仅是一个物质空间，而是一个精神空间，让当地居民能感受到乡村建筑的温度和情感。

第五章　空心村生态修复与景观再造效果评价

空心村整治评价要全面考虑工程建设和社会影响，包括：土壤和植被的修复与更新、水体的修复与利用、废弃物的处置、基础设施的完善与规划、景观的再生设计，以及村民的满意度和社区的活力。评价指标体系要在整治前制定，并用问卷调查和数据包络分析等方法收集数据。对数据进行赋值和权重分析，得出空心村整治评价的数值。根据整治进展情况进行调整和完善，为决策提供科学依据，推动空心村整治实施。

1　空心村整治工作评价的重要性

空心村整治是对农村地区存在的空心化现象进行改造和恢复的过程，旨在提升农村地区的环境质量、社会功能和居民生活品质。评价空心村整治工作的成效具有重要意义，它能够全面反映整治工作的效果，并为相关决策者提供科学依据和决策支持。

1.1　综合考虑工程建设因素和社会因素

在评价空心村整治工作的成效时，综合考虑工程建设因素和社会因素是非常重要的。这两个方面涵盖了整治工作的不同层面，从物质环境到社会影响，全面反映了整治工作的实际效果和综合成果。

1.1.1　工程建设因素

（1）土壤修复与植被更新情况：评估土壤修复工作的成效，包括污染物的清除情况、土壤质量的改善程度以及植被的生长和恢复情况。通过植被的更新和恢复，可以改善空心村地区的生态环境，提供更好的生活环境和景观效果。

（2）水体修复与利用情况：考察水体修复工作的效果，包括水质的改善、水资源的有效利用和生态系统的恢复情况。水体修复对于改善农村地区的饮用水安全和环境质量至关重要。

（3）废弃物处置情况：评价废弃物的清理和处置工作，包括固体废物和污水的处理方式以及废弃物的再利用情况。有效的废弃物管理和处置是保障环境卫生和防止污染的重要措施。

（4）基础设施完善与规划情况：考虑基础设施建设的实施情况，包括道路、供水、供电、通信等基础设施的完善程度，以及规划和布局的合理性。基础设施的完善能够提供更好的生活条件和便利性，促进农村地区的发展和改善居民的生活品质。

（5）景观再生设计情况：评估景观再生工作的效果，包括公共空间的设计与改造、建筑外立面的美化、景观元素的引入等。通过景观再生设计，可以提升农村地区的美观性和宜居性，增强居民的归属感和满意度。

（6）建筑整治与改造情况：评价建筑外观、室内空间和建筑结构的改进程度，可以全面反映整治工作对建筑物的改善效果。

1.1.2 社会因素

（1）村民满意度情况：通过调查问卷或采访等方式，了解村民对整治工作的满意度和评价。这包括居民对居住环境改善、基础设施服务、社区活动和公共安全等方面的感受和评价。

（2）农村社区活力恢复情况：考察整治工作对农村社区活力的影响，包括社区组织的活跃程度、农村经济的发展情况以及居民的参与度和合作程度。整治工作的目标之一是恢复农村社区的活力和凝聚力，促进社区发展和居民的社会互动。

1.1.3 提供科学依据和决策支持

评价空心村整治工作的成效不仅仅是为了总结过去的工作，更重要的是为未来的决策提供科学依据和决策支持。通过评价工作，可以客观地了解整治工作的实际效果、问题和不足之处，为决策者提供决策所需的信息和数据，以便他们能够做出明智的决策，并采取适当的措施来进一步改进和完善整治工作。

为了提供科学依据和决策支持，评价指标体系的科学性和客观性是至关重要的。评价指标体系应该在整治工作开始前制定，根据整治工作的目标和特点，结合相关政策、法规和技术标准，确定适用的评价指标。这些指标应该能够全面反映整治工作的各个方面，包括环境效益、社会影响、经济效益等，以便综合评价整治工作的综合成果。

评价指标的选择应基于科学原则，包括可度量性、可比性、准确性、可靠性和实用性。指标应该能够量化评价对象的状态和变化，以便进行数据收集和分析。此外，指标应该具有可比性，使得不同地区和不同时间段的整治工作可以进行比较。指标的选择和设计也应尽量准确和可靠，以确保评价结果的可信度和可靠性。

评价工作需要采用科学的数据收集和分析方法，以确保评价结果的科学性和客观性。数据的收集可以通过实地考察、问卷调查、统计数据收集等多种方式进行。采用合适的统计方法和分析工具对数据进行整理、处理和分析，得出准确的评价结果。同时，评价过程中应充分考虑数据的可靠性和有效性，避免数据偏差和误导。

2 评价指标体系的制定

2.1 工程建设因素评价

2.1.1 土壤修复与植被更新情况评价

在评价空心村整治工作的成效时，可以考虑以下土壤修复与植被更新评价因子：

（1）土壤质量改善情况：评估整治工作对土壤质量的改善效果。这可以包括土壤的理化性质、肥力状况、有机质含量等指标的变化。通过采集土壤样品，进行实验室分析和比较，可以了解整治前后土壤质量的差异和改善程度。例如，土壤的 pH 值、含水量、土壤结构的改善等。

（2）植被覆盖恢复情况：评估植被恢复的程度和植被种类的多样性。植被的恢复对于土壤保持、水土保持和生态平衡具有重要作用。可以通过调查和监测植被覆盖率、植被生物量、植物种类数量和种群结构等指标，来评估植被恢复的效果。此外，还可以考虑引入乡土植物和当地特色植物的情况，以提高植被的适应性和生态效益。

（3）土壤修复与植被更新评价因子的量化评价表：

评价因子	量化指标	量化赋值	数据收集方法
土壤质量改善情况	土壤 pH 值变化	1-5（5为最佳）	采集土壤样品，使用 pH 仪测量
	土壤有机质含量变化	低、中、高	采集土壤样品，进行有机质含量分析
	土壤肥力指数变化	1-10（10为最佳）	采集土壤样品，进行肥力指数测定
植被覆盖恢复情况	植被覆盖率变化	低、中、高	利用遥感技术或现场测量，计算植被覆盖率
	植被生物量变化	低、中、高	实地采样并进行植物样本的称重、测量

评价因子	量化指标	量化赋值	数据收集方法
植物种类数量和多样性	低、中、高	调查记录植物种类和种群结构
引入乡土植物和当地特色植物情况	有、无	监测记录引入的乡土植物和当地特色植物的种植情况

量化赋值可以采用等级划分、数字划分或描述性划分等方式，以对评价指标的结果进行量化和比较。数据收集方法可以包括采集样品、实地测量、调查问卷、遥感技术等，根据具体指标的测量方法和数据获取方式来确定。通过收集和分析相关数据，根据量化赋值，可以对土壤修复与植被更新的效果进行评估和比较，为整治工作的进一步决策提供科学依据和决策支持。

2.1.2 水体修复与利用情况评价

评价水体修复与利用情况需要进行水样采集、实地监测和数据分析。可以利用现场采样和分析技术，如水质监测设备、水样采集器具等，采集水样并测量水质指标。同时，还可以结合相关的水资源管理数据和供水系统运行数据，综合分析整治工作的效果。评价结果可以根据水质指标的变化和达标情况，以及水资源供应的可靠性和可持续利用情况，对整治工作的成效进行评估，并为决策提供科学依据和决策支持。

（1）水质改善情况评价

水质指标的变化：评估整治工作对水体污染的改善效果，包括常规水质指标（如溶解氧、总氮、总磷、悬浮物等）的变化情况。通过对整治前后水样的采集和分析，可以比较不同时间点的水质指标差异，了解整治工作对水体污染的减轻程度[200]。

达标情况：评估水体是否达到相关水质标准或指标要求，如国家和地方的水环境质量标准。根据不同水体的功能区划和用途，确定适用的水质标准，并对整治后的水体进行监测和评价，判断水质是否符合要求。

（2）水资源利用情况评价

水资源供应的可靠性：评估整治工作对水资源供应的改善效果，包括水量充足性、供水可靠性和供水保障能力。通过分析水源地的水量变化、水库蓄水情况以及供水系统的运行情况，判断整治工作是否提高了水资源供应的可靠性。

水资源的可持续利用：评估整治工作对水资源的合理利用情况，包括节水措施的实施情况、水资源的循环利用以及水资源管理的有效性。通过比较整治前后的水资源利用效率和水资源管理的改善情况，判断整治工作是否促进了水资源的可持续利用。

（3）水体修复与利用评价因子的量化评价表：

评价分项	评价因子	量化指标	量化赋值
水质改善情况评价	水质指标的变化	溶解氧含量变化（mg/L）	2分：显著增加 ≥ 2mg/L 1分：轻微增加 0.5-1.9mg/L 0分：变化不明显 ＜ 0.5mg/L
		总氮含量变化（mg/L）	2分：显著降低 ≥ 2mg/L 1分：轻微降低 0.5-1.9mg/L 0分：变化不明显 ＜ 0.5mg/L
		总磷含量变化（mg/L）	2分：显著降低 ≥ 0.2mg/L 1分：轻微降低 0.05-0.19mg/L 0分：变化不明显 ＜ 0.05mg/L
		悬浮物浓度变化（mg/L）	2分：显著降低 ≥ 20mg/L 1分：轻微降低 5-19mg/L 0分：变化不明显 ＜ 5mg/L
	达标情况	是否达到水质标准	2分：完全达标 1分：基本达标 0分：未达标
水资源利用情况	-水资源供应的可靠性	水量充足性	2分：充足供水 1分：供水基本满足需求 0分：供水严重不足
		供水可靠性	2分：供水稳定可靠 1分：供水较为稳定 0分：供水不稳定
	- 水资源的可持续利用	节水措施实施情况	2分：有效实施节水措施 1分：部分实施节水措施 0分：未实施节水措施
		水资源循环利用情况	2分：有效实施水资源循环利用 1分：部分实施水资源循环利用 0分：未实施水资源循环利用
		水资源管理的有效性	2分：有效管理水资源 1分：部分有效管理水资源 0分：未有效管理水资源

通过对不同评价因子的量化指标进行评分，可以客观地评估整治工作在水质改善和水资源利用方面的效果。评价结果可根据量化赋值进行综合得分，从而为决策提供科学依据和决策支持。请注意，表格中的量化赋值仅为示例，具体的评价标准和赋值可根据实际情况和相关标准进行确定。

2.1.3 废弃物处置情况评价

废弃物清理和处理情况可以根据废弃物清理覆盖范围、清理程度和分类处理情况等指标进行量化评价。废弃物再利用情况可以根据再利用率和资源化利用率等指标进行量化评价。量化赋值可根据具体情况和标准确定，例如根据实际废弃物处理和再利用的效果给予相应的分值。通过综合评估这些因子和指标，可以客观地评价废弃物处置工作的效果，并为决策提供科学依据和决策支持。

（1）废弃物清理和处理情况

废弃物种类的处理：评估整治工作对不同种类废弃物的处理情况，包括固体废弃物、液体废弃物和危险废弃物等。考察是否进行了有效的清理和分类，确保废弃物得到妥善处理。

处置方式的合理性：评估废弃物处理的方式和方法是否合理和环保。考察是否采取了合适的废弃物处理设施，如焚烧炉、填埋场或再生资源利用设施等，确保废弃物的安全处置。

（2）废弃物再利用情况

再利用率：评估废弃物的再利用率，即废弃物中能够被有效再利用的比例。考察是否对可再利用的废弃物进行回收和再利用，降低资源浪费和环境影响。

资源化利用程度：评估废弃物的资源化利用程度，即将废弃物转化为有价值的资源的程度。考察是否开展了废弃物的资源化利用工作，如废物利用、能源回收等，最大限度地利用废弃物的潜在价值。

（3）废弃物处置评价因子的量化评价表

评价因子	量化指标	量化赋值
废弃物清理和处理情况	废弃物清理覆盖范围（单位：平方米）	0-10
	废弃物清理程度（比例或百分比）	0-10
	废弃物分类处理情况（数量或比例）	0-10
废弃物再利用情况	再利用率（废弃物再利用量与总废弃物量的比例）	0-10
	资源化利用率（废弃物资源化利用量与总废弃物量的比例）	0-10

在表格中，评价因子包括废弃物清理和处理情况以及废弃物再利用情况。每个评价因子都对应着相应的量化指标和量化赋值。量化指标表示评价因子的具体度量方式，如废弃物清理覆盖范围、清理程度、废弃物分类处理情况、再利用率和资源化利用率。量化赋值则表示根据实际情况和标准为每个指标赋予的具体分值范围，采用十分制表示。

评价人员可以根据实际废弃物处理和再利用的效果，将相应的分值赋予每个指标，其中0表示最差，10表示最好。通过对这些量化指标和量化赋值的综合评估，可以得出废弃物处置工作的综合评价结果，为决策者提供科学依据和决策支持。

2.1.4 基础设施完善与规划情况评价

可以根据实际情况和标准，为每个评价因子赋予相应的量化赋值，以量化方式反映基础设施建设情况和规划合理性的优劣程度。最终的评价结果将为决策者提供科学依据和决策支持，以进一步优化整治工作的目标、策略和时间计划，促进农村地区的可持续发展。

（1）基础设施建设情况

道路建设：评估整治工作对道路建设的改善效果，包括道路的硬化程度、通行能力、安全性和连接性等。量化指标可以包括道路面积、道路质量评级、道路连接性等。

供水设施建设：评估整治工作对供水设施的完善程度，包括供水管道的覆盖范围、供水水质和供水稳定性等。量化指标可以包括供水管道覆盖率、供水质量达标率和供水可靠性指标等。

供电设施建设：评估整治工作对供电设施的改善效果，包括供电网络的覆盖范围、供电稳定性和供电容量等。量化指标可以包括供电覆盖率、停电频率和供电容量指标等。

电讯设施建设：评估整治工作对电讯设施的改善效果，包括供宽带网络的覆盖范围、移动 4G、5G 信号的覆盖情况等。量化指标可以包括网络覆盖范围、带宽速度、网络稳定性等。

（2）规划合理性

整治工作目标的合理性：评估整治工作的目标是否明确、具体、可行，并与农村地区的实际情况相匹配。量化指标可以包括目标的清晰性、目标的可量化性和目标的可实现性等。

整治工作策略的合理性：评估整治工作采取的策略是否科学、有效，并符合环境保护、资源利用和可持续发展的原则。量化指标可以包括策略的科学性、策略的成本效益和策略的可操作性等[201]。

时间计划的合理性：评估整治工作的时间计划是否合理、可行，并符合工作进度和资源配备的要求。量化指标可以包括时间计划的合理性、时间计划的可操作性和时间计划的执行情况等。

（3）基础设施完善与规划评价因子的量化评价表：

评价分项	评价因子	量化指标	量化赋值（10分制）
基础设施建设情况	道路建设	道路面积覆盖率、道路质量评级	0-10
	供水设施建设	供水管道覆盖率、供水质量达标率	0-10
	供电设施建设	供电覆盖率、停电频率	0-10
	电讯网络设施	网络覆盖范围、带宽速度、网络稳定性	0-10
规划合理性	整治工作目标的合理性	目标的明确性、可量化性、可实现性	0-10
	整治工作策略的合理性	策略的科学性、成本效益、可操作性	0-10
	时间计划的合理性	时间计划的合理性、可操作性、执行情况	0-10

评价因子列出了基础设施完善与规划方面的两个主要因素：基础设施建设情

况和规划合理性。对于每个评价因子，列出了相应的量化指标，用于衡量该因子的具体情况。在量化赋值一栏中，还需要根据具体情况为每个量化指标赋予相应的评分，采用10分制。具体的量化赋值需要根据实际情况、评价标准和权重进行综合考量，以反映基础设施完善与规划工作的效果和合理性。

2.1.5 景观再生设计情况评价

景观美观程度可以通过景观设计专家评估、居民满意度调查等方式进行评估，给予相应的评分；与周边环境的协调性可以通过与周边环境的比对和对比评价来确定评分。同样地，生态系统稳定性可以通过土壤质量、水资源保护等方面的指标来评估，生物多样性提升可以通过物种调查、物种丰富度等指标进行评估。通过量化评价，可以客观地评估整治工作对景观改善和生态环境保护的效果，为决策者提供科学依据和决策支持。

（1）景观改善效果

景观美观程度：评估整治工作对空心村景观的美观程度，包括景观的整体设计、景点设置、植物布局、景观元素的选择和组合等。美观的景观设计能够提升空心村的形象，吸引游客和居民，提升居住环境的品质[202]。

与周边环境的协调性：评估整治工作对空心村景观与周边环境的协调性，包括景观与自然环境的融合、与建筑风格的协调、与文化传统的契合等。协调的景观设计能够使空心村与周边环境形成和谐的整体，增强地域特色和文化氛围。

（2）生态环境保护

生态系统稳定性：评估整治工作对空心村生态系统的稳定性的影响，包括对土壤侵蚀的减少、水循环的改善、生物栖息地的恢复等。稳定的生态系统能够提供更好的生态服务功能，维持自然生态平衡[203]。

生物多样性提升：评估整治工作对空心村生物多样性的提升效果，包括植物物种多样性和动物物种多样性的增加。保护和增强生物多样性是保护自然生态系统的重要目标，对维持生态平衡和促进生态恢复具有重要意义[204]。

（3）景观再生设计评价因子的量化指标进行细化和完善的表格形式：

评价因子	量化指标	量化赋值（10分制）
景观改善效果	景观美观程度	0-10
	植被覆盖率	0-10
	空间布局与景观组织	0-10
	建筑整治与改造	0-10
	文化传承与历史保护	0-10
生态环境保护	生态系统稳定性	0-10
	生物多样性指数	0-10

评价因子	量化指标	量化赋值（10分制）
生态环境保护	自然资源保护	0-10
	生态景观功能	0-10

通过这样更细化和完善的量化指标，可以更全面、准确地评估景观再生设计的效果，为决策者提供更具体和科学的依据。请注意，以上仅为示例，实际的量化指标可能因具体情况而有所不同，需要根据实际情况进行调整和补充

2.1.6 建筑整治与改造情况评价

通过对建筑外观、室内空间和建筑结构的改善情况进行评价，可以全面了解整治工作对建筑物的改造效果。这些评价因子和量化指标可以为决策者提供科学依据，以进一步优化整治工作的目标和策略。

（1）建筑外观改善情况评估整治工作对建筑外观的改善效果，主要包括建筑立面的装饰和颜色搭配等方面。这些改善可以通过修复、清洗、粉刷、装饰等手段来实现。评价时可以考虑以下指标：

立面装饰：评估立面装饰的材质、质量和工艺是否改善，例如墙面瓷砖、涂料、壁画等的设计和施工质量。

色彩搭配：评估建筑外墙的色彩选择和搭配是否符合整体设计和环境协调性。

（2）室内空间改善情况。评估整治工作对建筑室内空间的改善效果，包括室内布局的合理性和功能性。室内空间改善可以提升居住舒适度和使用效率。评价时可以考虑以下指标：

室内布局：评估室内空间的布局设计是否合理，包括房间功能区域划分、通风与采光布置、家具摆放等方面。

使用功能性：评估整治工作对室内设施和设备的改善效果，例如厨房设施、卫生间设备、暖通设备等的更新和完善程度。

（3）建筑结构改善情况。评估整治工作对建筑结构的改善效果，主要关注建筑的地基、基础和承重构件等方面的改善。这些改善可以增强建筑的稳定性、耐久性和抗灾能力。评价时可以考虑以下指标：

地基改善：评估地基处理和加固措施的效果，例如填筑、加固地基的稳定性和承载能力等方面。

基础改善：评估建筑基础的修复和加固情况，包括地基基础、地板、地下室、墙体等的改善效果。

承重构件改善：评估整治工作对承重构件（如梁、柱）的维修、加固或更换等方面的改善情况。

（3）建筑整治与改造评价因子的量化指标表：

评价因子	量化指标	量化赋值（10分制）
建筑外观改善情况	立面装饰质量改善情况	0-10
	立面装饰材料的选择和质量	0-10
	立面装饰工艺的精细程度	0-10
	立面装饰的美观程度和协调性	0-10
室内空间改善情况	室内布局合理性	0-10
	功能性改善	0-10
	空间的利用率和灵活性	0-10
	室内装饰材料和色彩搭配的合理性	0-10
建筑结构改善情况	地基改善效果	0-10
	基础修复和加固效果	0-10
	承重构件修复和加固效果	0-10

对于每个量化指标，评价者可以根据具体观察和评估，将其赋予相应的量化赋值（采用10分制），以反映整治工作在建筑外观改善、室内空间改善和建筑结构改善方面的实际效果。请根据实际情况，综合考虑各个指标的具体表现，赋予适当的分数范围。

2.2 社会因素评价

2.2.1 村民满意度情况评价

通过综合评估村民满意度调查、参与度和反馈情况，可以得出整体的村民满意度评分，进一步了解整治工作在社会层面的效果。这些评价结果为决策者提供了重要的科学依据和决策支持，以优化整治工作的目标和策略，改善村民的生活质量。

（1）村民满意度调查：通过进行村民满意度调查，可以系统地了解村民对整治工作的满意程度。这可以通过设计问卷调查、面对面访谈或小组讨论等方式进行。问卷调查可以包含多个方面，如环境改善、基础设施建设、公共服务、社区安全、居住条件等。

村民满意度调查表（样表）

请您根据实际情况选择适合您的答案。请在括号内打钩。

1.对整治工作的整体满意程度：

（　）非常满意

（　）满意

（　）一般

（　）不满意

（　）非常不满意

2.您认为整治工作对以下方面的改善效果如何？

（　）环境改善

（　）基础设施建设

（　）公共服务

（　）社区安全

（　）居住条件

3.请在每个方面选择一个答案：

（　）非常满意

（　）满意

（　）一般

（　）不满意

（　）非常不满意

4.您是否参与过整治工作？

（　）是

（　）否

5.如果您参与过整治工作，请评价您的参与体验：

（　）非常满意

（　）满意

（　）一般

（　）不满意

（　）非常不满意

6.您是否向相关部门或组织提出过反馈或投诉？

（　）是

（　）否

7.如果您提出过反馈或投诉，请评价相关部门或组织对您的回应：

（　）非常满意

（　　）满意

（　　）一般

（　　）不满意

（　　）非常不满意

请根据您的实际情况选择适当的答案。谢谢您的参与！

（2）村民参与度：评估村民参与整治工作的程度和方式是了解整治工作的社会参与度的重要指标。这可以通过考察村民的参与意愿、参与活动的数量和质量等来衡量。量化指标可以是参与活动的人数、活动的种类和频率等[205]。例如，可以记录村民参与工作组织会议、义务劳动、志愿者活动等的情况。

（3）村民反馈和投诉：了解村民对整治工作的反馈和投诉情况可以揭示出存在的问题和不满意的方面。这可以通过建立有效的反馈机制和投诉渠道来实现。通过收集和分析村民的反馈和投诉内容，可以了解他们的意见、建议和不满意的方面，并采取相应的措施进行改进和解决。量化指标可以是投诉数量、反馈内容的分类统计等。

（4）村民满意度情况因子的量化指标表：

评价因子	量化指标	量化赋值（采用10分制）
村民满意度调查	环境改善满意度评分	0-10
	基础设施建设满意度评分	0-10
	公共服务满意度评分	0-10
	社区安全满意度评分	0-10
	居住条件满意度评分	0-10
村民参与度	参与活动的人数	0-10
	活动的种类和频率	0-10
村民反馈和投诉	投诉数量	0-10
	反馈内容的分类统计（正面/中立/负面）	0-10

村民满意度调查、村民参与度和村民反馈和投诉。每个评价因子下有若干量化指标，用10分制进行评分。最后，根据各个指标的评分，计算出整体的村民满意度评分，反映出整治工作在社会层面的效果。

2.1.2 农村社区活力恢复情况评价

通过综合评估以上指标和量化指标，可以全面了解农村社区活力的恢复情况。这些评价结果为决策者提供了重要的科学依据和决策支持，以进一步优化整治工作的目标和策略，促进农村社区的发展和提升居民的生活质量。

（1）经济发展情况

农业产出：考察农村社区的农业生产活动，包括农作物种植、养殖业等，量化指标可以是农产品产量、农业收入增长率等。

就业机会：评估整治工作对社区就业机会的影响，包括新的就业岗位、创业机会等，量化指标可以是就业率、创业数量等。

（2）社区服务设施

医疗服务：考察社区内医疗设施的改善情况，如诊所、卫生站等，量化指标可以是医疗设施数量、服务范围等。

教育设施：评估社区内的教育资源，包括学校、教育培训机构等，量化指标可以是教育机构数量、教育覆盖率等。

文化娱乐：考察社区内文化娱乐设施的改善，如图书馆、文化活动场所等，量化指标可以是设施数量、文化活动参与度等。

（3）社交活动和社区参与度

社区组织活动：评估社区内组织的社交和文化活动，如节日庆祝、社区聚会等，量化指标可以是活动数量、参与人数等。

志愿者参与：考察社区居民参与志愿者活动的情况，量化指标可以是志愿者数量、志愿服务时长等。

（4）社区环境和社会秩序

治安状况：评估社区的治安和安全状况，包括犯罪率、治安事件数量等，量化指标可以是犯罪率变化、安全感调查等。

环境卫生：考察社区内的环境卫生状况，包括垃圾处理、卫生设施等，量化指标可以是卫生状况评分、环境整洁度调查等。

（5）农村社区活力恢复情况的量化评价表：

评价因子	量化指标	量化赋值（10分制）
经济发展情况	农业产出	0-10
	就业机会	0-10
社区服务设施	医疗服务	0-10
	教育设施	0-10
	文化娱乐	0-10
社交活动和社区参与度	社区组织活动	0-10
	志愿者参与	0-10
社区环境和社会秩序	治安状况	0-10
	环境卫生	0-10

据实际情况将每个量化指标的量化赋值填入表格中。每个指标的量化赋值可以采用10分制，其中10分表示达到最优水平，0分表示达到最差水平。

3 评价指标权重分析

层次分析法（Analytic Hierarchy Process，AHP），层次分析法是一种定性和定量相结合的、系统的、层次化的分析方法，用于解决多目标、多准则或无结构特性的复杂决策问题123。层次分析法的原理是将问题分解为不同的组成因素，并按照因素间的相互关联影响以及隶属关系将因素按不同层次聚集组合，形成一个多层次的分析结构模型，从而最终使问题归结为最低层（供决策的方案、措施等）相对于最高层（总目标）的相对重要权值的确定或相对优劣次序的排定。

3.1 建立层次结构模型

首先，明确决策的目标，即要解决的问题或要达到的目的，将其作为最高层，通常只有一个因素，在本研究中评价目标为湖南山地丘陵地区空心村生态修复与景观再造效果评价。

其次，确定影响决策目标的主要因素，即决策的准则或指标，将其作为中间层，可以有一个或多个，根据因素的性质和关系进行分类和分层。如果因素过多或过于复杂，可以进一步分解为子因素或子准则。最后，列出可供选择的决策方案或对象，即要评价或比较的备选项，将其作为最低层，可以有一个或多个。然后，用层次结构图表示各层因素之间的从属关系和影响关系，用箭头连接相邻两层的因素，表示上层因素对下层因素的影响或下层因素对上层因素的贡献。

目标层	准则层	指标层	最低层
湖南山地丘陵地区空心村生态修复与景观再造效果	工程建设因素	土壤修复与植被更新情况	土壤质量改善情况
			植被覆盖恢复情况
		水体修复与利用情况。	水质改善情况评价
			水资源利用情况
		废弃物处置情况	废弃物清理和处理情况
			废弃物再利用情况
		基础设施完善与规划情况	道路建设
			供水设施建设
			供电设施建设
			电讯网络设施建设
			整治工作目标的合理性
			整治工作策略的合理性
			时间计划的合理性

续表

目标层	准则层	指标层	最低层
湖南山地丘陵地区空心村生态修复与景观再造效果	工程建设因素	景观再生设计情况	景观改善效果
			生态环境保护
		建筑整治与改造情况	建筑外观改善情况
			室内空间改善情况
			建筑结构改善情况
	社会因素	村民满意度情况	村民满意度调查
			村民参与度
			村民反馈和投诉
		农村社区活力恢复情况	经济发展情况
			社区服务设施
			社交活动和社区参与度
			社区环境和社会秩序

3.2 确定评价权重

在判断矩阵中，使用1到9的尺度表示两个指标之间的相对重要性，其中1表示相同重要性，3表示某个指标稍微重要于另一个，5表示明显重要于另一个，7表示强烈重要于另一个，9表示绝对重要性。按照上述层次结构模型分层计算各层各要素因子的权重。

对于准则层，对于从属于目标层的两个因素，即工程建设因素和社会因素，构建判断矩阵，计算其最大特征值和特征向量如下：

工程建设因素	社会因素	特征向量
1	3	0.75
1/3	1	0.25

最大特征值为2，一致性指标为0，一致性比率为0，通过一致性检验。

对于指标层，对于从属于准则层每个因素的同一层诸因素，分别构建判断矩阵，别计算其最大特征值和特征向量如下：

（1）工程建设因素

土壤修复与植被更新情况	水体修复与利用情况	废弃物处置情况	基础设施完善与规划情况	景观再生设计情况	建筑整治与改造情况	特征向量
1	2	3	4	5	6	0.467
1/2	1	2	3	4	5	0.233
1/3	1/2	1	2	3	4	0.116

土壤修复与植被更新情况	水体修复与利用情况	废弃物处置情况	基础设施完善与规划情况	景观再生设计情况	建筑整治与改造情况	特征向量
1/4	1/3	1/2	1	2	3	0.058
1/5	1/4	1/3	1/2	1	2	0.029
1/6	1/5	1/4	1/3	1/2	1	0.015

最大特征值为6.49，一致性指标为0.098，一致性比率为0.012，通过一致性检验。

（2）社会因素

村民满意度情况	农村社区活力恢复情况	特征向量
1	4	0.2
1/4	1	0.8

最大特征值为2，一致性指标为0，一致性比率为0，通过一致性检验。

（3）第三层的权重计算

对于从属于土壤修复与植被更新情况的两个因子的判断矩阵，计算其最大特征值和特征向量如下：

土壤质量改善情况	植被覆盖恢复情况	特征向量
1	3	0.75
1/3	1	0.25

最大特征值为2，一致性指标为0，一致性比率为0，通过一致性检验。

对于从属于水体修复与利用情况的两个因子的判断矩阵，计算其最大特征值和特征向量如下：

水质改善情况评价	水资源利用情况	特征向量
1	2	0.667
1/2	1	0.333

最大特征值为2，一致性指标为0，一致性比率为0，通过一致性检验。

对于从属于废弃物处置情况的两个因子的判断矩阵，计算其最大特征值和特征向量如下：

废弃物清理和处理情况	废弃物再利用情况	特征向量
1	4	0.2
1/4	1	0.8

最大特征值为2，一致性指标为0，一致性比率为0，通过一致性检验。

对于从属于基础设施完善与规划情况的七个因子的判断矩阵，计算其最大特征值和特征向量如下：

	道路建设	供水设施建设	供电设施建设	电讯网络设施	整治工作目标的合理性	整治工作策略的合理性	时间计划的合理性	特征向量
道路建设	1	3	5	4	5	4	2	0.249
供水设施建设	1/3	1	3	3	4	3	1	0.161
供电设施建设	1/5	1/3	1	2	3	2	1	0.102
电讯网络设施	1/4	1/3	1/2	1	3	3	1	0.128
整治工作目标的合理性	1/5	1/4	1/3	1/3	1	3	1/2	0.094
整治工作策略的合理性	1/4	1/3	1/2	1/3	1/3	1	1/2	0.097
时间计划的合理性	1/2	1	1	1	2	2	1	0.169

最大特征值：7.139，一致性指标：0.020，一致性比例：0.015，通过一致性检验。

对于从属于景观再生设计情况的两个因子的判断矩阵，计算其最大特征值和特征向量如下：

	景观改善效果	生态环境保护	特征向量
景观改善效果	1	4	0.8
生态环境保护	1/4	1	0.2

最大特征值：2.000，一致性指标：0.000，，致性比例：0.000，通过一致性检验。

对于从属于建筑整治与改造情况的三个因子的判断矩阵，计算其最大特征值和特征向量如下：

	建筑外观改善情况	室内空间改善情况	建筑结构改善情况	特征向量
建筑外观改善情况	1	3	2	0.375
室内空间改善情况	1/3	1	1/2	0.208
建筑结构改善情况	1/2	2	1	0.417

最大特征值：3.000，一致性指标：0.000，一致性比例：0.000，通过一致性检验。

对于从属于村民满意度情况的三个因子的判断矩阵，计算其最大特征值和特征向量如下：

	村民满意度调查	村民参与度	村民反馈和投诉	特征向量
村民满意度调查	1	3	4	0.53
村民参与度	1/3	1	2	0.28
村民反馈和投诉	1/4	1/2	1	0.19

最大特征值：3.027，一致性指标：0.014，一致性比例：0.024，通过一致性检验。

于从属于农村社区活力恢复情况的四个因子的判断矩阵，计算其最大特征值和特征向量如下：

	经济发展情况	社区服务设施	社交活动和社区参与度	社区环境和社会秩序
经济发展情况	1	2	3	4
社区服务设施	1/2	1	2	3
社交活动和社区参与度	1/3	1/2	1	2
社区环境和社会秩序	1/4	1/3	1/2	1

最大特征值：4.000，一致性指标：0.000，一致性比例：0.000，通过一致性检验。

3.3 量化指标评价

在湖南山地丘陵地区空心村生态修复与景观再造效果评价中，根据评价目标的不同分层，对每一层采用0~10分的赋值评分，然后按照评价项所属层的平行项，按照计算得出的权重进行加权，最终得出，该层该项的得分。

设定该评价项有 n 个因素，其权重分别为 w_1，w_2，...，w_n。对应的量化评分为 s_1，s_2，...，s_n。

计算权重的公式为：

$$w_i = s_i / (\sum s_j)$$

其中，$\sum s_j$ 表示对所有评分进行求和。公式表示每个因素的权重等于其评分与所有评分之和的比例。

根据每层单项按照权重评价然后往上逐层加权汇总，最终得到目标层的量化评价值，即湖南山地丘陵地区空心村生态修复与景观再造效果评价。结论采用0~

10分，可以直观反映出整治效果，其中最优10分，最差0分。

　　评价结果可以为决策者提供重要的科学依据和决策支持，以进一步优化整治工作的目标和策略，促进湖南山地丘陵地区空心村的发展和提升居民的生活质量。

参考文献

［1］湖南省＿百度百科［EB/OL］. https：//baike. baidu. com/item/%e6%b9%96%e5%8d%97%e7%9c%81/293174（2023-05-28）［2023-05-29］.

［2］湖南省2022年国民经济和社会发展统计公报 - 湖南省统计局［EB/OL］. http：//tjj. hunan. gov. cn/tjgb/ndtjgb/202303/t20230301_11895767. html（2023-03-01）［2023-05-29］.

［3］欧阳彬. 湖南省郴州市空心村治理问题研究［D］. 长沙：湖南农业大学，2020.

［4］王莹琛，詹绍文. 乡村振兴战略背景下农村"空心化"现象治理探析［J］. 生产力研究，2022（10）.

［5］陈秋燕. 四川省县域农村空心化程度及其影响因素研究［D］. 成都：西南财经大学，2021.

［6］陈涛陈，池波. 中国农村人口空心化测量指标改进研究［J］. 中国地质大学学报（社会科学版），2017，17（01）.

［7］李玉红，王皓. 中国人口空心村与实心村空间分布——来自第三次农业普查行政村抽样的证据［J］. 中国农村经济，2020（04）.

［8］韩占兵. 农村人口空心化对农业生产影响效应的实证检验［J］. 统计与决策，2022，38（19）.

［9］2010 Census Urban and Rural Classification and Urban Area Criteria - Geography - U.S. Census Bureau［EB/OL］. https：//www.census.gov/programs-surveys/geography/guidance/geo-areas/urban-rural/2010-urban-rural. html（2012-03-26）［2023-05-29］.

［10］令和2年国勢調査速報集計結果の概要 - 総務省統計局［EB/OL］. https：//www.stat. go. jp/data/kokusei/2020/pdf/gaiyou1. pdf（2021-02-26）［2023-

05-29].

[11] 夏正智.空心村现象的成因及治理对策[J].农业经济，2016（05）.

[12] 孟庆香，吴天等.不同地形条件下农村空心化程度微尺度研究[J].西北大学学报（自然科学版），2022，52（04）.

[13] 张卫华，韩霁昌等.交通因素对黄土丘陵沟壑区空心村变迁的影响分析[J].中国农业资源与区划，2017，38（08）.

[14] 国家统计局信息公开[EB/OL].http：//www.stats.gov.cn/xxgk/jd/sjjd2020/202301/t20230118_1892285.html（2023-01-18）[2023-05-29].

[15] 彭思雨.湖南省娄底市宅基地有偿退出意愿研究[D].长沙：湖南农业大学，2020.

[16] 刘彦随，刘玉，翟荣新.中国农村空心化的地理学研究与整治实践[J].地理学报，2009，64（10）.

[17] 张新蕾.精准扶贫视角下广西民族地区空心村治理对策探究[J].南方农业，2019，13（Z1）.

[18] 赵挺雄.农村集中建房的管理与研究[J].智能城市，2020，6（07）.

[19] 徐文洋.城乡融合发展背景下村落形态的认知差异及其反思——一个空间社会学的理论视角[J].关东学刊，2023（01）

[20] 王云云.光山县农村教育"空心化"问题研究[D].郑州：河南财经政法大学，2019.

[21] 孔令仙.农村空心村现象与土地资产化经济关联性分析[J].经济界，2019（06）.

[22] 王明昊，朱双健.破解空心村治理难题[J].经济日报，2022（03）：.

[23] 翟叶清.翼城县传统村落空废化空间解析及活化设计研究[D].西安：西安建筑科技大学，2022.

[24] 降雪辉.农村相对贫困地区发展生态经济的现实困境与纾解[J].河南大学学报（社会科学版），2021，61（05）.

[25] 安文雨，涂婧林.国土空间生态修复与乡村振兴：共现与融合[J].华中农业大学学报（自然科学版），2022，41（03）.

[26] 沈俊丰家傲.高质量实施乡村全域土地综合整治与生态修复 助推乡村振兴和共同富裕典范城市建设——以嘉兴市为例[J].浙江国土资源，2022（06）.

[27] 陈连波，张国军.浅谈生态位理论在风景园林中的应用[J].山东林业科技，2008（02）.

[28] 李响.秦岭北麓乡村循环再生机制及其空间模式研究[D].西安：西安建筑科技大学，2017.

［29］李意德，戴瑞坤.山区经济发展的生态工程技术及其应用［J］.热带林业，2002（02）.

［30］吴芳芳，刘素芬.供给侧改革背景下空心村互助养老探究——基于三明大田县建设镇建丰村的案例分析［J］.学理论，2020（07）.

［31］许继军，景唤.河流生态修复理念与技术研究进展［J］农业现代化研究，2022，43（04）.

［32］王振生.鹤壁市山水林田湖草生态保护修复工程研究［J］.价值工程，2022，41（28）.

［33］张鸽，吴宏涛.景观水体修复技术研究进展［J］.上海化工，2017，42（07）.

［34］任世丹.生态修复管理人制度构建的实践与法理［J］.西南政法大学学报，2023，25（02）.

［35］孔凡婕，应凌霄，文雯，梁梦茵.基于国土空间生态修复的固碳增汇探讨［J］.中国国土资源经济，2021，34（12）.

［36］于贵瑞，李文华等.生态系统科学研究与生态系统管理［J］.地理学报，2020，75（12）.

［37］周利敏，姬磊磊.生态城市：雾霾灾害治理的政策选择——基于国际案例的研究.同济大学学报（社会科学版），2020，31（01）.

［38］张欣.山西沁河源国家湿地公园物种及生境多样性研究［J］.山西林业科技，2021，50（04）.

［39］蔡洁，李世平等.文登市乡村景观评价［J］.中国农业资源与区划，2015，36（02）.

［40］陈珂瑶.试论传统民居的改造发展及其利用［J］.居舍.2019（07）.

［41］于真真.浅谈山地型乡村绿化景观规划［J］.现代园艺，2013（24）.

［42］魏正聪，任新硕.基于地域文化的乡村标志设计思考与实践［J］.设计艺术研究，2022，12（02）.

［43］赵挺雄，夏鸿玲，沈涛.人居环境整治背景下湖南省乡村公共空间改善与优化措施［J］.城市住宅，2021，28（01）.

［44］赵梦莹.基于自然回归的村落景观改造设计策略—以杨坪村为例［D］.南昌；江西财经大学，2020.

［45］朱江袁，方海.基于生态与传承的壮乡景观再造［J］.城乡建设，2021（07）.

［46］康世磊，岳邦瑞.基于格局与过程耦合机制的景观空间格局优化方法研究［J］.中国园林，2017，33（03）.

[47] 张北.基于景观生态学的乡村规划探析［J］.中外建筑，2018（08）.

[48] 吴明霞，齐童等.景观地理学的演变及其学科发展［J］.首都师范大学学报（自然科学版），2016，37（04）.

[49] 黄国平.景观规划学发展史概述［C］.中国科协2002年学术年会第22分会场论文集.成都：中国风景园林学会，2002.

[50] 刘一凯.湘西古村落空心化问题研究—从景观设计学视角出发［J］.美与时代（城市版），2021（04）.

[51] 杜永梅，张瑞琴.浅谈景观生态学与景观规划设计的关系［J］.内蒙古林业，2012（06）.

[52] 朱鹏姚，亦锋.景观生态学视角的城市绿地系统研究—以常州市新北区为例［J］.山东师范大学学报（自然科学版），2006（01）.

[53] 刘明.传统村落文化景观保护与可持续发展探讨—以邯郸市为例［J］.资源节约与环保，2018（02）.

[54] 李向婷.南方丘陵区乡村景观规划与设计研究—以长沙县乌川湖村为例［D］.长沙：湖南农业大学，2009.

[55] 杨斯达.乡村景观设计中地域文化元素的应用分析［J］.明日风尚，2023（07）.

[56] 扈航.生态伦理视角下的乡村景观设计研究—以湖北省十堰市白马山村为例［D］.苏州：苏州大学，2022.

[57] 魏金凤.基于生态文明下的乡村景观规划的研究 —以安新县圈头乡光淀村为例［D］.保定：河北农业大学，2014.

[58] 彭静，高洁宇.城市生态修复与景观再造的耦合模式［J］.学习与实践，2019（12）.

[59] 潘锋，杨念东，董治寰.城市公共绿地景观设计中的生态修复与山水再造—武汉园博园案例研究［J］.装饰，2018（03）.

[60] 张莉，张杰龙.以栖息地修复为导向的湿地公园设计方法—以云南省保山市青华湿地为例［J］.景观设计学，2020，8（03）.

[61] 毕奕，夏倩.工业废弃地的生态景观规划—以西雅图煤气厂公园生态规划为例［J］.中华建设，2011（09）.

[62] 刘勇乐.生态理念下海岛型空心村落的更新规划研究—以大连市广鹿岛镇为例［D］.大连：大连理工大学，2020.

[63] 陈娜.基于生态系统服务的重庆市虎头村景观格局分析与优化研究［D］.重庆：西南大学，2020.

[64] 王韬钦.空心村发展能力再造研究—基于乡村组织振兴视角［J］.学术

探索，2018（10）.

[65] 黄跃，曾艳华.空心村形成必然性与改造合理性研究—基于马斯洛需求层次理论的分析 [J].农村经济与科技，2013，24（01）.

[66] 刘爱梅.农村空心化对乡村建设的制约与化解思路 [J].东岳论丛，2021，42（11）.

[67] 胡善平.空心村治理的实践运作和经验研究—基于安徽巢湖的实务总结 [J].黄河科技学院学报，2020，22（07）.

[68] 王雷，马晓明.厦门市空心村治理中的利益主体行动机制研究 [J].城市规划，2016，40（02）.

[69] 河北省人民政府.河北省空心村治理工作总体方案 [EB/OL].（2018-03-13）[2023-02-02]. http://www.hebei.gov.cn/hebei/zfwj/201803/t20180313_1312370.html.

[70] 张甜，王仰麟等.多重演化动力机制下的空心村整治经济保障体系探究 [J].资源科学，2016，38（05）.

[71] 林筠茹.资本关联的乡村闲置空间研究—以南京地区乡村为例 [D].南京：东南大学，2021.

[72] 樊建旺，李铮.空心村治理的多维度考量与重点突破 [J].吉林农业，2019（17）.

[73] 张立生，钟传芬等.空心村资源全面整合旅游发展模式研究 [J].河南教育学院学报（哲学社会科学版），2022，41（02）.

[74] 王军强.乡村社会转型背景下农民合作社自适应性分析 [J].农村经济与科技，2020，31（11）.

[75] 李长印.河南省空心村治理的模式、经验及启示 [J].农业部管理干部学院学报，2013（03）.

[76] 苏站站，张志慧.基于空心村治理的保安镇镇域空间管制规划研究 [J].城市建筑，2022，19（04）.

[77] 孙婧雯，刘彦随等.平原农区土地综合整治与乡村转型发展协同机制 [J].地理学报，2022，77（08）.

[78] 冯健，杜瑀空心村整治意愿及其影响因素—基于宁夏西吉县的调查 [J].人文地理，2016，31（06）.

[79] 陈颖.城市居民"养老下乡"带动农村经济发展 [J].农村工作通讯，2018（13）.

[80] 段勇.让空心村金融服务"不空心"[J].中国农村金融，2021（02）.

[81] 黄子鸿.基于科学发展观视角下偏远农村组建中心村之探讨 [J].山东

农业大学学报（社会科学版），2011，13（02）．

［82］陈明.乡村振兴中的城乡空间重组与治理重构［J］.南京农业大学学报（社会科学版），2021，21（04）．

［83］刘增军.临沣寨：乡村旅游导向下豫中地区空心村空间更新策略研究［D］.西安：西安建筑科技大学，2018．

［84］陈小勇，傅潇阳，煜瑾.产业对空心村活力的影响研究［J］.乡村科技，2019（21）．

［85］赵挺雄.生态观光果园规划设计研究分析［J］.中国果业信息，2020，37（09）．

［86］张志敏.乡村振兴背景下空心村的形成与复兴路径研究—以Z省S县陈村为例［J］.中国社会科学院研究生院学报，2019（04）．

［87］李韦翰，王伟东.文旅产业对空心村转型的影响分析—以陕西省旬阳县为例［J］.农业展望，2021，17（02）．

［88］陈旭堂.社会转型期农村空心村形成机制及其社会影响—以四川省为例［D］.成都：四川省社会科学院，2008．

［89］李果.湘南传统村落景观形态更新设计—以衡阳市中田村为例［D］.衡阳：南华大学，2020．

［90］邓育武，邓小英.湘南空心村的成因及治理对策［J］.城乡建设，2014（04）．

［91］向莹，黄万梅，朱桂.当前空心村的成因剖析及规划改造策略研究—以枝江市3个空心村为例［J］.绿色科技，2023，25（07）．

［92］庞珺.农村景观环境整治中的空心村问题［J］.山东农业大学学报（自然科学版），2017，48（06）．

［93］刘建生，汪震.基于帕特南理论的空心村治理绩效评价—理论框架与指标体系构建［J］.中国土地科学，2018，32（07）．

［94］张琰飞，朱海英，魏昕伊.乡村振兴视域下民族村寨旅游开发与空心化治理协同研究［J］.城市学刊，2019，40（06）．

［95］冯健，叶竹.空心村整治中的多元有机规划思路—河南邓州的实践探索［J］.城市发展研究，2017，24（09）．

［96］秦桂芬，秦莹.云南省民族地区空心村类型及成因例析［J］.南方农业，2016，10（28）．

［97］阳岳龙，周群，林剑.湖南主要地质灾害与地形地貌之关系［J］.灾害学.2007（03）．

［98］中国土壤数据库［DB/OL］.［2023-06-03］.http：//vdb3.soil.csdb.cn/．

[99] 张海欧.浅析空心村综合整治过程关键问题 [J].农业与技术，2020，40（21）.

[100] 李赢成，刘敏.基于城中村改造和新农村建设建筑垃圾回收利用研究 [J].门窗，2017（09）.

[101] 张玉锴，阎凯.中国土壤重构及其土水特性研究进展 [J].农业资源与环境学报，2023，40（03）.

[102] 梁朗玛，汪洋.生物有机肥改善蔬菜栽培土壤环境的研究进展 [J].南方农业，2022，16（10）.

[103] 张飞云.果园多元化土壤改良技术研究 [J].果农之友，2022（12）.

[104] 曹胜.柑橘园土壤-树体营养关系及土壤改良技术研究—以湖南省为例 [D].长沙：湖南农业大学，2021.

[105] 冯凤玲.污染土壤物理修复方法的比较研究 [J].山东省农业管理干部学院学报，2005（04）.

[106] 冯娟，杨凯淇.土壤生物修复技术的研究现状与发展 [J].陕西农业科学，2023，69（03）.

[107] 柴凤兰，张帆吕，颖捷.重金属污染土壤生物修复技术研究进展 [J].安徽农业科学，2022，50（20）.

[108] 高明俊，张秀秀.论污染农用地的用途管制 [J].沈阳工业大学学报（社会科学版），2015，8（01）.

[109] 朱玉林.基于能值的湖南农业生态系统可持续发展研究 [D].长沙：中南林业科技大学，2010.

[110] 王海伦.湖南会同杉木人工林不同林龄养分含量动态研究 [D].长沙：中南林业科技大学，2019.

[111] 王伟娜.我国农村土地整治模式优化研究 [D].北京：中共中央党校，2019.

[112] 余明光.湖南益阳地区园林建设中乡土植物的应用 [J].现代园艺，2017（17）.

[113] 韩霁昌.山地丘陵区空心村整治关键技术集成示范 [M].郑州：黄河水利出版社，2017.

[114] 盛东，邹亮.湖南丘陵区典型小流域面源污染调查分析—以霞山河小流域为例 [C].面向全球变化的水系统创新研究—第十五届中国水论坛论文集.深圳：中国水利水电出版社，2017.

[115] 姚刚.论我国水资源污染及其防治—以湖南湘江为例 [J].农村实用技术，2018（06）.

[116] 孙盼盼.龙感湖湿地自然保护区水生态系统退化特征与关键问题分析 [D].武汉：华中师范大学，2019.

[117] 高尚宾.农村水污染控制机制与政策研究.北京：中国环境科学出版社，2015.

[118] 卢美容.乡镇、村生活污水处理政策及工艺探讨 [J].资源节约与环保，2016（01）.

[119] 湖南省农村生活污水治理技术指南 [S].长沙：湖南省环境保护厅，2020.

[120] 张列宇.分散型农村生活污水处理技术研究 [M].北京：中国环境科学出版社，2014.

[121] 黄志敏.一体化处理设备及技术在农村生活污水处理中的应用分析 [J].中国设备工程，2022（01）.

[122] 王放，赵永宾等.土壤渗滤处理系统的演变和发展 [J].资源节约与环保，2013（01）.

[123] 杜颖.浅析农业污染对水环境治理的影响及应对措施 [J].农村实用技术，2022（04）.

[124] 朱坚，邵颖等.湖南省农业面源污染形势与综合管理对策 [J].湖南农业科学，2022（10）.

[125] 张路.我国南方丘陵山区主要河流、水库水环境科学考察图集 [M].北京：气象出版社，2020.

[126] 温天玉.河道综合生态修复技术设计实践研究 [J].水利技术监督，2022（09）.

[127] 钟晔.河流廊道的生态修复及工程设计 [J].工程建设与设计，2021（07）.

[128] 董文.基于生态修复理念的方城县中心城区河道景观设计 [D].洛阳：河南科技大学，2022.

[129] 倪福全，邓玉.山丘区农村污水生物生态净化试验及水体生态修复研究 [M].成都：西南交通大学出版社，2016.

[130] 王海珊，邹平.黑臭水体组合生物净化技术研究进展 [J].环境工程技术学报，2020，10（01）.

[131] 李欣忱.有机肥还田氮磷径流特性及河岸缓冲生态拦截技术 [D].重庆：重庆大学，2021.

[132] 舒乔生，侯新等.城市河流生态修复与治理技术研究 [M].郑州：黄河水利出版社，2021.

[133] 翟心语，历从实等.前坪水库植物物种多样性及其对环境的回应 [J].河南农业大学学报，2023，57（01）.

[134] 李乡状.农村建设沟渠技术 [M].哈尔滨：黑龙江教育出版社，2009.

[135] 韩雪征.沟渠湿地对农业面源污染的生态修复研究 [D].邯郸：河北工程大学，2009.

[136] 陈菁，吕萍.农村水景观建设 [M].南京：河海大学出版社，2011.

[137] 陈涵子.城乡空间统筹发展中江南乡村水体景观生态安全优化模式研究 以苏南地区江阴市为例 [M].南京：南京农业大学出版社，2006.

[138] 钟学斌，刘成武，陈锐凯.基于生态补偿的低丘岗地改造与景观生态设计 [J].水土保持研究，2012，19（04）.

[139] 杜运领，芮建良，盛晟等.典型城区河道生态综合整治规划与工程设计 [M].北京：科学出版社，2015.

[140] 荣萌萌.生态型护岸在水利工程设计中的应用 [J].工程技术研究，2022，7（19）.

[141] 周笑.长沙农村社区滨水景观设计研究 [J].株洲：湖南工业大学，2013.

[142] 谭淳.湘北滨水地区乡村风貌整治及村庄道路整治研究—以《南县南茅复线风貌整治规划》为例 [J].中小企业管理与科技（下旬刊），2019（04）.

[143] 黄玉苗.宜绿、宜文、宜游三位一体的乡村河道景观整治策略研究—以紫江河道整治规划为例 [J].现代园艺，2020，43（23）.

[144] 吴莉鑫，薛映.南方多雨地区村镇垃圾理化特性分析及对比研究 [J].环境卫生工程，2021，29（06）.

[145] 朱宁，秦富.农村生活垃圾源头分类的困境及破解对策 [J].环境保护，2023，51（Z1）.

[146] 唐学军，陈晓霞.农村生活垃圾治理典型模式比较研究 [J].河北环境工程学院学报，2022，32（06）.

[147] 彭浩.县域村镇生活垃圾治理专项规划探究 [J].建材与装饰，2017（34）.

[148] 刘静龙，于兴兴.散养家禽存在的问题及应对措施 [J].畜牧兽医科技信息，2020（01）.

[149] 杨开宇林常枫.畜禽粪污厌氧发酵预处理技术研究进展 [J].能源环境保护，2021，35（06）.

[150] 刘光莉.畜禽固体粪便好氧堆肥技术 [J].四川畜牧兽医，2022，49（03）.

［151］史可，薛建良，胡术刚.农业固体废弃物的处理与利用［J］.世界环境，2018（05）.

［152］吴海俊.丘陵地区农作物秸秆资源化利用模式探索—以重庆市垫江县为例［J］.南方农机，2023，54（12）.

［153］宋日范，夏伟东.城市建筑废弃物处理现状及资源化利用技术［J］.再生资源与循环经济，2014，7（09）.

［154］段瑶恒.建筑废料的可再生途径分析［J］.科技展望，2016，26（26）.

［155］黄元，田立航，李玉洁.农业废弃物的综合利用［J］.河南农业，2023（10）.

［156］谢翠琴，范存星.建筑废弃材料在园林景观设计中的应用分析——以北京市西红门城市生态公园为例［J］.艺术市场，2022（12）.

［157］湖南统计信息网.湖南统计年鉴2021［EB/OL］.（2021-10-25）［2023-06-05］.http://tjj.hunan.gov.cn/hntj/tjsj/tjnj/202110/t20211025_20853373.html.

［158］杨寒.文化传播视域下的湖南"农家书屋"现状与问题对策研究［D］.长沙：湖南大学，2020.

［159］赵挺雄，赖婷婷，曾垂稳等.人居环境整治背景下湖南省农村公共空间规划设计方法研究［J］.速读，2021.06（55-56）.

［160］赵挺雄，沈涛，赖婷婷等.基于互助养老理念的养老设施规划策略研究［J］.武当，2022.04（205-207）.

［161］汤春辉.农村留守儿童家庭教育问题及对策研究［J］.农村经济与科技，2023，34（04）.

［162］仇明慧.数字经济背景下农村电商发展现状、问题与对策［J］.湖北开放职业学院学报.2023，36（08）.

［163］李广涛，王星宇.农村停车问题的思考［J］.城乡建设，2022（05）.

［164］丁钰玲.农村公路交通安全设施优化措施［J］.交通世界，2020（27）.

［165］祝庆华.农村饮用水水源地安全保障与水环境污染防治［J］农业灾害研究，2023，13（01）.

［166］周立国.一体化净水设备在农村饮水安全工程中的应用［J］.珠江水运，2018（14）.

［167］肖泽南，陈静.豫西北传统村庄消防改造［J］.消防技术与产品信息，2018，31（05）.

［168］张振宽.废弃村落景观再生设计——以嵊山岛后头湾村为例［D］.大连：大连工业大学，2019.

［169］李丽钦.乡村闲置空间景观再生研究——以英林镇"一村一景"乡村微

景观活动为例［D］.福州：福建农林大学，2019.

［170］曹阳.乡村建筑风貌修复中传统文化保护与传承问题研究—以枫溪乡岱后村建筑风貌整治为例［J］.重庆建筑，2021，20（12）.

［171］郝朝静.浅谈上海郊区村庄道路建设和发展［J］.交通与港航，2020，7（02）.

［172］郭荣.视觉层次导向的道路景观品质提升策略研究［J］.运输经理世界，2021（08）.

［173］梁虎.乡土理念下闽南村庄干道绿化探析［J］.公路，2020，65（07）.

［174］王成，武红等.太行山中低山区河谷内农田斑块特征及其分布格局—以河北省阜平县胭脂河主流河谷为例［J］.应用生态学报，2001（04）.

［175］侯俊国，杨朝现等.丘陵山区基本农田空间布局优化及评价［J］.农机化研究，2013，35（09）.

［176］付梅臣.不同生产条件下农田景观格局分析与评价［J］.农机化研究，2008（08）.

［177］吴德东.区域防护林构建和更新改造技术［M］.沈阳：辽宁科学技术出版社，2012.

［178］何超，王慧澄.基于使用者需求的乡村庭院景观营造实践研究—以仁怀市枇杷村为例［J］.绿色科技，2021，23（05）.

［179］向李，罗悦.农作物在湘西古村落庭院景观设计中的运用研究—以怀化市荆坪古村为例［J］.绿色科技，2019（23）.

［180］施文亭，周琴华.新农村庭院景观改造——以台州湾新区三甲街道街浦村庭院为例［J］.美与时代（上），2022（06）.

［181］杨昊.乡村振兴背景下村庄绿化景观设计研究［D］.合肥：安徽农业大学，2020.

［182］魏灿丽，夏会杰，夏龙玉.村庄绿化规划设计初探［J］.中国园艺文摘，2011，27（09）.

［183］何小娥，刘艺青.绿色村庄建设背景下村庄宅旁和庭院绿化建设的思考［C］.2016中国城市规划年会论文集（15乡村规划）.沈阳：中国城市规划学会，2016.

［184］许媛.于需求导向的泉州市乡村绿化提升研究［D］.福州：福建农林大学，2017.

［185］杨宏波.镇村绿地系统规划研究［D］.郑州：河南农业大学，2010.

［186］南雪倩.建筑师的乡村设计：乡村建筑保护与改造［M］.北京：化学工业出版社，2020.

[187] 刘冬生, 司炳艳.湖南地区建筑节能现状与发展初探 [J].中外建筑, 2009 (02).

[188] 郭绯绯.四川宝兴县雪山村建筑外观改造设计 [D].株洲：湖南工业大学, 2015.

[189] 廖小东.湖南省干塘村乡土建筑的保护与改造设计研究 [D].长春：吉林建筑大学, 2018.

[190] 刘冬生, 司炳艳.湖南地区建筑节能现状与发展初探 [J].中外建筑, 2009 (02).

[191] 项勤峰.湖南省东南部山区新农村整体厨房设计 [D].长沙：中南林业科技大学, 2018.

[192] 卢健松, 徐峰.花瑶聚居区农村住宅的厨卫更新, 湖南, 中国 [J].世界建筑, 2019 (01).

[193] 肖建庄.农村住宅改造 [M].北京：中国建筑工业出版社, 2009.

[194] 侯福东.砌体结构房屋墙体加固技术及其应用 [J].黑龙江科学, 2019, 10 (06).

[195] 何建.砌体结构房屋墙体加固技术及其应用 [J].四川建筑, 2009, 29 (04).

[196] 贺范, 向子睿.乡村公共建筑—张家界马头溪村榨油坊的历史价值与现代重构 [J].中外建筑, 2022 (09).

[197] 孙秋月.让传统建筑空间融入乡村公共生活 [J].福建建设科技, 2021 (01).

[198] 汪漪漪.乡村旅游开发下长株潭乡镇闲置公共建筑改造与再利用研究 [D].长沙：湖南大学, 2021.

[199] 王梓涵.梅山地区传统街屋商业空间形态研究 [D].长沙：湖南大学, 2019.

[200] 刘顺.铜陵市翠湖污染水体修复评价 [D].淮南：安徽理工大学, 2018.

[201] 职晓晓, 张玉莹.农村基础设施建设满意度评价及对策研究—以河南省巩义市大黄冶村为例 [J].绿色科技, 2020 (02).

[202] 谢花林, 刘黎明, 龚丹.乡村景观美感效果评价指标体系及其模糊综合评判—以北京市海淀区温泉镇白家疃村为例 [J].中国园林, 2003 (01).

[203] 张蒙, 殷培红.生态系统稳定性的生态学理论与评估方法 [J].环境生态学, 2023, 5 (02).

[204] 张浪.谈提升城市生物多样性水平的策略与途径 [J].园林, 2023, 40

（02）.

［205］宋长奇.杨陵区姜嫄村村民参与度对村庄规划实施效果的影响研究［D］.西安：西安建筑科技大学，2021.